CIP-Titelaufnahme der Deutschen Bibliothek

Politikansätze zu regionalen Arbeitsmarktproblemen / Akad. für Raumforschung u. Landesplanung.- Hannover: ARL, 1988
  (Forschungs- und Sitzungsberichte / Akademie
  für Raumforschung und Landesplanung; Bd. 178)
  ISBN 3-88838-004-9
NE: Akademie für Raumforschung und Landesplanung
(Hannover): Forschungs- und Sitzungsberichte

FORSCHUNGS- UND
SITZUNGSBERICHTE 178

Politikansätze zu regionalen Arbeitsmarktproblemen

AKADEMIE FÜR RAUMFORSCHUNG UND LANDESPLANUNG

Zu den Autoren dieses Bandes

Hans-Friedrich Eckey, Dr.rer.oec, Professor, Fachbereich Wirtschaftswissenschaften, Universität Gesamthochschule Kassel, Korrespondierendes Mitglied der Akademie für Raumforschung und Landesplanung

Wolfram Mieth, Dr.rer.pol., Professor, Institut für Volkswirtschaftslehre einschl. Ökonometrie, Universität Regensburg, Korrespondierendes Mitglied der Akademie für Raumforschung und Landesplanung

Johannes Hampe, Dr.rer.pol., Lehrbeauftragter, Wiss. Mitarbeiter am Volkswirtschaftlichen Institut, Seminar für empirische Wirtschaftsforschung, Universität München

Günter Strassert, Dr.rer.pol., Professor, Institut für Regionalwissenschaft, Universität Karlsruhe, Korrespondierendes Mitglied der Akademie für Raumforschung und Landesplanung

Bernd Reissert, Dr.rer.pol., Projektleiter am Forschungsschwerpunkt Arbeitsmarkt und Beschäftigung, Wissenschaftszentrum Berlin für Sozialforschung (WZB)

Wolfgang Lerch, Dipl.-Vw., Abteilungsleiter bei der Arbeitskammer des Saarlandes, Saarbrücken

Hartmut Seifert, Dr.rer.pol., Wiss. Referent im Wirtschafts- und Sozialwissenschaftlichen Institut des Deutschen Gewerkschaftsbundes GmbH, Düsseldorf

Mathias Holst, Dipl.-Kfm., Projektleiter für Raum- und Umweltplanung bei der PROGNOS AG, Büro Berlin

Klaus Müller, Dr.rer.pol., Leiter der Abteilung "Planung" im kantonalen Gesundheitsdepartement Basel/Schweiz

Joachim Klaus, Dr.rer.pol., Professor, Leiter des Volkswirtschaftlichen Instituts, Universität Erlangen-Nürnberg, Korrespondierendes Mitglied der Akademie für Raumforschung und Landesplanung

Georg Binder, Dipl.-Vw., Wiss. Mitarbeiter im Volkswirtschaftlichen Institut der Universität Erlangen-Nürnberg

Best.-Nr. 004
ISBN-3-88838-004-9
ISSN 0935-0780

Alle Rechte vorbehalten - Verlag der ARL - Hannover 1988
© Akademie für Raumforschung und Landesplanung Hannover
Druck: poppdruck, 3012 Langenhagen
Auslieferung
VSB-Verlagsservice Braunschweig

VORWORT

Eine der Ursachen der regional differenzierten Wirtschafts- und Arbeitsmarktstruktur der Bundesrepublik Deutschland ist die Vielfalt und Differenzierung der Standorteigenschaften und Standortprofile. Sie zeigt sich auf der Nachfrageseite des Arbeitsmarktes vor allem in den überwiegend ökonomisch determinierten Entscheidungen der privaten und öffentlichen Arbeitgeber, Arbeitsplätze zu schaffen, zu erhalten oder abzubauen. Auf der Arbeitsangebotsseite ergibt sich diese Differenzierung aus der jeweiligen Bevölkerungsentwicklung, der Mobilität, dem Erwerbsverhalten sowie durch die Möglichkeiten der beruflichen Aus- und Weiterbildung in den Regionen.

Diese Unterschiedlichkeit der Arbeitsmarktstrukturen wird besonders in der Dynamik ihrer Entwicklung deutlich. Kennzeichnend dafür ist z. B. das Stichwort vom "Süd-Nord-Gefälle" oder auch die Strukturkrise der altindustrialisierten Regionen.

Vor diesem Hintergrund richtete die Akademie den Arbeitskreis "Regionale Arbeitsmarktprobleme" ein, der unter der Leitung von Professor Dr. H.-F. Eckey, Universität-Gesamthochschule Kassel, die beiden folgenden Themenbereiche untersuchte:

1. Analyse der regionalen Differenzierung von quantitativen Arbeitsmarktproblemen und ihre Ursachen.

2. Entwicklung und Bewertung praxisorientierter Handlungskonzepte und Instrumente zur Verbesserung von kritischen Arbeitsmarktsituationen in Regionen.

Der Arbeitskreis befaßte sich zunächst mit dem ersten Problemkreis, der vorwiegend quantitativen Analyse von regionalen Arbeitsmarktstrukturen. Die Arbeitskreismitglieder waren sich darüber einig, daß die Analyse qualitativer Merkmale von regionalen Arbeitsmärkten ebenso wichtig ist, jedoch viele Fragen bereits durch die Ergebnisse des Arbeitskreises "Qualität von Arbeitsmärkten und Regionale Entwicklung" der Akademie behandelt worden waren (vgl. gleichnamigen Forschungs- und Sitzungsbericht, Band 143, Hannover 1982). Auch die Fragen der Mobilität und der beruflichen Aus- und Weiterbildung wurden im Arbeitskreis nicht behandelt, da in diesen Themenbereichen eigene Forschungsgremien der Akademie eingerichtet worden sind. In einem zweiten Abschnitt wurden dann aufbauend auf die Ergebnisse des ersten Teiles der Arbeiten handlungsorientierte Ansätze und Instrumente entwickelt und diskutiert.

Obwohl dem Arbeitskreis der enge Zusammenhang zwischen der Problemanalyse und den Lösungsmöglichkeiten bzw. der Instrumentierung der Arbeitsmarktpolitik besonders wichtig war, wurden mit dem bereits vorliegenden Forschungs- und

Sitzungsbericht Bd. 168 "Analyse regionaler Arbeitsmarktprobleme" die Ergebnisse der quantitativen Arbeitsmarktanalysen aus Gründen der Aktualität der Problematik und der Zeitbezogenheit der empirischen Datengrundlagen schon vorher der Fachöffentlichkeit vorgestellt. Nunmehr werden die Untersuchungen zum zweiten Themenbereich, der Entwicklung und Beurteilung neuer, handlungsorientierter Konzepte regionaler Arbeitsmarkt- und Beschäftigungspolitik mit diesem Band veröffentlicht.

In beiden Bänden sind die Untersuchungen von Arbeitskreismitgliedern in Form von Einzelbeiträgen enthalten. Diese Beiträge wurden vor der Veröffenlichung ausführlich im Arbeitskreis diskutiert, wobei viele der dabei gegebenen Empfehlungen und Anregungen in die hier publizierten Fassungen eingeflossen sind.

Die Akademie dankt den Autoren und den Mitgliedern des Arbeitskreises für die geleistete Arbeit und die intensiven Diskussionen im Arbeitskreis. Ein besonderer Dank gilt Professor Dr. Eckey für die Leitung.

Akademie für Raumforschung
und Landesplanung

INHALTSVERZEICHNIS

Hans-Friedrich Eckey Kassel	Einführung	1
Wolfram Mieth Regensburg	Die Unausgeglichenheit zwischen den regionalen Arbeitsmärkten und die Regionalpolitik	7
Johannes Hampe München	Regionale Entwicklung und regionale Lohn- struktur - Zur Lenkungsfunktion des Lohnes im regionalen Strukturwandel	29
Hans-Friedrich Eckey Kassel	Innovationsorientierte Regionalpolitik - Möglichkeiten und Grenzen	67
Günter Strassert Karlsruhe	Strategisches Management, regionalisierte Wirt- schaftsförderung und Beschäftigungspolitik - Ein konzeptioneller Vorstoß	91
Bernd Reissert Berlin	Regionale Inzidenz der Arbeitsmarktpolitik und ihrer Finanzierung	109
Wolfgang Lerch Saarbrücken	Arbeitsmarktpolitik: Möglichkeiten und Grenzen der Bundesländer	141
Hartmut Seifert Düsseldorf	Neue Initiativen in der kommunalen Beschäfti- gungspolitik	167
Mathias Holst Berlin Klaus Müller Basel	Regional angepaßte Wirtschaftsförderung als Mittel zur Stimulierung und Sicherung der Arbeitsnachfrage des Verarbeitenden Gewerbes ..	189
Joachim Klaus Georg Binder Nürnberg	Regional differenzierte beschäftigungspoli- tische Strategien - Anhaltspunkte aufgrund vergleichender Arbeitsmarktbilanzen	219

**Mitglieder und Gäste des Arbeitskreises
"Regionale Arbeitsmarktprobleme"**

Prof. Dr. H.-F. Eckey, Kassel (Leiter)
Prof. Dr. K. Peschel, Kiel (Stellv. Leiter)
Dipl.-Vw. K.-H. Adams, Hertel (Geschäftsführer 1985-1987)
Dr. H. Pohle, Hannover (Geschäftsführer 1987-1988)
Dipl.-Vw. J.-J. Back, Hannover
Prof. Dr. W. Franz, Stuttgart
Prof. Dr. K. Gerlach, Hannover
Dr. J. Hampe, München
Dr. D. Hockel, Düsseldorf
Dipl.-Kfm. M. Holst, Berlin
Prof. Dr. J. Klaus, Nürnberg
Prof. Dr. P. Klemmer, Bochum
Dipl.-Vw. M. Koller, Nürnberg
Dipl.-Vw. W. Lerch, Saarbrücken
Prof. Dr. W. Mieth, Regensburg
Dr. K. Müller, Basel
Dr. B. Reissert, Berlin
Prof. Dr. H.-J. Schalk, Münster
Dr. H. Seifert, Düsseldorf
Prof. Dr. G. Strassert, Karslruhe
Prof. Dr. R. Thoss, Münster

Der Arbeitskreis stellt sich seine Aufgaben und Themen und diskutiert die einzelnen Beiträge mit den Autoren. Für den Inhalt der Beiträge sind die Verfasser verantwortlich.

Einführung

von
Hans-Friedrich Eckey, Kassel

Der Arbeitskreis "Regionale Arbeitsmarktprobleme" der Akademie für Raumforschung hat im Mai 1988 einen Forschungs- und Sitzungsbericht[1)*] vorgelegt, der der Beschreibung und Erklärung regional unterschiedlicher Beschäftigungsmöglichkeiten in quantitativer und qualitativer Hinsicht dient. Die dort dargestellten Ergebnisse legen es - trotz aller Unterschiede im Detail - nahe, angesichts

- räumlich divergierender Entwicklung der Nachfrage nach Arbeitsplätzen
- räumlich divergierender Entwicklung des Angebotes an Arbeitsplätzen
- räumlich divergierenden Niveaus und Strukturierung der Arbeitslosigkeit

die Fragen aufzuwerfen und - wenn möglich - zu beantworten,

- ob das beschäftigungs- und arbeitsmarktpolitische Instrumentarium deutlicher als bisher an regionale Problemlagen angepaßt werden muß,
- wie eine solche Anpassung problemadäquat und effizient durchgeführt werden kann.

Eine solche stärkere Regionalisierung kann auf zwei - miteinander kompatiblen und möglicherweise synergetischen - Ansätzen aufbauen: Es ist erstens möglich, daß zentrale Träger politischer Maßnahmen ihr Instrumentarium den regionalspezifischen Problemlagen anpassen, und zweitens, daß Kompetenzen gemäß dem Subsidiaritätsprinzip stärker auf "Akteure vor Ort" verlagert werden, um regionale Informationen und regionales Potential schneller und ergiebiger auszuschöpfen.

Beiden Aspekten trägt der folgende Band Rechnung. In ihm wird zunächst auf die Frage eingegangen, an welchem(n) Produktionsfaktor(en) eine regionalisierte Arbeitsmarkt- und Beschäftigungspolitik primär ansetzen sollte[2]. Gemäß gängiger ökonomischer Tradition wird dabei zwischen Arbeit, Kapital und technischem Fortschritt unterschieden. Bei den anschließenden Beiträgen stehen die Träger arbeitsmarkt- und beschäftigungspolitischer Maßnahmen im Vordergrund. Sie reichen von der Bundesebene (Bundesanstalt für Arbeit) über die Länder bis zu den Kommunen. Abgeschlossen wird der Band durch zwei Arbeiten, in denen exem-

---

*) Die Anmerkungen befinden sich am Schluß des Beitrages.

plarisch am Raum Detmold und bayerischen Regionen dargestellt wird, wie eine regionalen Besonderheiten Rechnung tragende Arbeitsmarkt- und Beschäftigungspolitik aussehen sollte.

Nach der neoklassischen Arbeitsmarkttheorie bestimmt das Zusammenspiel der Wertgrenzproduktivität der Arbeit und des Lohnsatzes die regionale Beschäftigungssituation. Unterschiedliche regionale Arbeitslosenquoten leiten sich danach aus zwischen den Wirtschaftsräumen divergierenden Grenzproduktivitäten der Arbeit und Lohnsätzen, die diesen Unterschieden zu wenig Rechnung tragen, ab; die von den Tarifvertragsparteien betriebene Lohnpolitik ist zu undifferenziert[3]. Eine solche Auffassung impliziert, daß dem Lohn Lenkungsfunktion für die räumliche Verteilung von Arbeitsplätzen zukommt. Hampe geht in seinem Beitrag der Frage nach, welche Faktoren die regionale Lohnstruktur und ihre Veränderung bestimmen, und versucht anschließend, Anhaltspunkte dafür zu gewinnen, welche Wirkungen regionale Lohndifferenzierungen auf die regionale Entwicklung und die regionale Beschäftigung haben. Er kommt zu dem Ergebnis, daß zwischen Sektoren und Regionen durchaus erhebliche Lohnunterschiede bestehen, die aber die räumliche Arbeitsteilung nur sehr eingeschränkt bestimmen. "Die Lenkungsfunktion der regionalen Lohnstruktur kann also höchstens einen Teil der interregionalen Beschäftigungsveränderungen direkt erklären. ... Das neoklassische Modell muß durch theoretische Konzepte zum Wandel der räumlichen Arbeitsteilung ergänzt werden. Dabei sind insbesondere Hypothesen zur räumlichen Dimension des Produktzyklus und zur regionalen Polarisierung der Qualität der Arbeitskräfte zu berücksichtigen."

Die bisher im Rahmen der Gemeinschaftsaufgabe "Verbesserung der regionalen Wirtschaftsstruktur" betriebene regionale Beschäftigungspolitik setzt über Investitionszuschüsse und -zulagen vor allem am Produktionsfaktor Kapital an. Mieth setzt sich kritisch mit den dortigen Indikatoren zur Abgrenzung von Fördergebieten und dem praktizierten Entwicklungsinstrumentarium auseinander. Seiner Auffassung nach sollte Strukturstärke und -schwäche von Regionen über das Wanderungsverhalten von Erwerbspersonen und die Entwicklung der Arbeitsplätze gemessen werden, da diese beiden Indikatoren die Attraktivität von Wirtschaftsräumen in den Augen der Nachfrager nach und der Anbieter an Beschäftigungsmöglichkeiten umfassend zum Ausdruck bringen. Obwohl er den Erfolg der bisher betriebenen regionalen Arbeitsmarktpolitik durchaus anerkennt, plädiert er für eine Modifikation des Instrumentariums, da die Entwicklung der Arbeitsplätze in den einzelnen Wirtschaftsräumen letztlich vom Wanderungsverhalten vor allem der hochqualifizierten Erwerbspersonen abhängt und sich diese wiederum aus der Attraktivität der Regionen als Wohnort ableitet. "Der entscheidende Ansatzpunkt für die Regionalpolitik, die Raumstrukturen in ihrem Sinne zu beeinflussen, wurde in der Wohnattraktivität einer Region gefunden. Dadurch rückt die Raumordnungspolitik mit ihrem Bemühen, optimale Siedlungs-, Verkehrs- und räumliche Nutzungsstrukturen herzustellen, mehr in den Vordergrund, vor allem aber Politikbereiche im sozialen und kulturellen Feld, die bisher in ihrer Bedeutung für die regionale Entwicklung unterschätzt wurden".

Häufig wird Kritik am Instrumentarium der Gemeinschaftsaufgabe auch dahingehend laut, daß sie mit ihrer einseitig sachkapitalorientierten Förderung strukturkonservierend wirkt. Um zu zukunftsträchtigen Wirtschaftsstrukturen zu gelangen, sei es stattdessen notwendig, die Bedingungen für regionale Innovation und Adaption zu verbessern, in Aus- und Weiterbildung zu investieren und den Informations-Transfer zu beschleunigen[4]. Mit den Vor- und Nachteilen einer solchen innovationsorientierten Regionalpolitik setzt sich Eckey auseinander. Er ist der Auffassung, daß ihre Wirksamkeit an enge Voraussetzungen gebunden ist und durchaus plausible Gründe dafür sprechen, daß die mit ihr verbundenen negativen Effekte keine zu vernachlässigenden Größen darstellen. Da die Stärken von Wirtschaftsregionen auf ganz anderen Gebieten liegen können, muß vor einer unkritischen Übernahme der innovationsorientierten Regionalpolitik gewarnt werden; andere regionalpolitische Instrumente werden häufig mit einer größeren Effizienz verbunden sein.

Zu dem gleichen Ergebnis kommt, obwohl er ein ganz anderes methodisches Vorgehen gewählt hat, auch Strassert. Ausgangspunkt seiner Aussagen ist die Portfolio-Theorie, die auf dem Lebenszyklus von Produkten aufbaut. Er unterscheidet dabei Einführungs-, Ausweitungs-, Stagnations-, Rückbildungs-, Auslauf- und Aufgabephase. Jede dieser Phasen ist mit spezifischen Vor- und Nachteilen verbunden, so daß es sinnvoll ist, ein ökonomisches Aktivitätsniveau anzustreben, das diese Phasen gleichmäßig besetzt. Nicht das Drängen in die Einführungs- und Ausweitungsphase, wie es die innovationsorientierte Regionalpolitik nahelegt, verspricht den regionalpolitischen Erfolg, sondern eine gesunde, gleichmäßige Mischung von neuen, laufenden und sterbenden Produkten.

Im Beitrag Reissert wird untersucht, inwieweit der regionale Mitteleinsatz der Arbeitsmarktpolitik in der Bundesrepublik die unterschiedlichen regionalen Problemlagen berücksichtigt und inwieweit die Arbeitsmarktpolitik durch das Zusammenwirken von Einnahmen und Ausgaben als regionaler Kaufkraftstabilisator wirkt. Hierzu werden zunächst Korrelationsrechnungen zwischen den Instrumenten der aktiven Arbeitsmarktpolitik wie Lohnsubventionen, berufliche Weiterbildung, Leistungen zur Vermittlungsförderung und Rehabilitation sowie Vorruhestandsgeld mit regionalen Arbeitslosenquoten durchgeführt. Dabei zeigt sich bei den meisten Instrumenten eine negative Korrelation, d.h. die Regionen mit der niedrigsten Arbeitslosigkeit konnten pro Arbeitslosen die meisten Ausgaben für sich verbuchen. Um den regionalen Umverteilungseffekt der Arbeitsmarktpolitik errechnen zu können, nimmt Reissert eine regionale Ausgaben-Einnahmen-Rechnung vor. Er kommt hierbei zu dem Ergebnis, daß regionale Umverteilungen stattfinden, die denen des Länderfinanzausgleiches durchaus adäquat sind. Die

Arbeitsmarktpolitik wirkt damit durch die Hebung der Kaufkraft als regionaler Stabilisator zugunsten der Problemregion.

Diskutiert man darüber, auf welcher räumlichen Ebene die Trägerschaft von Maßnahmen am besten angesiedelt ist, wird in der Regel zwischen der Ebene des Bundes auf der einen und der Ebene der Kommunen auf der anderen Seite unterschieden; die Bundesländer werden dabei - wenn überhaupt - eher rudimentär behandelt. Dieses Defizit arbeitet Lerch in seinem Beitrag, der sich mit den Möglichkeiten und Grenzen der Arbeitsmarktpolitik von Bundesländern beschäftigt, auf. Hierbei unterscheidet er zwischen dem Einfluß, den Bundesländer auf die Arbeitsmarktpolitik der Bundesanstalt für Arbeit ausüben (können), und ihrer eigenständigen Arbeitsmarktpolitik. Er kommt dabei zu dem Ergebnis, daß die Länder in den letzten Jahren ihre eigenen arbeitsmarktpolitischen Handlungsräume verstärkt nutzen. Während die ergriffenen Maßnahmen zunächst vor allem sozialpolitisch motiviert waren, konzentrieren sie sich heute vor allem auf den Qualifizierungsbereich.

Mit den Möglichkeiten einer kommunalen Beschäftigungspolitik setzt sich Seifert auseinander. Ähnlich wie LERCH unterscheidet dabei Seifert zwei Grundvarianten: "Zum einen kann es sich um originär kommunale Handlungsfelder handeln, bei denen allein kommunale Instanzen die Politikinhalte programmieren und administrieren. Zum anderen können Administration und/oder Programmierung von Politik zentral erfolgen, wo durch kommunale Einflußnahme Rahmenbedingungen für die lokalspezifische Implementierung gesetzt werden." Die wichtigsten Maßnahmen einer solchen kommunalen Beschäftigungspolitik konkretisieren sich in der Schaffung von "zweiten" Arbeitsmärkten, der Gründung von Beschäftigungsgesellschaften, der Förderung von Selbsthilfeprojekten, dem Aus- und Aufbau von Vermittlungs- und Beratungsaktivitäten im Technologiebereich, der Gründung von Innovationsfonds, der Einrichtung von Gründer- und Technologieparks sowie dem Aufbau von Entwicklungszentren. Leider reichen die vorliegenden Informationen nach Seifert noch nicht dafür aus, die unterschiedlichen beschäftigungspolitischen Initiativen von Kommunen nach Raumtypen zu ordnen und nach raumtypisch erfolgreichen Strategien zu identifizieren, Dennoch lassen die vorliegenden Erfahrungen es sinnvoll erscheinen, lokale Beschäftigungsinitiativen weiterzuentwickeln, die sich in der Praxis vor allem mit zwei Entwicklungsengpässen konfrontiert sehen, nämlich der Finanzschwäche gerade strukturschwacher Kommunen und den häufig unbefriedigenden Organisationsstrukturen für eine lokal gesteuerte Beschäftigungspolitik.

Holst/Müller und Klaus/Binder unternehmen in ihren Beiträgen den Versuch, regional angepaßte Arbeitsmarkt- und Beschäftigungspolitik an konkreten Wirtschaftsräumen zu demonstrieren. Bei dem Beitrag von Holst/Müller handelt es sich um Lippe, beim Beitrag von Klaus/Binder um die Regionen Bayerns.

Holst/Müller bauen dabei auf einer mikroanalytisch angelegten einzelregionalen Strukturanalyse auf, deren Ergebnisse bereits im ersten Band vorgestellt wurden[5]. Sie ließen die Identifikation von regionalen Entwicklungsengpässen zu, die Handlungsempfehlungen für ihre Überwindung nahelegen. Solche für Lippe "maßgeschneiderten" Instrumente sehen Holst und Müller vor allem in der Steigerung der Innovationsfähigkeit bei neuen Produkten durch bessere Informationen in bezug auf Beratung und Finanzierungshilfen, durch den Ausbau von Marketingberatungskapazitäten, die Förderung der zwischenbetrieblichen Zusammenarbeit und von Existenzgründungen, der Verbesserung der Erreichbarkeit sowie der Realisierung eines übergreifenden Beratungsnetzwerkes.

Kernpunkt der Aussagen von Klaus und Binder bilden Belastungs- und Strategieprofile. Belastungsprofile machen dabei deutlich, wie stark Regionen durch Arbeitsmarktprobleme betroffen sind und worauf diese Probleme zurückgeführt werden können, während Strategieprofile darlegen, wie den Problemen am besten begegnet werden kann. Die Wirtschaftsregionen Bayerns lassen sich dabei aufgrund ihrer Arbeitsmarktsituation in fünf Regionstypen zusammenfassen, die es aufgrund ihrer Entwicklungsbesonderheiten ermöglichen, Empfehlungen für eine regionaldifferenzierte Beschäftigungspolitik zu geben. Diese Empfehlungen beziehen sich im Rahmen des Strategieprofils auf regionalspezifische beschäftigungspolitische Schwerpunkte, Schwerpunkte aus dem Maßnahmenkatalog der Arbeitsmarktpolitik und Schwerpunkte von Maßnahmen der regionalen Wirtschaftspolitik sowie der Kommunalpolitik. Durch Kombination der Regionstypen und der politischen Schwerpunkte ergeben sich Kombinationsmöglichkeiten, die jeweils andere Empfehlungen in bezug auf das einzusetzende Instrumentarium nahelegen.

Anmerkungen

1) Vgl. Analyse regionaler Arbeitsmarktprobleme, Band 168 der Forschungs- und Sitzungsberichte der Akademie für Raumforschung und Landesplanung, Hannover 1988.

2) Dieser Ansatz ist angebotsorientiert. Auf die Bedeutung der Nachfrage für die regionale Beschäftigung wurde bereits im Beitrag von Strassert (vgl. Günter Strassert: Zur beschäftigungspolitischen Relevanz der Endnachfrage - Theorie und Modell, FuS 168, a.a.O., S. 285ff.) eingegangen.

3) Vgl. Die Weltwirtschaft, Heft 1 (1987), insbesondere die Beiträge von Konrad Lammers: Die Bund-Länder-Regionalförderung - Ziele, Ansatzpunkte, ökonomische Problematik -, S. 61ff., und Rüdiger Soltwedel: Wettbewerb zwischen Regionen statt zentralkoordinierter Regionalpolitik, S. 129ff.

4) Siehe beispielhaft Hans-Jürgen Ewers und Michael Fritsch: Beschäftigungswirkungen regionaler Wirtschaftspolitik, in: Regionalisierte Arbeitsmarkt- und Beschäftigungspolitik, Frankfurt/New York 1983, S. 38ff.

5) Vgl. Klaus Müller, Mathias Holst und Birgit Schulz: Die mikroanalytische Diagnose der regionalen Arbeitsnachfrage des verarbeitenden Gewerbes - Methodisches Vorgehen und inhaltliche Ergebnisse am regionalen Fallbeispiel, FuS 168, a.a.O., S. 85ff.

Die Unausgeglichenheit zwischen den regionalen Arbeitsmärkten und die Regionalpolitik

von
Wolfram Mieth, Regensburg

Gliederung

I. Arbeitsmarktprozesse im Hintergrund der Entstehung von Problemregionen

   1. Die Beschäftigungsentwicklung bzw. der Wanderungssaldo als Kriterium der Problemregion

   2. Die unterschiedliche regionale Verteilung der vernichteten und neu entstandenen Arbeitsplätze als Ursache regionaler Arbeitsmarktprobleme

   3. Die Bestimmungsgründe der regionalen Verteilung der vernichteten Arbeitsplätze

   4. Die Bestimmungsgründe der regionalen Verteilung der neu entstehenden Arbeitsplätze

   5. Die Beziehung zwischen Zuwanderungsbereitschaft und Arbeitslosigkeit

II. Regionalpolitische Schlußfolgerungen

   1. Zur Abgrenzung von Fördergebieten

   2. Der entscheidende Punkt: nicht die Konkurrenz der Regionen um die Arbeitsplätze, sondern die Konkurrenz um die qualifizierteren Arbeitskräfte

   3. Wohnattraktivität als regionalpolitisches Ziel

   4. Eine an den Lohnkosten ansetzende Regionalpolitik

   5. Abschließende Bemerkungen

Literaturverzeichnis

Anmerkungen

I. Arbeitsmarktprozesse im Hintergrund der Entstehung von Problemregionen

1. Die Beschäftigungsentwicklung bzw. der Wanderungssaldo als Kriterium der Problemregion

Eine Region, deren Wachstumsrate hinter derjenigen der Volkswirtschaft zurückbleibt und daher mindestens in dieser Hinsicht, wahrscheinlich aber in einem umfassenderen Sinne, an der Entwicklung der Volkswirtschaft nicht teilnimmt, ist eine Problemregion oder ist auf dem Wege dazu. Ob eine Region an der allgemeinen Entwicklung teilhat, läßt sich aus verschiedenen Gründen nicht an den regionalen Arbeitslosenquoten ablesen. Einmal kann die höhere Arbeitslosigkeit auf Zuwanderung beruhen, diese aber verursacht sein durch das höhere Wachstum der Region, durch die guten Aussichten, dort einen Arbeitsplatz zu finden. Höhere Arbeitslosenraten in solchen Regionen sind dann nicht mit längeren Suchzeiten verbunden, weil die Zahl der Arbeitsplätze sich dort rascher vermehrt als anderswo[1]. Zum anderen zeigen verschiedene Studien, daß es nur einen schwachen oder überhaupt keinen signifikanten Zusammenhang zwischen der Wachstumsrate der Beschäftigung in einer Region und der Entwicklung seiner Arbeitslosenrate gibt, dagegen einen engen Zusammenhang mit dem Wanderungssaldo der Personen im erwerbsfähigen Alter und mit der Veränderung der Erwerbsquote[2].

Ein guter Indikator für die wirtschaftliche Entwicklung einer Region ist das Beschäftigungswachstum oder der Wanderungssaldo der Personen im erwerbsfähigen Alter. Wegen der selektiven Nebenwirkungen aller Wanderungsprozesse weist der Wanderungssaldo zugleich auf die relative qualitative Entwicklungstendenz eines Arbeitsmarktes hin, relativ in bezug auf Regionen mit umgekehrten Vorzeichen der Wanderungsbilanz; solche Polarisierungsprozesse werden durch unterschiedliche natürliche Bevölkerungszuwachsraten nur etwas abgeschwächt. Das Beschäftigungswachstum einer Region und ihr Wanderungssaldo stehen, wie bereits gesagt, in einem engen positiven Zusammenhang. Drei Fragen schließen sich hier nun an, die nach den Bestimmungsgründen des regional unterschiedlichen Wachstums der Beschäftigung, der regional unterschiedlichen Wanderungssalden und was hier Ursache und Folge ist. Für die folgenden Überlegungen setze ich Beschäftigung gleich Arbeitsplatz unselbständig Beschäftigter (ich vernachlässige damit die offenen Stellen und auch die Selbständigen, die genau genommen in eine Betrachtung des Zusammenhangs von Wanderungssaldo und Beschäftigung einbezogen werden müßten).

2. Die unterschiedliche regionale Verteilung der vernichteten und neu entstandenen Arbeitsplätze als Ursache regionaler Arbeitsmarktprobleme

Will man das Wachstum der Beschäftigung einer Region analysieren, muß man zwei Fragen stellen. Was vernichtet Arbeitsplätze? Was läßt neue Arbeitsplätze entstehen? Es ist nämlich anzunehmen, daß die Bestimmungsgründe im einen und anderen Fall nicht dieselben sind, nicht nur mit umgekehrten Vorzeichen wirksam sind; doch selbst wenn sie es wären, die Tatsache, daß die Kapitalausstattung je Arbeitsplatz heute beträchtlich ist, daß sie in der Form des Anlagekapitals kurzfristig und oft für längere Perioden fix ist und zugleich ortsgebunden, läßt eine Asymmetrie vermuten; regionale Anpassungsvorgänge, die mit einem Abbau von Kapazitäten und Arbeitsplätzen verknüpft sind, werden langsamer ablaufen als regionale Ausbauprozesse bzw. können gerade deswegen mit besonderen Risiken bis hin zum Konkurs verbunden sein.

Ständig verschwinden Arbeitsplätze und entstehen neue, und zwar in größtem Umfang; teilweise läuft dieser strukturelle Wandlungsprozeß innerhalb der Betriebe oder Firmen ab und wird am Arbeitsmarkt direkt gar nicht spürbar. In Zeiten guter Konjunktur kann die Zahl der durch Rationalisierung und Konkurrenzdruck verschwindenden Arbeitsplätze größer sein als in Zeiten schlechter Konjunktur - wenn die konjunkturelle Entwicklung stark vom technischen Fortschritt getragen wird, ist das sogar wahrscheinlich -, aber auch die Zahl der neu entstehenden Arbeitsplätze ist dann groß, so daß die Gesamtzahl der Arbeitslosen nicht zunehmen muß. Immerhin dürfte die strukturelle Arbeitslosigkeit bei raschem Strukturwandel zunächst (Impaktwirkung) zunehmen, auch in der Form regionaler Arbeitslosigkeit. Eine starke Konjunktur erleichtert aber in der Folge den Abbau struktureller Arbeitslosigkeit durch die einhergehende Knappheit von Arbeitskräften, welche betriebliche Ausbildungen, Umschulungen oder Kapitalmobilität induziert[3].

Wenn die regionale Verteilung der vernichteten Arbeitsplätze quantitativ oder qualitativ mit derjenigen der neu entstandenen Arbeitsplätze nicht übereinstimmt, entstehen regionale Arbeitsmarktprobleme.

Wenn die Konjunktur nicht gut ist, reichen die neu entstehenden Arbeitsplätze nicht aus, die abgebauten Arbeitsplätze voll zu ersetzen, was unmittelbar die volkswirtschaftliche Arbeitslosenquote erhöht und mit der Zeit die regionalen Ungleichgewichte verschärft; denn es fehlen nun die Arbeitsmarktengpässe, die den Abbau der strukturellen Arbeitslosigkeit beschleunigen könnten.

3. Die Bestimmungsgründe der regionalen Verteilung der vernichteten Arbeitsplätze

Die folgenden Plausibilitätsüberlegungen zur regionalen Verteilung der Arbeitsplatzverluste (und der neuen Arbeitsplätze) arbeiten mit einer möglichst einfachen Zweiteilung der Regionen: auf der einen Seite Verdichtungsräume mit dem näheren und weiteren Umland, das auf den Verdichtungsraum hin orientiert ist; auf der anderen Seite ländliche Regionen, Klein- und Mittelstädte weiter entfernt von den Verdichtungsräumen, die ich periphere Regionen nennen werde. Groß- und Mittelstädte, die nicht im Umland der Verdichtungsräume liegen, sind bei dieser Zweiteilung nicht eindeutig zuzuordnen. Ich werde auf diese Gruppe später zurückkommen. Das einem Verdichtungsraum zuzuordnende Umland reicht bei guter Verkehrserschließung und entsprechender Größe des Verdichtungsraums weit hinaus, insbesondere wo ein Verdichtungsraum zur höchsten Zentralitätsstufe zu rechnen ist, weil dann stets die entsprechende Verkehrserschließung mitgegeben ist[4].

Die Vernichtung von Arbeitsplätzen durch Besonderheiten des Konjunkturverlaufs einzelner Branchen oder durch technischen Fortschritt läßt keinen systematischen regionalen Zusammenhang im Sinne der obigen Einteilung vermuten. Dasselbe würde für lohnkosteninduzierte Rationalisierungen gelten, wenn es kein Lohngefälle zwischen Verdichtungsräumen und Peripherie gibt.

Etwas anders läge der Fall, wenn ein Lohngefälle existiert, das über den Konjunkturzyklus konstant bleibt: fällige Rationalisierungen würden in den Zentren eher erfolgen; das Lohngefälle allein könnte dann auch erklären, warum der produktionstechnische Fortschritt zuerst in Verdichtungsräumen aufgenommen wird und die Peripherie erst später erreicht; denn die Lohnkosten gehen in die Berechnung, ob eine Prozeßinnovation sich lohnt, mit ein.

Wiederum anders läge der Fall, wenn das regionale Lohngefälle auch konjunkturabhängig ist, die sogenannte Lohndrift also eine Erscheinung in den Verdichtungsräumen bei guter Konjunktur ist[5]. Die durch Rationalisierungen vernichteten Arbeitsplätze würden dann ein konjunkturbestimmtes systematisches regionales Muster aufweisen. Wenn übertarifliche Lohnzuschläge in einzelnen Branchen in Verdichtungsräumen bei Hochkonjunktur so gedeutet werden müßten, daß die Ersetzung der Arbeitskraft durch Kapital hier besondere Schwierigkeiten macht, während in anderen Branchen Arbeitskraftengpässe leichter durch Rationalisierungen beseitigt werden können, so würde das immer noch auf dasselbe Ergebnis hinauslaufen: In der Hochkonjunktur verlieren Verdichtungsräume relativ mehr Arbeitsplätze durch Rationalisierungen als periphere Regionen.

Dasselbe gilt für Verlagerungen. Sie sind in der Regel engpaßbedingt. Gemäß der Theorie des Produktzyklus wird von den Zentren zur Peripherie verlagert.

In der Hochkonjunktur treten mehr Engpässe auf, verlieren also Verdichtungsräume mehr Arbeitsplätze durch Verlagerungen, während die peripheren Gebiete zu den Gewinnern zählen, allerdings heute mehr mit Standorten im Ausland konkurrieren müssen[6].

Betriebsstillegungen und Konkurse sind im Durchschnitt mehr in peripheren Regionen zu erwarten. Klein- und Mittelbetriebe, die stärker in den peripheren Regionen vertreten sind, haben eher Liquiditätsschwierigkeiten. Stillegungen von Zweigbetrieben werden in Firmenzentren entschieden, die nicht selten Wahlmöglichkeiten haben, wo sie stillegen; enlassene Arbeitskräfte in peripheren Regionen kann man eher wieder bekommen, wenn sie wieder gebraucht werden. Viele Zweigbetriebe sind ferner in der Peripherie entstanden wegen der dort verfügbaren ungelernten Arbeitskräfte, eine Gruppe, die bekanntlich die Hauptlast der Konjunkturanpassung trägt. In Zeiten schlechter Konjunktur verlieren periphere Regionen durch Stillegungen und Konkurse daher relativ mehr Arbeitsplätze als Verdichtungsräume[7].

Ein bedeutender Einfluß geht auch von den internationalen Wettbewerbsverhältnissen aus. Die internationale Wettbewerbsposition eines Landes wird durch das Wechselkursverhältnis bestimmt. Der reale Wechselkurs (der reale Außenwert) gibt ein allgemeines Maß dafür ab, das für Untersuchungen des Wettbewerbsdrucks auf einzelne Regionen modifiziert werden müßte entsprechend der Branchenstruktur der Region mit ihren besonderen Auslandsmärkten und der räumlichen Nähe der Region gegenüber einzelnen Ländern.

Sofern eine nachlassende Konjunktur im Inland mit einer Aufwertung der Währung einhergeht - für die Mehrzahl der Länder dürfte dieser Zusammenhang gegeben sein -, würde sich der internationale Wettbewerbsdruck gerade dann erhöhen, wenn sich auch im Inland die Lage verschlechtert.

Ein sich verstärkender internationaler Wettbewerbsdruck trifft die Regionen besonders stark, die eine besonders hohe Quote von gewerblichen Arbeitsplätzen aufweisen; das können Verdichtungsräume oder periphere Räume sein. Es kommt nicht nur auf die Exportquote einer Region an; es gibt auch die Importkonkurrenz. Auch Regionen, deren Produkte einen relativ hohen technologischen Standard haben, können durch eine sich verschlechternde internationale Wettbewerbsposition schwer getroffen werden. Monopolpositionen schützen Arbeitsplätze besser, aber keineswegs vollkommen; denn die Preiselastizität der Nachfrage ist nicht nur von den Substitutionsmöglichkeiten bestimmt, sondern auch von Einkommenseffekten und -elastizitäten abhängig.

Die internationale Konkurrenz trifft darüber hinaus in einem führenden Industrieland gemäß den Standortverschiebungen im Ablauf des Produktzyklus stärker periphere Regionen; diese Regionen produzieren einen relativ höheren Anteil von Gütern, die mit Gütern aus Niedriglohnländern (oder allgemeiner ausgedrückt: aus weniger industrialisierten Ländern) konkurrieren.

Es läßt sich daher festhalten: Wenn die schlechte Konjunktur im Inland mit einer Verstärkung des internationalen Wettbewerbsdrucks einhergeht, bringt das eine verstärkte relative Verschlechterung der Lage der peripheren Regionen mit sich. Beide Einflüsse benachteiligen nämlich diesen Regionstyp. Ursache für das gleichzeitige Auftreten beider Übel kann der bereits genannte Zusammenhang zwischen realem Wechselkurs und Binnenkonjunktur sein oder ein international gleichgerichteter Konjunkturzusammenhang, d.h. daß die schlechte Konjunkturlage einer Volkswirtschaft die weltweit schlechte Konjunktur widerspiegelt.

Zusammenfassend läßt sich deshalb feststellen: die Verteilung der verloren gehenden Arbeitsplätze auf Verdichtungs- und Peripherregionen schwankt mit der Konjunktur; bei guter Konjunktur trifft es mehr die Verdichtungsräume (denen es in solchen Zeiten nicht weh tut), bei schlechter Konjunktur trifft es mehr die peripheren Regionen.

4. Die Bestimmungsgründe der regionalen Verteilung der neu entstehenden Arbeitsplätze

Ich beschränke mich auf die m.E. vier wesentlichen Bestimmungsgründe für die Standortswahl von Firmen: Verfügbarkeit passender Grundstücke (einschließlich Bodenpreiseinfluß), Verfügbarkeit geeigneter Arbeitskräfte (wiederum einschließlich der Kostenaspekte), Absatzmöglichkeiten und Kommunikationsvorteile im weitesten Sinne. Es empfiehlt sich, die Frage getrennt für Arbeitsplätze in der gewerblichen Wirtschaft und im Dienstleistungsbereich zu prüfen.

Für die gewerbliche Wirtschaft ist das passende Grundstück von großer Bedeutung. Da gewerbliche Produktionen aber nicht auf zentrale Großstadtlagen angewiesen sind, ist es trotzdem nicht dafür ausschlaggebend, ob in Verdichtungsräumen und ihrem Umland oder anderswo produziert wird. Es wird immer ein passendes Grundstück im Umland eines Verdichtungsraums geben; die verfügbare Fläche wächst exponential mit der Entfernung vom Zentrum. Daß es in früheren Zeiten besserer Konjunktur Verlagerungen aus Verdichtungsräumen in periphere Regionen gegeben hat, lag nicht an den fehlenden Grundstücken, sondern an Engpässen anderswo, insbesondere im Arbeitsmarkt der Verdichtungsräume. Dabei war schon früher zu beobachten, daß selten Engpässe bei qualifizierten Arbeitskräften die Verlagerung aus dem Verdichtungsraum heraus auslösten - im Gegenteil war der qualifizierte Arbeitskraftstamm oft der Grund, im Umland des Verdichtungsraums zu bleiben -, sondern es waren Engpässe (bzw. Kostengesichtspunkte) bei ungelernten Arbeitskräften.

Bei schlechter Konjunktur sind solche Arbeitsmarktengpässe selten geworden. Verlagerungen und Teilauslagerungen (Gründung von Zweigbetrieben) in periphere Regionen sind ebenso selten geworden. Wiederum hat aufgrund der allgemeinen Konjunkturlage die Peripherie gegenüber dem Verdichtungsraum an Wachstum verloren.

Eine Einschränkung dazu ist angebracht. Viele neue Arbeitsplätze entstehen aus Umstrukturierungen innerhalb einzelner Unternehmen und Betriebe (Arbeitsstätten). Hier stellt sich die Frage der Standortswahl meist nicht. Die Standorte der neuen Arbeitsplätze sind durch die bestehenden Betriebsstätten vorgegeben. Dasselbe gilt für viele geringfügige Erweiterungen. Daher bleibt ein erheblicher Einfluß der überkommenen regionalen Arbeitsplatzverteilung auf die regionale Verteilung neuer Arbeitsplätze erhalten. Erst große Zuwachsraten können zu stärkeren regionalen Strukturverschiebungen der Arbeitsplatzverteilung führen.

Für die Dienstleistungen ist durchgehend die Absatzorientierung von großer Bedeutung. Fast alle haushaltsbezogenen Dienstleistungen und viele unternehmensbezogene wählen Standorte nahe bei ihren Abnehmern[8]. Bei letzteren spielen aber auch die Kommunikationsvorteile der Verdichtungsräume eine gewisse Rolle. Da große Firmen häufig zuerst spezialisierte hochwertige Dienstleistungen nachfragen, entstehen solche Dienstleistungsfirmen an den Firmensitzen; diese sind zunehmend in den Verdichtungsräumen. Die Dienstleistungsfirmen in solchen Metropolen gewinnen so einen Vorsprung; wenn später solcher Bedarf auch bei Firmen in anderen Orten entsteht, können entsprechende Dienstleistungsfirmen in Orten niedrigerer Zentralität nicht mehr so leicht entstehen. Die Konzentrationstendenzen der Wirtschaft tragen zu einer Konzentration gewisser wirtschaftsbezogener Dienstleistungen in großen Zentren bei. Skalenerträge spielen dabei aber auch eine Rolle und nicht zuletzt auch das Angebot qualifizierter Arbeitskräfte im Verdichtungsraum.

Verschlechtert sich die internationale Wettbewerbsposition eines Landes durch Veränderung seines realen Wechselkurses, wird dies weniger die Dienstleistungsarbeitsplätze treffen, da diese, wie gesagt, überwiegend die Nähe ihrer Abnehmer suchen, sondern eher gewerbliche Arbeitsplätze. Inländische Firmen könnten versucht sein, neue Arbeitsplätze im Ausland aufzubauen. Es ist ein günstiger Umstand für die Bundesrepublik Deutschland, daß Österreich und die Schweiz, Länder, die für deutsche Firmen wegen der fehlenden Sprachbarriere und der vielen Ähnlichkeiten in ihrer Gesetzgebung am ehesten dafür geeignet wären, auch Hartwährungsländer sind und außerdem nicht Mitglieder in der EG (während die Bundesrepublik Deutschland wegen der EG-Mitgliedschaft für jene Länder aus denselben Gründen ein attraktiver Unternehmensstandort ist). Bei neuen im Ausland aufgebauten Arbeitsplätzen handelt es sich wahrscheinlich oft um solche, die sonst den peripheren Regionen zugute gekommen wären. Weniger dürfte dies für unterlassene Investitionen ausländischer Firmen im Inland gelten. Solche Firmen bevorzugen eher Verdichtungsräume mit ihrem Umland. Ausländische Direktinvestitionen haben in der Geschichte der Bundesrepublik Deutschland eine große Rolle gespielt; also könnte der Ausfall solcher Investitionen ebenfalls erhebliche Wirkungen haben. Doch da der weniger zu Lasten der inländischen peripheren Regionen gehen würde, läßt sich bei dem Einfluß der internationalen Wettbewerbsposition auf die räumliche Verteilung der neu entstehenden Arbeitsplätze keine eindeutige Tendenz feststellen.

Soweit bei der regionalen Verteilung neuer Arbeitsplätze ein systematischer Einfluß erkennbar ist - spezielle Standortsanforderungen einzelner Branchen außer acht gelassen - scheint er beim Arbeitskräfteangebot zu liegen, vor allem beim Angebot qualifizierter Arbeitskräfte. Damit komme ich zu dem entscheidenden Punkt meiner weiteren Ausführungen.

Was bestimmt das potentielle Angebot von Arbeitskräften für ein Unternehmen an einem Ort? Die Zahl und Qualität der in dem betreffenden Arbeitsmarkt verfügbaren Erwerbspersonen? Das ist keineswegs so sicher; denn die Erwerbspersonen am Ort sind meistens bereits beschäftigt, und ob sie abgeworben werden können, ist ungewiß; nicht weniger ungewiß ist, ob ihre Qualifikationen genau die sind, die gebraucht werden, zumal neben der formalen Ausbildung die betriebsspezifische heute sehr wichtig geworden ist. So bleiben vor allem die neu ins Berufsleben eintretenden Jahrgänge. Entscheidend für das potentielle Arbeitskräfteangebot eines Arbeitsmarktes für ein Unternehmen ist daher, insbesondere bei qualifizierten Arbeitskräften, die Zuwanderungsbereitschaft von Erwerbspersonen der gesuchten Qualifikationen[9].

Was bestimmt die Zuwanderungsbereitschaft von Arbeitskräften an einen Ort? Nur zum Teil ist es die Größe des Arbeitsmarktes: bei Ehepaaren mit hoher Qualifikation, weil es in dem großen Arbeitsmarkt wahrscheinlicher ist, daß beide Ehepartner einen passenden Arbeitsplatz finden; wenn man die Möglichkeit eines Arbeitsplatzverlustes einkalkuliert, weil ein großer Arbeitsmarkt eher einen passenden neuen Arbeitsplatz bieten könnte. Zum anderen Teil ist es die Wohnattraktivität im weitesten Sinne[10]. Wohnattraktivität ist dabei nicht gleich Stadtgröße, deckt sich nicht mit Verdichtungsraum. Daher gibt es bei der Wohnattraktivität einen Wettbewerb sowohl zwischen den Verdichtungsräumen als auch zwischen ihnen und anderen Städten außerhalb des Umlands von Verdichtungsräumen, vielleicht sogar manchmal mit ländlichen Regionen. Ihre Bedeutung bei der Wahl der Zielregion nimmt mit steigendem Realeinkommen zu, wenn der Grenznutzen des Einkommens abnimmt[11], außerdem vermutlich in vielen Fällen, wenn die Freizeit zunimmt.

5. Die Beziehung zwischen Zuwanderungsbereitschaft und Arbeitsplatzangebot

Alle Migrationsstudien zeigen, daß die Richtung der Migration der Bevölkerung im erwerbsfähigen Alter vor allem vom Arbeitsplatzangebot bestimmt ist[12]. Aber nicht allein davon. Wenn der Abwandernde Alternativen hat, wird er die Zielregion mit mehr Wohnattraktivität wählen. Da Jüngere und besser Qualifizierte mobiler sind und da diese Arbeitskräfte auch die gesuchteren sind, wird oft bei dem Zielort eine echte Wahlmöglichkeit bestehen. Daher muß auch ein Unternehmen bei seinen Standortentscheidungen Wohnattraktivität berücksichtigen, um sein potentielles Arbeitskräfteangebot zu vergrößern und zu verbessern; und auch ein Unternehmen hat in vielen Fällen echte Wahlmöglichkeiten bei seinen Standortentscheidungen.

Daraus folgt, daß letztlich die bestimmende Ursache der regionalen Entwicklung nicht das Arbeitsplatzangebot ist, sondern die Wahlentscheidung des zuwandernden Arbeitnehmers, der das Unternehmen in seinem Kalkül Rechnung tragen muß. In einer unterbeschäftigten Volkswirtschaft mit einem Überangebot von Arbeitskräften ändert sich die Sachlage nicht grundsätzlich: Die potentielle Zuwanderungsbereitschaft wird an allen Orten zunehmen, die Differenz der potentiellen Zuwanderungsbereitschaft zwischen verschiedenen Orten wird aber bleiben und damit die Wettbewerbsvorteile oder -nachteile verschiedener Orte[13].

II. Regionalpolitische Schlußfolgerungen

1. Zur Abgrenzung von Fördergebieten

Wenn die Beschäftigung in einer Region über längere Zeit wesentlich langsamer zunimmt (oder wesentlich schneller abnimmt) als in der Volkswirtschaft, in der diese Region eingebettet ist, wird sie zu einer Problemregion, entsteht ein regionales Problem. Ausnahmen von dieser Regel gibt es nur dort, wo die vom volkswirtschaftlichen Trend abweichende Entwicklung aus besonderen Gründen eine Entwicklung hin zu einem Optimum ist, etwa weil die Bevölkerungsdichte der Region zu hoch ist und dgl. Im allgemeinen ist ein Zurückbleiben über längere Zeit ein Vorgang, der mit ungünstigen Selektionsprozessen und finanziellen Engpässen zusammenfällt und daher vom Optimum wegführt.

Kriterium für die Abgrenzung von Fördergebieten müßte daher die Wachstumsrate der Beschäftigung im Vergleich zu derjenigen der Volkswirtschaft sein. Welcher Zeitraum für eine solche Berechnung zugrunde gelegt wird, wie weit die Beschäftigtenentwicklung zurückgeblieben sein muß, ob die bisherigen Arbeitsmarktregionen oder größere Raumeinheiten zugrunde gelegt werden müßten, sind dabei weitere wichtige Fragen, nicht nur solche der technischen Durchführung; doch soll es hier bei der Andeutung bleiben.

Auch der Wanderungssaldo der Bevölkerung im erwerbsfähigen Alter wäre als Abgrenzungskriterium auf jeden Fall den bisher verwendeten Arbeitsmarktindikatoren vorzuziehen. Doch beeinflussen ihn regionale Unterschiede der Geburtenrate. Die Entwicklung der Beschäftigung ist dagegen ein rein ökonomisches Konzept.

Den bisher bei der Abgrenzung von Fördergebieten verwendeten Arbeitsmarktindikatoren "Arbeitslosenquote" und "Bruttolohn- und Gehaltssumme der abhängig Beschäftigten" haftet der Mangel an, daß sie die Gefährdung einer Region nicht richtig erfassen, weil sie die Wanderungsbewegungen nicht berücksichtigen. In einer Region, in der sich Hoffnungslosigkeit ausbreitet, wird die Abwanderung sich beschleunigen und dadurch die Arbeitslosenquote senken. Bleiben die Arbeitslosen am Ort, so mag das mit Mobilitätshindernissen zusammenhängen, kann aber, sofern die Entscheidung, am Ort zu bleiben, ohne Zwänge erfolgt, auch als eine subjektiv positive Einschätzung der längerfristigen Entwicklung der Region durch die Arbeitslosen interpretiert werden und zugleich als Wohnattraktivität[14].

Abwanderung erhöht tendenziell auch die Lohn- und Gehaltssumme je Beschäftigten (weniger Kurzarbeit, mehr Überstunden, im Rahmen der neoklassischen Theorie auch steigende Lohnraten). Wiederum verknüpft sich mit der negativen Erscheinung der Abwanderung ein positives Signal im verwendeten Indikator.

Umgekehrt mag es Zuwanderungsregionen geben, die durch die Verwendung solcher Indikatoren ohne einsichtigen Grund zum Fördergebiet geworden sind.

Der Indikator "Bruttolohn- und Gehaltssumme der abhängig Beschäftigten" mißt sicher stellvertretend auch das durchschnittliche Qualifikationsniveau der Arbeitsplätze einer Region, was ein einsichtiges regionalpolitisches Ziel im Arbeitsmarktbereich darstellen würde. Trotzdem bleibt, daß er dies nur unvollkommen wegen der oben genannten Zusammenhänge tun kann[15].

Der früher mitverwendete Arbeitskraftreservekoeffizient würde einen Indikator abgeben, der nicht durch Wanderungsbewegungen verfälscht ist; vielleicht war es seine Aufgabe im Gesamtindikator gewesen, ein korrigierendes Gegengewicht gegen die anderen nicht zuverlässig die Lage signalisierenden Arbeitsmarktindikatoren zu bilden. Die Perioden, auf die sich diese verschiedenen Arbeitsmarktindikatoren beziehen, liegen aber m.E. so weit auseinander, daß der Gesamtindikator "Arbeitsmarktverhältnisse" nicht mehr leicht interpretierbar sein würde.

Als Abgrenzungskriterium die Zuwachsrate der Beschäftigung, also eine Wachstumsrate, zu wählen, kann wegen des Basiseffekts allerdings auch zu Fehlschlüssen führen. In einer so ausgeglichenen Wirtschaftslandschaft wie der Bundesrepublik Deutschland können Basiseffekte wohl vernachlässigt werden, nicht jedoch in dem größeren EG-Raum. Wo besonders niedrige Beschäftigtenquoten, gemessen an der Bevölkerung im erwerbsfähigen Alter, vorliegen, könnte als ergänzender Indikator die Arbeitslosenquote vertretbar sein; aber auch hier wäre wohl ein besserer Strukturindikator der Anteil der Erwerbspersonen in der Landwirtschaft oder dgl.

2. Der entscheidende Punkt: nicht die Konkurrenz der Regionen um die Arbeitsplätze, sondern die Konkurrenz um die qualifizierteren Arbeitskräfte

Mit der Ersetzung der Arbeitslosenquote durch die Wachstumsrate der Beschäftigung als Förderkriterium rückt das Wanderungsverhalten der Erwerbspersonen stärker ins Blickfeld der Regionalpolitik; Wachstumsraten der Beschäftigung und Nettowanderungsraten gehen Hand in Hand. Das führt auch zu einem Wechsel der Perspektive bei der Frage, wo die Förderung am besten ansetzt. Bisher steht die Schaffung von Arbeitsplätzen im Vordergrund, und die Förderinstrumente zielen auf regional begrenzte Kostensenkungen, sei es als Ausgleich für die die Produktions- oder Absatzkosten erhöhenden Standortsnachteile, sei es zur Ermöglichung eines Differentialgewinns. Die Förderung setzt beim Unternehmen an, direkt in der Form der Investitionszulagen und -zuschüsse, indirekt durch die Schaffung von wirtschaftsnaher Infrastruktur. Kein Zweifel, daß diese Regionalpolitik Erfolge hatte, die an der Schaffung oder Erhaltung von Arbeitsplätzen gemessen werden können[16]. Zugleich blieb aber weit verbreitet das Gefühl, daß sie nicht den Durchbruch geschafft hat, den man einst erhofft hatte, vielmehr Polarisierungstendenzen zwischen den Regionen sich inzwischen verstärkt haben[17].

Ein Blick auf die langfristigen Entwicklungstendenzen in der Bundesrepublik Deutschland läßt m.E. keinen Zweifel, daß sie nicht durch die Branchenstruktur[18], auch nicht durch die Regionalpolitik gesteuert worden sind, sondern durch die Wohnattraktivität. Die praktische Regionalpolitik kennt Wohnattraktivität weder als Ziel[19] noch verwendet sie sie bei der Wahl und Einsatzweise ihrer Instrumente als Zwischenziel.

In der bisherigen Regionalpolitik ist eben weitgehend übersehen worden, daß regionale Arbeitsmärkte über Zu- und Abwanderung der Arbeitskräfte in Konkurrenz miteinander stehen; daß die Konkurrenz nicht bei fehlender Vollbeschäftigung aufhört; daß sie bei höheren Berufsqualifikationen besonders intensiv ist, weil Mobilitätsbereitschaft und Informationsstand mit der Qualifikation zunehmen; daß es nicht zuletzt innerhalb einer beruflichen Qualifikation

Qualitätsunterschiede gibt, welche in dem interregionalen Wettbewerb um die Arbeitskräfte eine große Rolle spielen; ein Wettbewerb, dessen Ausgang über die langfristige Entwicklung einer Region entscheidet. Der Wettbewerb der Arbeitgeber (Unternehmen, Verbände, staatliche und halbstaatliche Einrichtungen) um die besseren Arbeitskräfte hat über seine Bedeutung für das Unternehmen, den Verband, die staatliche Einrichtung hinaus erhebliche Nebenwirkungen für die Region; hier liegt der Schlüssel zu dem so herbeigewünschten Innovationspotential.

Wenn die attraktiveren Wohnstandorte die qualifizierteren Arbeitskräfte gewinnen, entsteht ein kumulativer Prozeß. Der attraktive Wohnort ersetzt Einkommen; die Annehmlichkeiten des Wohnorts entschädigen für das niedrigere Einkommen[20]. So erhält der Unternehmer in einer attraktiven Wohnregion die besser qualifizierten Arbeitskräfte, die ihm zugleich unter Umständen weniger kosten. Der dadurch einsetzende kumulative Prozeß ist erst zu Ende, wenn wegen der Verdichtung die ursprüngliche Attraktivität des Wohnstandorts verschwindet oder der Reallohn wegen der in der Region steigenden Lebenshaltungskosten sinkt. Ersteres läßt sich durch Raumplanung weit hinausschieben. Letzteres dürfte in Verdichtungsräumen eher eintreten, obwohl zuerst niedrigere Nominallohnraten sich in niedrigeren Lebenshaltungskosten niederschlagen und die ersten Kostensteigerungen anderswo auffangen (der Preisindex für die Lebenshaltung mißt bei den darin enthaltenen Dienstleistungen eher das Einkommensniveau, ist also zum Teil mehr ein Lohnindex). Normaler für einen durch Zuwanderung wachsenden attraktiven Verdichtungsraum sind höhere Lebenshaltungskosten (im wesentlichen aufgrund höherer Wohn- und/oder Verkehrskosten), gleiche oder höhere Nominallöhne und niedrigere oder gleiche Reallöhne. Höhere Nominallöhne können gezahlt werden wegen der höheren Qualifikation der Arbeitskräfte und der Agglomerationsvorteile.

3. Wohnattraktivität als regionalpolitisches Ziel

Wohnattraktivität einer Region ist ein Qualitätsbegriff mit vielen Dimensionen. Auch unterliegt sie einer subjektiven Einschätzung, wahrscheinlich werden ihre Merkmale auch schichtenspezifisch unterschiedlich gewertet. Ich werde mich darauf beschränken, einige ihrer Merkmale aufzuzählen. Meistens sind sie so plausibel, daß sie keiner Erläuterung bedürfen, was anzeigt, daß es quasi objektive Qualitätsmerkmale sind. Auch gibt es auf den ersten Blick keine Zielkonflikte zwischen den einzelnen Merkmalen der Wohnattraktivität, abgesehen davon, daß sie alle Geld kosten. Wenn es schichtenspezifische Wertunterschiede gibt, wird man aus der regionalökonomischen Sicht den Merkmalen den Vorzug geben müssen, die von den qualifizierteren Arbeitskräften gesucht werden. Denn um diese Gruppe geht es.

Was gehört zur Wohnattraktivität einer Region?

a) Eine klare räumliche Struktur innerhalb der Region, um ein Zentrum herum, das von allen Seiten eine gute Verkehrsanbindung hat. Die Zuordnung von Städten und Gemeinden verschiedener Größe entsprechend der Theorie der zentralen Orte bildet eine Siedlungsstruktur, die diese Anforderungen ideal erfüllt. Dreierlei macht das Wohnen in einem so geordneten Raum so angenehm: die verkehrliche Zuordnung der Gemeinden auf einen Ort höherer Zentralität ermöglicht über Skalenerträge ein relativ höherwertiges Angebot von Gütern und Dienstleistungen; es besteht ein größerer und damit funktionsfähiger Arbeitsmarkt; man erreicht am Ortsende schnell freies Land, Wiesen, Äcker, Wälder, Umwelt gewissermaßen, Naherholungsmöglichkeiten[21]. Zersiedelte Landschaften bieten das nicht, ebenso Städtehäufungen nicht, ja zwei Städte nebeneinander genügen, um die Entwicklung höherer Zentralität gegenseitig zu blockieren und auf der einen Stadtseite das freie Land wegzunehmen.

b) Eine gute Anbindung an zentrale Orte höherer und höchster Ordnung.

c) Eine gute Stadtplanung: Zentrum, Qualität der Wohnviertel, leistungsfähiges städtisches Verkehrssystem und Umweltschutzmaßnahmen gehören dazu.

d) Gute Ärzte und ein gutes Krankenhaus.

e) Gute Lehrer und Schulen.

f) Ein reiches kulturelles und gesellschaftliches Leben: Bibliotheken (einschließlich ihrer Öffnungszeiten), Konzerte und Theater, Chöre, Laienspiel- und Volksmusikgruppen, Erhaltung alter Gebäude und Stadtviertel, Sportvereine und andere, offizielle Anlässe zu Festlichkeiten und vieles mehr. Dadurch entsteht Identifikation.

g) Eine gute Regionalzeitung, wodurch die lokale Diskussion gefördert wird und Öffentlichkeit entsteht. Das Niveau einer Zeitung hängt von ihren Lesern ab; jeder kann dazu beitragen, gerade auch die Behörden, indem Informationen und Diskussionsbeiträge bereitgestellt werden und man die Journalisten ernst nimmt.

h) Eine niedrige Kriminalitätsrate, d.h. unter anderem eine ausgewogene soziale Struktur.

Die Aufzählung ist unvollständig. Sie läßt aber bereits einiges deutlich werden. Manches, was Wohnattraktivität ausmacht, entspricht auch den Anforderungen an den Standort, den ein ansiedlungswilliges Unternehmen stellen würde.

Anderes macht die blinden Flecken der bisherigen Förderpraxis sichtbar. Wichtige Aufgaben bei der Entwicklung einer Region liegen bei Ressorts, die sich nur am Rande oder überhaupt nicht mit Regionalpolitk abgeben: Raumplanung, Stadtplanung, Verkehrsplanung, Umweltschutz, Denkmalschutz, Gesundheitswesen, Schulwesen und vor allem Kulturförderung vielfältigster Art. Die Finanzausgleichsregelungen, ferner die qualifizierte Beratung und finanzielle Unterstützung bei spezifischen Aufgaben durch übergeordnete Instanzen (Landesministerien oder Beratungsgremien und -einrichtungen) sind die hierfür passenden Instrumente einer regionalen Förderung. Gewisse Schlüsselberufe für eine Region wie Ärzte, Lehrer oder im Kulturleben Tätige sind von der Regionalpolitik bisher nicht wahrgenommen worden, obwohl gerade auch hier die Konkurrenz um die Qualifizierteren zwischen den Regionen bekannt ist. Es fehlen auf solchen Gebieten auch die allgemein zugänglichen Informationen: z.B. über regionale Qualitätsunterschiede der Schulen oder über regionale Unterschiede der Mortalitätsrate bei gleichen operativen Eingriffen.

4. Eine an den Lohnkosten ansetzende Regionalpolitik

Die regionale Wirtschaftsförderung über die Subventionierung von Investitionen bezeichnet. Der Gegenbegriff Nachfragepolitik läßt sich leicht definieren: alle Maßnahmen, die die Nachfrage nach Gütern und Dienstleistungen erhöhen, damit diese Erhöhung weitere Wirkungen auslöst, werden darunter subsumiert. Angebotspolitik ist schwerer zu definieren, weil die Einflußnahme auf die Angebotsseite auf verschiedenen hintereinander gelagerten Ebenen ansetzen kann, wodurch der Transmissionsweg bis zur anvisierten Zielgröße kürzer oder länger wird. Die herkömmliche Regionalpolitik ist Angebotspolitik, weil sie das Angebot von Arbeitsplätzen über das Unternehmensverhalten zu beeinflussen sucht. Die in diesem Beitrag entwickelte Position ist eine Angebotspolitik, die eine Stufe weiter zurück ansetzt, indem sie das Wanderungsverhalten der Arbeitskräfte zu beeinflussen versucht. Sie ist dadurch eine langfristigere Angebotspolitik der Raumumgestaltung als die übliche Regionalpolitik und, wie dargelegt, dürfte sie die nachhaltiger wirksame sein. Da die Regionalpolitik aber auch kurzfristig Aufgaben hat, ist es überlegenswert, ob und welche ergänzenden Maßnahmen dafür geeignet sein könnten. Ich beschränke mich auf eine Überlegung, die aus der Perspektive des regionalen Arbeitsmarktes naheliegt und nicht auf die übliche Subvention von Arbeitsplätzen hinausläuft.

Ansatzpunkt könnten nämlich die regionalen Lohndifferenzen sein. Manchmal sind bereits die Nominallohnraten für gleiche oder vergleichbare Tätigkeiten in peripheren Regionen höher als in Verdichtungsräumen, was vor allem bei höher qualifizierten Berufen vorkommt und mit dem knappen Angebot zusammenhängen mag. Häufiger liegen die Reallohnraten höher aufgrund der räumlichen Unterschiede in den Lebenshaltungskosten[22]. Ein Reallohngefälle von den peripheren

Räumen zu den Verdichtungsräumen ist das Spiegelbild für die unterschiedlichen Wohnattraktivitäten (wenn der Verdichtungsraum zu den attraktiven Wohnregionen gehört). Ein Reallohngefälle von den Fördergebieten zu den anderen ist absurd. Höhere Reallohnraten in Fördergebieten sollten Anlaß sein, daß Tarifverträge bei weiteren Lohnerhöhungen zwischen Fördergebieten und anderen Regionen differenzieren. Wenn das den Tarifpartnern zu schwer fällt wegen des Widerstands in den eigenen Reihen, könnte das wohl auch durch Gesetz eingeführt werden. Wie eine solche Regelung im einzelnen aussieht, ist für ihre Wirkung nicht unwichtig. Ohne diese Kenntnisse läßt sich die regionale Wirkung in ihren Grundzügen darstellen.

In den Fördergebieten würden dadurch Nominallöhne und Lohnkosten relativ gesenkt, ebenso, aber etwas geringer, Reallöhne und ausgezahlte Lohnsumme (das verfügbare Einkommen). Die Abweichungen der relativen Senkung ergeben sich aus den Rückwirkungen auf die lokalen Lebenshaltungskosten und aus der Steuerprogression.

Daraus entstünde ein Lohnkostenvorteil der Unternehmen in den Fördergebieten; der Kostenvorteil der Unternehmen in attraktiven Wohnregionen würde entsprechend gegenüber den ausgewiesenen Fördergebieten sinken und dadurch die Vorteile des Standorts in attraktiven Wohnregionen für Unternehmen geringer werden, was auch die Zuwachsrate der Arbeitsplätze in solchen Regionen verlangsamen würde.

Die potentielle Abwanderungsbereitschaft der Arbeitskräfte in den Fördergebieten würde zunehmen, insbesondere der qualifizierteren Arbeitskräfte. Die tatsächliche Abwanderung muß aber nicht steigen, weil sie von den verfügbaren Arbeitsplätzen anderswo mit abhängt. Der Arbeitsplatz anderswo ist eine notwendige Bedingung der Abwanderung[23]. Der Zuwachs der Arbeitsplätze anderswo sinkt aber durch die veränderte regionale Lohndifferenzierung zugunsten der verfügbaren Arbeitsplätze in den Fördergebieten. So verliert die Förderregion durch eine relative Senkung des Reallohns nicht unbedingt durch mehr Abwanderung, im Gegenteil könnte die Abwanderung zurückgehen[24]. Langfristig ist ihr aber nur durch mehr Wohnattraktivität zu helfen.

5. Abschließende Bemerkungen

Der vorliegende Beitrag zeigt, daß man von einer genauen Prüfung der Arbeitsmarktvorgänge zu einer besseren Erklärung der regional unterschiedlichen Dynamik in einer Volkswirtschaft gelangt. Der Arbeitsmarkt scheint eine ganz bedeutende Rolle bei der Zuteilung der Wachstumschancen an die verschiedenen Regionen zu spielen, wobei die Arbeitskräfte mit ihrem Wanderungsverhalten die Entwicklung letztlich steuern, während die Unternehmer als Anbieter von Arbeitsplätzen mehr die gesteuerten sind. Der entscheidende Ansatzpunkt für die Regionalpolitik, die Raumstrukturen in ihrem Sinne zu beeinflussen, wurde in der Wohnattraktivität einer Region gefunden. Dadurch rückt die Raumordnungspolitik mit ihrem Bemühen, optimale Siedlungs-, Verkehrs- und räumliche Nutzungsstrukturen herzustellen, mehr in den Vordergrund, vor allem aber Politikbereiche im sozialen und kulturellen Feld, die bisher in ihrer Bedeutung für die regionale Entwicklung unterschätzt wurden. Gleichzeitig bedeutet der Austausch des Zwischenzieles Arbeitsplätze durch Wohnattraktivität eine erhebliche Gewichtsverlagerung im Zielsystem Richtung Qualität[25].

Die bisherige Regionalpolitik hat zweifellos, was die Arbeitsplätze betrifft, Erfolg gehabt. Daß ihre Wirksamkeit erneut diskutiert wird, ist gewiß kein Zufall. Wo bisher gefördert worden ist, ist gewissermaßen das meiste geleistet[26]. Wo bisher nicht gefördert worden ist, ist inzwischen der meiste Nachholbedarf.

Eine Verlagerung der Förderungspolitik auf die Raumordnung, die Stadtplanung, die kulturellen und sozialen Bereiche würde auch Konflikte mit der EG-Kommission vermeiden.

Es gibt aber auch Zielkonflikte zwischen Wohnattraktivität und der Ansiedlung gewerblicher Betriebe. Zu hohe Wohnattraktivität kann sich so selbst zerstören, wenn keine Handhaben gegeben sind, sich gegen ein Zuviel an Industrieansiedlungen zu wehren. So könnte hier eine weitere Variante des Polarisierungstrends vorliegen, daß die besseren attraktiven Regionen sich auf "saubere" Arbeitsplätze spezialisieren, die nächste Gruppe sich mit den weniger sauberen begnügen muß (immerhin genügend Arbeitsplätze anzieht). Vielleicht liegt dann eine neue Aufgabe für die Regionalpolitik in der Regulierung von Abwehrmaßnahmen gegen Industrieansiedlungen, gewissermaßen in der Festlegung von Zumutbarkeiten.

Literaturverzeichnis

ARL (1988), Novellierung des Raumordnungsgesetzes. Vorschläge des ad-hoc-Arbeitskreises der Akademie, Hannover.

Armstrong, H. und J. Taylor (1985), Regional Economics and Policy, Oxford.

Asmacher, C., H.-J. Schalk und R. Thoss (1987), Analyse der Wirkungen regionalpolitischer Instrumente, Beiträge zum Siedlungs- und Wohnungswesen und zur Raumplanung, Bd. 120, Münster.

Bade, F.-J. (1987), Regionale Beschäftigungsentwicklung und produktionsorientierte Dienstleistungen, DIW Sonderheft 143, Berlin.

Bartels, C.P.A. und J.J. van Duijn (1982), Regional Economic Policy in a Changed Labour Market, Papers of the Regional Science Association, Bd. 49, S. 97-111.

Bayerische Staatsregierung (1980), 5. Raumordnungsbericht 1977/78, München.

Bayerische Staatsregierung (1984), 7. Raumordnungsbericht 1981/82, München.

Cécora, J. (1985), Standort und Lebenshaltung. Der Einfluß der Siedlungsstruktur auf die Lebenshaltung privater Haushalte, Berlin.

Deutschland, Bundesrepublik, Bundestag (1987), Sechzehnter Rahmenplan der Gemeinschaftsaufgabe "Verbesserung der regionalen Wirtschaftsstruktur", Drucksache 11/583.

Eckey, H.-F. (1977), Die Wanderungsanalyse als Instrument zur Koordination von Raumordnungs- und regionaler Wirtschaftspolitik, Ruhr-Universität Bochum, Lehrstuhl Prof. P. Klemmer, Diskussionspapier Nr. 5.

Eckey, H.-F. und K. Harney (1982), Zur theoretischen und empirischen Erfassung von Zusammenhängen zwischen Bildungsniveau, regionalem Einkommen und interregionaler Wanderung. In: Qualität von Arbeitsmärkten und regionale Entwicklung, ARL, FuS, Bd. 143, Hannover, S. 89-124.

Ehrenberg, H. (1967), Entwicklung der Tariflöhne und Effektivlöhne im Baugewerbe von 1950-1965, Bonn.

Ewringmann, D. u.a. (1986), Die Gemeinschaftsaufgabe "Verbesserung der regionalen Wirtschaftsstruktur" unter veränderten Rahmenbedingungen, Finanzwissenschaftliche Forschungsarbeiten, N.F., Bd. 55, Berlin.

Franz, W. (1987), Strukturelle und friktionelle Arbeitslosigkeit in der Bundesrepublik Deutschland: Eine theoretische und empirische Analyse der Beveridge-Kurve. In: G. Bombach, B. Gahlen und A.E. Ott (Hrsg.), Arbeitsmärkte und Beschäftigung. Fakten, Analysen, Perspektiven. Schriftenreihe des Wirtschaftswissenschaftlichen Seminars Ottobeuren, Bd. 16, Tübingen, S. 301-323.

Genosko, J. (1980), Zur Selektivität räumlicher Mobilität, Kölner Zeitschrift für Soziologie und Sozialpsychologie, Bd. 32, S. 726-745.

Genosko, J. (1988a), Zur konjunkturellen Reagibilität von Arbeitslosigkeit und Beschäftigung: eine regionalisierte Zeitreihen-Betrachtung, erscheint in Raumforschung und Raumordnung.

Genosko, J. (1988b), Regional Labour Market Adjustment Processes, erscheint in Journal of Population Economics.

Gordon, I.R. (1985), The Cyclical Sensitivity of Regional Employment and Unemployment Differentials, Regional Studies, Bd. 19, S. 95-110.

Gordon, I.R. (1988), Evaluating the Effects of Employment Changes on Local Unemployment, Regional Studies, Bd. 22, S. 135-147.

Hall, P. (1987), The Anatomy of Job Creation: Nations, Regions and Cities in the 1960s and 1970s, Regional Studies, Bd. 21, S. 95-106.

Hollenstein, H. und R. Loertscher (1980), Die Struktur- und Regionalpolitik des Bundes. Kritische Würdigung und Skizze einer Neuorientierung, Diessenhofen.

Hübler, K.-H. (1987), Raumordnungspolitik und Wertewandel. Überlegungen zur Fortentwicklung der Raumordnungspolitik, ARL, Beiträge, Bd. 103, Hannover.

Kaldor, N. (1970), The Case for Regional Policies, Scottish Journal of Political Economy, Bd. 17, S. 337-348.

Klemmer, P. und H.-F. Eckey (1982), Erwerbsquote, Arbeitskraftreservekoeffizient und Arbeitslosenquote im Vergleich. In: Qualität von Arbeitsmärkten und regionale Entwicklung, ARL, FuS, Bd. 143, Hannover, S. 1-11.

Kunz, Dieter (1983), Das Problem der Abwanderung qualifizierter Arbeitskräfte aus den schwach entwickelten Regionen. In: Müller, J.H. und T. Dams (Hrsg.), Neuere Entwicklungen der Regionalpolitik in der Bundesrepublik Deutschland, Berlin, S. 55-79.

Metz, Roland (1987), Räumliche Auswirkungen von Insolvenzen auf Arbeitsmärkte in Bayern, Münchner Studien zur Sozial- und Wirtschaftsgeographie, Bd. 30, Kallmünz/Regensburg.

Mieth, W. (1969), Die Qualität des Arbeitsmarktes in Abhängigkeit von seiner Größe. In: Industrie und zentrale Orte. ARL, FuS, Bd. 49, Hannover, S. 1-21.

Mieth, W. (1978), Zur Bedeutung regionaler Arbeitsmärkte für die Raumordnungspolitik, Raumforschung und Raumordnung, Bd. 36, S. 215-219.

Mieth, W. und J. Genosko (1982), Qualitative Polarisierung der Regionen als Folge der räumlichen Selektion der Wanderung und der Arbeitsplätze. In: Qualität von Arbeitsmärkten und regionale Entwicklung, ARL, FuS Bd. 143, Hannover, S. 13-61.

Moriarty, B.M. (1983), Hierarchies of Cities and the Spatial Filtering of Industrial Development, Papers of the Regional Science Association, Bd. 53, S. 59-82.

Neumann, H. und J. Vesper (1983), Berücksichtigung strukturschwacher Verdichtungsgebiete in der regionalen Wirtschaftsförderung, Forschungsberichte des Landes Nordrhein-Westfalen, Nr. 3157, Opladen.

Norton, R.D. (1986), Industrial Policy and American Renewal, Journal of Economic Literature, Bd. 24, S. 1-40.

Perlmann, R. (1969), Labor Theory, New York u.a.

Schröder , D. (1968), Strukturwandel, Standortwahl und regionales Wachstum, Stuttgart u.a.

Töpfer, K. (1974), Standortentscheidung und Wohnortwahl. Folgerungen für die regionalpolitische Praxis aus zwei empirischen Untersuchungen, Kleine Schriften der Gesellschaft für Regionale Strukturentwicklung, Bonn.

Tyler, P., B. C. Moore and J. Rhodes (1988), Geographical Variations in Industrial Costs, Scottish Journal of Political Economy, Bd. 35, S. 22-50.

Wood, P.A. (1986), The Anatomy of Job Loss and Job Creation: Some Speculations on the Role of the "Producer Service" Sector, Regional Studies, Bd. 20, S. 37-46.

Zimmermann, H. u.a. (1973), Regionale Präferenzen. Wohnortorientierung und Mobilitätsbereitschaft der Arbeitnehmer als Determinanten der Regionalpolitik, Gesellschaft für Regionale Strukturentwicklung, Schriftenreihe, Bd. 2, Bonn.

ohne Verfasser: Das Tessiner Arbeitsmarkt-Paradox. Höhere Arbeitslosigkeit trotz gutem Wirtschaftsgang (1987), Neue Zürcher Zeitung, Fernausgabe, 25.3.1987.

Anmerkungen

1) Siehe Das Tessiner Arbeitsmarkt-Paradox (1987).

2) Genosko, J. (1988b) und (1988a). Genosko findet für die Bundesrepublik Deutschland keinen signifikanten Zusammenhang zwischen der Veränderung der regionalen Arbeitslosenquote und Beschäftigung. Einen schwachen Zusammenhang weist Gordon, I.R. (1988) für Groß-London nach (S. 141), allerdings nur für die Periode mit hoher Arbeitslosigkeit 1976-1986; siehe dazu auch Gordon, I.R. (1985). Sowohl Genosko wie auch Gordon finden im Wanderungssaldo die wichtigste Determinante der Entwicklung der regionalen Beschäftigung, gefolgt von der Veränderung der Erwerbsquote.

3) Strukturelle (einschließlich friktionelle) Arbeitslosigkeit ist der Teil der Arbeitslosigkeit, dem offene Stellen gegenüberstehen; der Rest ist zunächst als konjunkturelle Arbeitslosigkeit anzusehen, da für diesen Teil keine Arbeitsplätze vorhanden sind (siehe Perlman, R. (1969), S. 167ff.; Franz, W. (1987), S. 302ff.); erst wenn im Konjunkturaufschwung die offenen Stellen zunehmen, wird sichtbar, ob und wieviel strukturelle Arbeitslosigkeit in dem Rest noch verborgen ist. Strukturelle Arbeitslosigkeit ist also dort, wo Arbeitsangebot und -nachfrage nicht zusammenpassen, seien es die fehlenden oder falschen beruflichen Qualifikationen oder die regionalen Unausgeglichen-

heiten. In der Hochkonjunktur schmilzt die strukturelle Arbeitslosigkeit schneller ab, weil die Initiative zum Abbau auf die andere Seite überwechselt; der Unternehmer wird nun aktiv.

4) Hall, P. (1987), S. 102ff.

5) Ehrenberg, H. (1967) weist einen positiven Zusammenhang von Hochkonjunktur und Lohndrift bei Baufacharbeitern der Bundesrepublik und der Weimarer Republik nach, auf Großstädte (Hamburg und Berlin) beschränkt, so daß die regionale Lohnstruktur sich systematisch mit der Konjunktur verändert (S. 31ff. und S. 43ff.).

6) Hier und im Vorhergehenden werden Engpässe als auslösender Anpassungsfaktor genannt. Auch über Preis- und Kostensteigerungen würden die Anpassungen in Gang gesetzt. Die Engpaßanalyse ist aber im regionalen Bereich und oft auch bei Arbeitsmarktvorgängen die wirklichkeitsnähere.

7) Metz, R. (1987), S. 65ff. und S. 139.

8) Hier und im folgenden wird vom Fremdenverkehr abgesehen, ein Dienstleistungsbereich, dessen Standorte anders bestimmt sind.

9) Jugendliche und verheiratete Frauen sind ortsgebundener und ungelernte Arbeitskräfte weniger geneigt, den Wohnort zu wechseln. Es gilt die obige Aussage in der Tendenz für alle, jedoch vor allem für qualifizierte männliche Arbeitskräfte.

10) Schröder, D. (1968), S. 68ff., S. 182ff. und S. 194ff.

11) Mieth, W. (1978); Töpfer, K. (1974), S. 73 und S. 87; Zimmermann, H. (1973), S. 31ff.

12) Genosko, J. (1980).

13) Töpfer, K. (1974), S. 13 und S. 54f.

14) Neumann, H. und J. Vesper (1983, S. 109ff.) verteidigen den Indikator "Arbeitslosenquote" mit der Behauptung, daß in der Regel nicht die Arbeitslosen wandern, sondern Arbeitnehmer, die einen Arbeitsplatz in der Zuwanderungsregion bereits gefunden haben; daß daher die Arbeitslosenquote in der Abwanderungsregion durch die Abwanderung zunähme (weil der Nenner der Quote abnimmt), während sie in der Zuwanderungsregion abnähme (weil der Nenner der Quote zunimmt). Doch im Normalfall heute wandern berufstätige Ehepaare, von denen nur einer den neuen Arbeitsplatz am neuen Wohnort gefunden hat, während der andere gezwungen ist zu kündigen und am neuen Arbeitsort zunächst arbeitslos ist. Man vergleiche dazu die Entwicklung der Erwerbsquote der verheirateten Frau und insbesondere der jüngeren Jahrgänge, die vor allem das Mobilitätspotential darstellen. Ferner ist es gerade ein Charakteristikum einer Region mit besonders hohem Beschäftigungszuwachs, daß das Risiko, dort keinen Arbeitsplatz zu finden, auch für den Arbeitslosen geringer ist als im üblichen Fall. Nicht zuletzt verändert sich ein Quotenindikator, wenn der Anpassungsprozeß über den Nenner läuft, nur sehr geringfügig durch den einzelnen Wanderungsfall.

15) Siehe dazu Eckey, H.-F. und K. Harney (1982), S. 96ff., die nachweisen,

daß zwischen Bildungs- und Einkommensniveau nur ein schwacher Zusammenhang im regionalen Vergleich festzustellen ist.

16) Siehe Asmacher, C., H.-J. Schalk und R. Thoss (1987).

17) Buttler, F., K. Gerlach und P. Liepmann (1977), S. 155; Mieth, W. und J. Genosko (1982).

18) Siehe Bade, F.-J. (1987), S. 77ff.

19) Immerhin wird ihr Ausbau im 16. Rahmenplan den Problemregionen en passant empfohlen als Anreiz für Unternehmen, siehe Deutschland, Bundesrepublik, Bundestag (1987), S. 6 (Ziffer 2.4).

20) Eckey, H.-F. und K. Harney (1982), S. 98ff.

21) Wood, P.A. (1986), S. 44.

22) Siehe dazu den Überblick bei Cécora, J. (1985), S. 55ff., zusammengefaßt S. 62. Bayerische Staatsregierung (1980), S. 50ff.; dies. (1984), S. 63f.

23) Siehe oben Abschnitt I.5. Die Unterschiede der Wohnattraktivität zwischen den Regionen werden erst raumwirksam, wenn mehrere Zielregionen zur Auswahl stehen, es eine Wahlmöglichkeit für den Abwandernden gibt.

24) Nämlich wenn die allgemeine Konjunkturlage schlecht ist. Wenn die Volkswirtschaft nahe einem makroökonomischen Gleichgewicht von angebotenen und nachgefragten Arbeitsplätzen ist, würden die tatsächliche Abwanderung zunehmen, aber auch die Gründung von Zweigbetrieben und die Verlagerungen. Die Selektionsmechanismen zu Lasten der peripheren Regionen würden sich verstärken. Das kann nur eine langfristige Politik der Wohnattraktivität verhindern.

25) Manche Vorschläge von Hübler, K.-H. (1987) berühren sich mit meinen Überlegungen. Er fordert von der Raumordnung, daß sie sich wieder stärker mit langfristigen Perspektiven befassen, mehr die Qualitätsaspekte in den Vordergrund stellen müsse und die einseitig ökonomische Betrachtungsweise aufgeben müsse (S. 138, S. 95 und S. 106f.). Eine streng an der Nutzenmaximierung ausgerichtete ökonomische Analyse führt zwangsläufig zu einer über das Ökonomische hinausreichenden Betrachtungsweise. Hingewiesen sei auch auf Bartels, C.P.A. und J.J. von Duijn (1982), die die an den Arbeitsplätzen orientierte Regionalpolitik durch eine an den Arbeitskräften ansetzende ersetzen wollen, aber dann nicht die Wanderungsvorgänge als Ansatzpunkt wählen (s. 106ff.). Am nächsten kommen die Arbeiten von Zimmermann, H. und Mitarbeiter (1973) und von Töpfer, K. (1974) den hier vorgestellten Überlegungen, sowohl in ihrer Analyse als auch in der Erkenntnis, daß die übliche Regionalpolitik das Problem nicht an der Wurzel packt, sondern sich auf einen Kampf gegen den Markttrend eingelassen hat und scheitern könnte. Ähnliches gilt für die nicht veröffentlichte Studie von Eckey, H.-F. (1977, S. 21ff., S. 34, S. 36ff.). Diese Studien sehen im Zentrum des Geschehens das nicht nur von verfügbaren Arbeitsplätzen bestimmte Wanderungsverhalten.

26) Das Investitionszulagegesetz wird 1989 auslaufen. Bei der wirtschaftsnahen Infrastruktur dürfte inzwischen eine Sättigung des Bedarfs erreicht sein, siehe Hollenstein, H. und R. Loertscher (1980), S. 44; ARL (1988), S. 10.

REGIONALE ENTWICKLUNG UND REGIONALE LOHNSTRUKTUR

Zur Lenkungsfunktion des Lohnes im regionalen Strukturwandel

von
Johannes Hampe, München

Gliederung

1. Problemstellung

2. Theoretische Analyse

    2.1 Regionale Spezialisierung und der Lenkungsmechanismus der Faktorpreise

    2.2 Regionale Lohnstruktur und neoklassische Theorie

    2.3 Aus den theoretischen Ableitungen sich ergebende Hypothesen

3. Empirische Überprüfung der Hypothesen

    3.1 Zum Datenmaterial und zur gewählten Regionsabgrenzung

    3.2 Räumliche Arbeitsteilung und regionale Lohnstruktur: Zur empirischen Überprüfung der Hypothesen

4. Räumliche Arbeitsteilung, regionale Lohnstruktur und regionale Entwicklung: Regionalpolitische Folgerungen

Tabellenanhang

Anmerkungen

1. Problemstellung

Als wichtiger Faktormarkt hat der Arbeitsmarkt bei der regionalen Betrachtung von Wirtschaftsprozessen eine große Bedeutung. In der gegenwärtigen Diskussion der Regionalpolitik und Arbeitsmarktpolitik spielen insbesondere die Lenkungsmechanismen des Arbeitsmarktes eine Rolle. Die traditionelle (neoklassische) ökonomische Theorie geht davon aus, daß der Lohn als Preis des Faktors Arbeit die Arbeitskräfte in Wirtschaftsbereiche mit steigender Nachfrage lenken und aus Bereichen mit sinkender Nachfrage abziehen wird. Vertraut man diesem Lenkungsmechanismus des Lohnes, so kann man auf eine aktive Arbeitsmarktpolitik verzichten. Der von der neoklassischen Theorie unterstellte Zusammenhang muß allerdings einer kritischen Überprüfung durch empirische Tests standhalten.

Wir wollen hier zunächst auf theoretischer Ebene, dann durch empirische Analyse der Frage nachgehen, welche Faktoren die regionale Lohnstruktur und ihre Veränderung bestimmen, und dann versuchen, Anhaltspunkte dafür zu gewinnen, welche Wirkungen auf die regionale Entwicklung und die regionale Beschäftigung von der regionalen Lohndifferenzierung ausgehen.

Empirische Analysen kommen oft zu dem Schluß, daß die Flexibilität der Lohnstruktur nicht ausreichend sei, um die Lenkungsfunktion des Lohnes wirksam werden zu lassen. Die überdurchschnittlichen Arbeitslosenquoten in den altindustriellen Verdichtungen werden in diesem Zusammenhang mit der fehlenden "Zurückhaltung dieser Regionen bei den Lohnforderungen" erklärt. "Die Untersuchung der Entwicklung der tatsächlichen Arbeitseinkommen zeigt, daß die interregionalen Differenzen nicht größer geworden sind, wie es für eine erfolgreiche regionale Anpassung zumeist erforderlich gewesen wäre, sondern im allgemeinen kleiner"[1].

Allerdings folgt aus der neoklassischen Wirtschaftstheorie ein Lohnausgleich zwischen den Regionen, wenn die Arbeitskräfte entsprechend den Lohndifferenzen wandern, wenn es sich dabei um gleiche Arbeitsqualitäten handelt und keine exogenen Störungen des Arbeitsmarktes, die die Nachfrage nach oder das Angebot an Arbeit verändern, auftreten.

Die Lenkung der Arbeitskräfte durch den Lohn verliert dann ihre zentrale Bedeutung für die Anpassung der Regionen an wirtschaftliche Veränderungen, wenn sich die Regionen entsprechend ihren vorhandenen komparativen Kostenvorteilen auf die Produktion bestimmter Güterarten und/oder von Gütern in bestimmten Phasen des Produktzyklus spezialisieren und Handel treiben. Wenn die regionale Spezialisierung dafür sorgt, daß die relativen Faktorpreise den regionalen Knappheitsverhältnissen der Faktoren entsprechen und insbesondere den Knappheitsverhältnissen der regionalen Qualitäten und Erfahrungen der

Arbeitskräfte, und wenn beim Wandel der räumlichen Arbeitsteilung diese Verhältnisse aufrechterhalten bleiben, so besteht kein ökonomischer Anreiz und keine Notwendigkeit für Faktorwanderungen.

2. Theoretische Analyse

2.1 Regionale Spezialisierung und der Lenkungsmechanismus der Faktorpreise

Eine Verbindung von außenwirtschaftstheoretischen und wachstumstheoretischen Gedanken auf der gemeinsamen Basis der neoklassischen Theorie mit standorttheoretischen Modellen liegt nahe, um den Einfluß der Faktorpreise auf die interregionale Allokation der Produktionsfaktoren und insbesonders die regionalpolitisch interessante Frage nach dem Zusammenhang von Lohnstruktur und regionaler Entwicklung theoretisch fundiert diskutieren zu können. Bereits 1956 hat Stolper[2] die Möglichkeiten gezeigt, durch eine Verbindung von Standorttheorie und Theorie des internationalen Handels zu einer befriedigenden Erklärung von Standortverschiebungen der Industrie zu kommen. Wir wollen im folgenden einige Grundgedanken des Ansatzes nutzen, um in Verbindung mit neueren Theorien eine Antwort auf die Frage nach den Lenkungsmechanismen des Wandels der räumlichen Arbeitsteilung zu finden.

Der klassische Ansatz der Außenhandelstheorie (Faktorproportionen-Ansatz) erklärt in einem statischen Gleichgewichtsmodell Handel durch Unterschiede der relativen Faktorausstattungen (Faktorproportionen) verschiedener Länder. Der Handel gestattet es der industriellen Aktivität, "sich örtlich an die geographische Verteilung von Produktionsfaktoren anzupassen[3]." Dabei wird natürlich von der auf örtlichen Unterschieden der Nachfrage beruhenden Arbeitsteilung abgesehen. Soweit die Preise der Produktionsfaktoren durch den Güterhandel ausgeglichen werden, sind internationale Bewegungen der Produktionsfaktoren überflüssig. "Es scheint die Tendenz zu bestehen, daß der internationale Preisausgleich entweder durch beide Arten der Bewegung oder durch diejenige gefördert wird, die auf den geringsten Widerstand stößt[4]."

Diese Bemerkung muß insbesondere bei der Anwendung der Außenhandelstheorie auf interregionale Zusammenhänge hervorgehoben werden. Aufgrund der vorhandenen Raumdifferenzierung lassen sich auch innerhalb eines Landes verschiedene Regionen mit - komparative Kostendifferenzen verursachenden - unterschiedlichen Produktionsvoraussetzungen abgrenzen.

In dem Ausmaß, in dem sich die verschiedenen Regionen eines Landes auf die Produktion von Gütern spezialisieren, für die sie aufgrund ihrer Produktionsvoraussetzungen komparative Vorteile haben, verlieren durch Faktorpreisunterschiede hervorgerufene Faktorwanderungen ihre Bedeutung. Die Weiterentwicklung der klassischen Faktorproportionentheorie hat gezeigt, daß nicht nur die mengenmäßigen relativen Faktorausstattungen der Länder die zur (teilweisen) Spezialisierung führenden komparativen Kostenunterschiede verursachen[5]. Wir vermuten, daß bei der Betrachtung von Regionen vor allem regional unterschiedliche Qualitäten der Produktionsfaktoren, insbesondere jedoch unterschiedliche Fähigkeiten und Erfahrungen der Arbeitskräfte, zu relativen Produktivitätsdifferenzen bei der Produktion eines Gutes führen, wobei komparative Kostenvorteile für einige Regionen entstehen.

Für relative Produktivitätsunterschiede scheint auf regionaler Ebene die Verfügbarkeit des technischen Fortschritts (neue Produkte und Produktionsprozesse) ebenso wichtig wie die Faktorausstattung zu sein, da technischer Fortschritt wegen der Raumdifferenzierung (in Verbindung mit dem Städtesystem) ungleichmäßig im Raum entsteht und sich ungleichmäßig über die Regionen ausbreitet.

Wesentlich, insbesondere für regionale Zusammenhänge, ist dabei die Theorie Vernons, die nicht nur Aussagen über den Außenhandel in verschiedenen Lebensphasen eines Produktes erlaubt, sondern sich durch die Berücksichtigung der Direktinvestitionen auch standorttheoretisch interpretieren läßt.

Jedes Produkt stellt im Verlauf seines Lebenszyklus unterschiedliche Standortanforderungen, wie es bereits Hoover[6] erwähnt und Vernon[7] in seiner räumlichen Variante des Produktzyklus deutlich herausarbeitet. Hoover[8] hebt insbesondere die unterschiedlichen Anforderungen an die Qualität der Arbeitskräfte in verschiedenen Phasen der Entwicklung eines Sektors hervor. Der Sektor konzentriert sich zunächst zunehmend in Regionen mit hochqualifizierten Arbeitern, Managern, risikobereiten Unternehmern und Kapitalgebern. Nachdem eine billige Fertigung in Massenserien möglich ist, erfolgt eine Dispersion in andere Regionen.

Vernon fragte nach den Standorten der Produktionsstätten für neue Güter, für Güter in der Wachstums- und Reifungsphase und für standardisierte Güter. Wenn das Produkt neu ist, sind die wichtigsten Produktionsfaktoren Agglomerationsvorteile und wissenschaftliches Know-how, die sich vor allem in großen Städten finden. In der zweiten Produktlebenszyklusphase bekommen Management und Kapitalkraft die größte Bedeutung. Bei der Produktion von standardisierten Produkten sind relativ billige Arbeitskräfte und/oder hoher Kapital- und Bodeneinsatz besonders wichtig. In außenhandelstheoretischer Formulierung heißt das, daß unterschiedliche Faktorintensitäten charakteristisch für verschiedene Phasen des Produktzyklus sind[9].

Wenn die regionalen Faktorproportionen und Verfügbarkeiten nicht nur darüber entscheiden, welche Region sich auf die Produktion welcher Güter (teilweise) spezialisiert, sondern auch in welcher Lebenszyklusphase eines Produktes eine Region der optimale Standort ist, so folgt daraus ein systematischer Zusammenhang zwischen sektoralem Strukturwandel und Wandel der räumlichen Arbeitsteilung.

Neben den bisher genannten Bestimmungsgrößen werden als Ursache komparativer Kostenvorteile von Regionen steigende Skalenerträge genannt. Bei regionaler Betrachtung wird man neben den internen Kostenersparnissen großer Betriebsgrößen vor allem Kostenvorteile durch die zunehmende Größe eines (sektoralen) Industriekomplexes nennen müssen. Diese Vorteile sind in der Regionalökonomie als Branchenagglomerationsvorteile (localization economies) bekannt und bilden u.a. den Ausgangspunkt regionaler Entwicklungspole. Da die Größe des regionalen Absatzmarktes oft keine wesentliche Rolle spielt und interregionale Handelshemmnisse - abgesehen von den Transportkosten - nicht bestehen, kommt es auf die interregionale Wettbewerbsfähigkeit der regionalen Exportbasis an: Bei steigenden Skalenerträgen kann der Sektor die Produktion in der Region immer weiter ausdehnen.

Wettbewerbsvorteile einer Region ergeben sich auch, wenn technischer Fortschritt in der Region (Innovationen) auftritt und zunächst allein in der Region genutzt werden kann. Auf Produktinnovationen bezogen läßt sich hier leicht eine Verbindung zur geschilderten Produktzyklustheorie herstellen. Der regionale Innovator ist im allgemeinen nicht auf den regionalen Markt beschränkt, so daß er durch Exporte die Möglichkeit hat, seine Produktion bis in den Bereich ständig sinkender Kosten auszudehnen. Im Verlauf der Entwicklung kommt die Chance hinzu, daß um den Innovator in der Region herum ein Branchenkomplex entsteht.

Unseres Erachtens liegt in diesen Zusammenhängen eine wesentliche Ursache der (teilweisen) Spezialisierung von Regionen auf einzelne Sektoren, die auch die langfristige Festlegung der Standorte erklärt. Die Ableitung komparativer Kostenunterschiede aus regional unterschiedlichen Faktorausstattungen bleibt jedoch wichtig. Obige Argumentation wird dadurch sogar unterstützt, wenn man berücksichtigt, daß die Qualität der Produktionsfaktoren und insbesondere die Fähigkeiten der Arbeitskräfte durch eine bestehende Spezialisierung der Region beeinflußt werden.

2.2 Regionale Lohnstruktur und neoklassische Theorie

Die in der Außenhandelstheorie ausführlich abgeleiteten Voraussetzungen für den Ausgleich der Faktorpreise durch Güterhandel bei international (interregional) immobilen Faktoren brauchen für unsere Argumentation hier nicht im einzelnen diskutiert zu werden. Wir werden uns hier auch nicht allgemein mit der Frage beschäftigen, welche Lohnstruktur noch mit der neoklassischen Theorie vereinbar ist und welches die einschränkenden Bedingungen der entsprechenden Hypothesen sind. Auf regionaler Ebene ist - abgesehen vom Einfluß der Transportkosten - am wichtigsten, daß der Faktorpreisausgleich bei regional unterschiedlichen und bei nicht linear homogenen Produktionsfunktionen verhindert wird[10]. In Anbetracht der in der Regionalwissenschaft betonten Bedeutung der Agglomerationseffekte für die regionale Entwicklung wird man diese Einschränkung beachten müssen.

Wir wollen im folgenden jedoch den neoklassischen Rahmen der Argumentation nicht verlassen und den Einfluß der regionalen Lohnstruktur auf die regionalen Arbeitsmärkte unter den Voraussetzungen diskutieren, die in der Literatur für die Funktionsfähigkeit des Lohnmechanismus genannt werden.

Der Ausgleich der Faktorpreise durch Güterhandel bei immobiler Faktorausstattung setzt neben den erwähnten Annahmen hinsichtlich der Produktionstechnik im Heckscher-Ohlin Modell weiter voraus, daß die Zahl der Faktoren nicht größer als die Zahl der gehandelten Güter ist. Unterscheidet man drei Faktoren neben Boden zum Beispiel, wie bei regionaler Betrachtung sinnvoll, zwei Qualitäten von Arbeit, so führt der neoklassische Mechanismus bei Handel von zwei Gütern nur dann zu einem Ausgleich der Faktorpreise, wenn mindestens einer der drei Faktoren interregional völlig mobil ist. Die empirische Regionalforschung liefert einige sehr gute Belege, daß im allgemeinen qualifizierte Arbeit mobil ist. Wanderungen von qualifizierten Arbeitskräften führen zu einer zunehmenden qualitativen Polarisierung der Regionen. Die qualitative Selektion beim Wanderungsverhalten der Arbeitskräfte zwingt nach Mieth/Genosko[11] die Wirtschaft zu einer entsprechenden sich anpassenden Selektion bei der Standortwahl.

Diese Hypothese stützt in jeder Hinsicht die Folgerungen, die sich aus der räumlichen Produktzyklustheorie für den Wandel der räumlichen Arbeitsteilung ergeben: Produkte in der ersten Zyklusphase werden in den zentralen Verdichtungsräumen produziert, weil dort die notwendigen hochqualifizierten Arbeitskräfte vorhanden sind.

Allerdings kann es trotz des neoklassischen interregionalen Faktorpreisausgleichsmechanismus zu einer interregionalen Lohndifferenzierung innerhalb eines Sektors kommen. Auch wenn jede Arbeitsqualität interregional gleich entlohnt wird, kann der Durchschnittslohn für den Faktor Arbeit in einer Region bei der Produktion eines Gutes unterschiedlich sein, wie Isserman et al. modelltheoretisch zeigen[12]. Wenn der Anteil der höher entlohnten qualifizierten Arbeit bei der Produktion des Gutes in einer Region größer als in einer anderen Region ist, wird der Durchschnittslohn für Arbeit bei der Produktion des Gutes in der Region am höchsten sein, in der mit dem größten Anteil qualifizierter Arbeit produziert wird. Der Durchschnittslohn für Arbeit würde sich interregional nur ausgleichen, wenn sowohl qualifizierte als auch nicht qualifizierte Arbeit mobil wären, so daß sich die regionalen Anteile verändern könnten. Abgesehen von den empirischen Untersuchungen, die für nicht qualifizierte Arbeit eine geringe Mobilitätsbereitschaft feststellen, ergibt sich aus theoretischen Überlegungen keine Begründung für die Wanderung von nicht qualifizierten Arbeitskräften, zumindest nicht zwischen verschiedenen Gebietstypen: Die räumliche Produktzyklustheorie zeigt, daß Produktionsstätten für Güter in späteren Phasen des Lebenszyklus die Verdichtungsräume verlassen, um in "ländlichen" Gebieten den dort reichlicheren Faktor nicht qualifizierte Arbeit in Anspruch zu nehmen. Ein Mobilitätsanreiz besteht vor allem für qualifizierte Arbeitskräfte in die Verdichtungsräume, in denen laufende neue Produkte und Produktionen entstehen. Nicht qualifizierte Arbeitskräfte werden dabei nicht zusätzlich nachgefragt, für sie bleiben die relativ besten Beschäftigungsmöglichkeiten im ländlichen Raum. Für die vorstehende Argumentation ist es unwesentlich, ob qualifizierte Arbeit bei der Produktion des betreffenden Gutes ein limitationaler oder substitutionaler Produktionsfaktor ist, da es sich nicht um ein homogenes Gut handeln muß. Das mit Mehreinsatz qualifizierter Arbeit produzierte Gut muß dem mit einem höheren Anteil nicht qualifizierter Arbeit produzierten Gut nur so ähnlich sein, daß beide Güter (von der Statistik) dem gleichen Sektor zugeordnet werden, es muß sich also lediglich um ein gleiches "Güterbündel" handeln, bei dem man die "Qualitäten" der eingesetzten Faktoren in verschiedenen Regionen vergleicht.

Das hier theoretisch abgeleitete Ergebnis ist vereinbar mit der Beobachtung, daß Großbetriebe in Verdichtungsräumen vergleichbare Produkte mit Einsatz von durchschnittlich höher qualifizierter Arbeit als Kleinbetriebe produzieren: Mit wachsender Betriebsgröße steigt im allgemeinen die durchschnittliche Qualifikation der Arbeitskräfte. Großbetriebe finden sich viel häufiger in Verdichtungsräumen mit höher qualifizierten Arbeitskräften als im ländlichen Raum, und mit dem in Verdichtungsräumen im Durchschnitt wesentlich höheren Betriebsalter steigt außerdem im allgemeinen die Qualifikation der Arbeitskräfte (und deren Entlohnung).

Die geschilderten Modellüberlegungen liefern im übrigen eine theoretische Begründung für das hohe Niveau der Durchschnittslöhne "alter" Sektoren in altindustriellen Verdichtungsräumen: Dort werden (noch) Güter, die sich schon in späteren Phasen ihres Lebenszyklus befinden, produziert, und zwar mit einem höheren Anteil qualifizierter Arbeitskräfte, als er bei der Produktion der gleichen Güter eingesetzt wird, die in "ländliche" Räume "verlagert"[13] wurde. Die wegen der höheren Löhne ceteris paribus höheren Produktionskosten zwingen zur Rationalisierung, wobei längere Zeit eine "Verlagerung" der Produktion aus dem altindustriellen Verdichtungsraum vermieden wird. Rationalisierung erfordert zwar im allgemeinen auch den Einsatz "neuer" (Investitions-)Güter, jedoch werden diese meist nicht in den betroffenen altindustriellen Verdichtungen produziert.

In den Verdichtungsräumen, in denen ständig neue Güter und eventuell auch neue Industrien entstehen, nimmt die durchschnittliche Wachstumsrate der Arbeitsproduktivität zu[14]. Durch den Wettbewerb auf dem regionalen Arbeitsmarkt werden alte Industrien zu Lohnsteigerungsraten gezwungen, die ständig über ihrem Zuwachs der Arbeitsproduktivität liegen. Dieser Mechanismus sorgt schließlich für die Verdrängung alter Industrien mit unterdurchschnittlichem Produktivitätswachstum aus den Verdichtungsräumen.

Abschließend ist festzuhalten, daß sich aus den theoretischen Überlegungen eine regionale Lohnstruktur ergibt, die - ohne daß die neoklassische Theoriebasis verlassen werden muß - vor allem mit der regionalen Polarisierung der Qualität des Faktors Arbeit in Verbindung mit der aus der allgemeinen Raumdifferenzierung resultierenden räumlichen Arbeitsteilung zu erklären ist. Bei der Analyse des Einflusses der regionalen Lohnstruktur auf die regionale Entwicklung wird zu berücksichtigen sein, daß regional differenzierte Löhne überwiegend ein Ergebnis der räumlichen Arbeitsteilung und damit einer Vielzahl von faktorpreisunabhängigen Einflußfaktoren sind. Von der zu beobachtenden regionalen Lohnstruktur kann deshalb bereits aus theoretischen Gründen nur zu einem kleinen Teil eine Lenkungsfunktion für Veränderungen dieser räumlichen Arbeitsteilung und damit für die regionalen Arbeitsmärkte erwartet werden.

2.3 Aus den theoretischen Ableitungen sich ergebende Hypothesen

a) Relative Faktorausstattungsunterschiede der Regionen, die sich aus der Raumdifferenzierung ergeben, führen zu einer teilweisen Spezialisierung der Regionen in der Produktion, zur räumlichen Arbeitsteilung und daraus folgendem interregionalen Handel.

b) Die ebenfalls mit der Raumdifferenzierung zusammenhängenden regionalen Unterschiede in der Verfügbarkeit des technischen Fortschritts und regionale Entwicklungsunterschiede in Zusammenhang mit den Unterschieden der regionalen Städtesysteme lösen Standortverschiebungen während des Lebenszyklus der verschiedenen Produkte aus.

c) Die historisch gegebene Raumdifferenzierung führt zu einer relativ gleichbleibenden Spezialisierung von Regionen auf bestimmte Produktarten und Produkte in jeweils ähnlichen Zyklusphasen. Die Standortverschiebungen während des Ablaufs der Produktzyklen der verschiedenen Güter sorgen für die Aufrechterhaltung der qualitativen Polarisierung der Regionen, insbesondere ihrer Arbeitsmärkte.

d) Interne Ersparnisse und Branchenagglomerationsvorteile (mit steigenden Skalenerträgen) führen unabhängig von Faktorproportionen zur Verstärkung regionaler Spezialisierungen. Diese Spezialisierungen können die Anpassung der Struktur der regional produzierten Güter verzögern, die wegen der Produktzyklen erforderlich ist.

e) Die historisch entstandene Raumdifferenzierung ändert sich nur sehr langfristig, so daß regionale Spezialisierungen langfristig wirksam sind.

f) Regionale Spezialisierungen verringern die Möglichkeit und Notwendigkeit interregionaler Faktorwanderungen. Sie führen über den interregionalen Handel zu einer Ausgleichstendenz der Faktorpreise bei gleichen Faktorqualitäten.

g) Raumdifferenzierung und regionale Spezialisierungen können jedoch Arbeitskräftewanderungen aus außerökonomischen Gründen begünstigen, zum Beispiel wegen regional unterschiedlicher Wohnattraktivitäten.

h) Eine mit den neoklassischen Hypothesen vereinbare regionale Lohnstruktur ergibt sich aus der "Lohnführerschaft" der Verdichtungsräume, die entsteht

  1. wegen des erhöhten Anteils qualifizierter Arbeit bei der Produktion "alter Güter" in den Verdichtungsräumen,

  2. wegen der höheren Lohnsteigerungsraten der neuen Industrien in Verdichtungsräumen, die die alten Industrien zur Lohnanpassung "zwingen".

  Aufgrund einer relativ gleichbleibenden Raumdifferenzierung ändert sich die "Hierarchie" dieser Lohnführerschaft nur wenig.

i) Die regionale Polarisierung der Arbeitsqualitäten ist zum großen Teil ein Ergebnis lohnunabhängiger Einflußfaktoren. Wanderungen sind vor allem Wanderungen qualifizierter Arbeitskräfte in die Verdichtungsräume, wo sie bei der Produktion in der ersten Zyklusphase "neuer" Güter eingesetzt werden können.

j) Bei Veränderungen der regionalen Arbeitsnachfrage muß sich die Lenkungsfunktion der Löhne in gleichgerichteten regionalen Beschäftigungs- und Lohnänderungen zeigen.

k) Historische sektorale Spezialisierungen von Regionen führen in altindustriellen Verdichtungen im Vergleich mit anderen Regionen zu höheren Löhnen "alter" Sektoren und verzögern den interregionalen Lohnausgleich in einem Sektor. Steigende Skalenerträge in einem Sektor können zu kumulativen Entwicklungen führen, solange die Faktorgrenzprodukte über den realen Faktorentgelten liegen.

l) Unterschiede der regionalen Preisniveaus und unterschiedliche regionale Arbeitslosenquoten können die regionale Lohndifferenzierung und ihre Veränderung kaum erklären.

3. Empirische Überprüfung der Hypothesen

3.1 Zum Datenmaterial und zur gewählten Regionsabgrenzung

Für die empirische Analyse steht die Statistik des produzierenden Gewerbes in Bayern von 1977 bis 1984 in kreisweiser Gliederung zur Verfügung. Die Statistik enthält sektoral gegliederte[15] Beschäftigtenzahlen und entsprechende Angaben über die Lohn- und Gehaltssummen für Betriebe mit im allgemeinen mehr als 20 Beschäftigten. Löhne und Gehälter wurden pro Region und Sektor addiert und auf die jeweilige Zahl der Beschäftigten bezogen. Wenn im folgenden von Löhnen gesprochen wird, handelt es sich also um die Lohn- und Gehaltssumme pro Beschäftigten. Das ist nicht die gleiche Variable, der in der neoklassischen Theorie als Reallohn Lenkungsfunktion zugeschrieben wird. Wir halten diese Größe allerdings in Verbindung mit unserer Fragestellung für einen geeigneten Indikator des "neoklassischen" Reallohns, erfaßt sie doch zumindest annähernd die Arbeitskostenbelastung der verschiedenen Betriebe. Es sind keine systematischen, die interregionale Struktur verzerrenden Einflußfaktoren erkennbar, so daß die regionale Produktivitätsstruktur ausreichend abgebildet wird[16].

Wie später gezeigt wird, sind die regionalen Preisniveauunterschiede auch keineswegs so groß, daß die regionale Struktur der Nominallöhne pro Kopf nicht der der Reallöhne entsprechen würde.

Obwohl unser Datenmaterial nur das produzierende Gewerbe umfaßt, zeigt ein Vergleich mit der Statistik der sozialversicherungspflichtigen Beschäftigten, die als einzige auch Angaben über die Entlohnung enthält, daß die regionale und sektorale Lohnstruktur von beiden Statistiken trotz der völlig unterschiedlichen Erfassungsmethoden grundsätzlich gleich beschrieben wird[17]. Gewisse Einflüsse der Konjunktur, die sich durch die Betrachtung zweier Zeitpunkt (1977 und 1984) in den Lohn- und Beschäftigtendaten niederschlagen könnten, lassen sich nicht ausschalten. Sie wären für die Analyseergebnisse jedoch nur relevant, wenn sie sich zu den zwei Zeitpunkten unterschiedlich in

Gebietstypen in Bayern

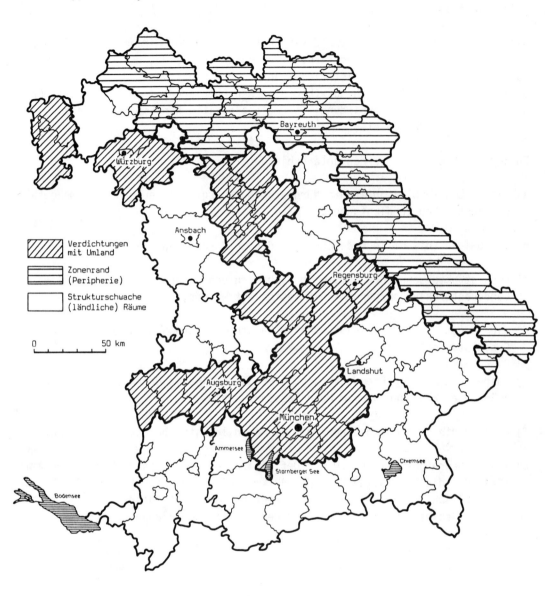

den verschiedenen Regionen ausgewirkt hätten. Für diese Vermutung gibt es keine Hinweise.

Die folgende empirische Analyse der Lohnstruktur werden wir im allgemeinen auf einem hohen räumlichen Aggregationsniveau durchführen, das durch die Zusammenfassung von Kreisen und kreisfreien Städten zu Gebietstypen zustandekommt. Die Gebietstypen ergeben sich aus theoretischen Überlegungen im Rahmen des Produktzyklusmodells in Verbindung mit regionalpolitischen Empfehlungen zur Abgrenzung von Fördergebieten.

Folgende Gebietstypen werden unterschieden[18]:

a) die großen Verdichtungsräume Nürnberg, Augsburg, München und zusammengefaßt die restlichen Verdichtungen,

b) das Umland (die umliegenden Kreise) dieser Verdichtungsräume,

c) die strukturschwachen Kreise in Ostbayern und in Westbayern, wie sie im Landesentwicklungsprogramm 1976 festgelegt wurden,

d) die sonstigen (Mittel-)Städte in Bayern, sofern sie zu keinem anderen Gebietstyp gehören,

e) insbesondere durch Fremdenverkehr geprägte Kreise in Oberbayern, im Oberallgäu, am Bodensee und im Main-Spessart-Gebiet,

f) Kreise, die sich durch einen relativ hohen Industriebesatz auszeichnen,

g) das Zonenrandgebiet analog der Definition des Landesentwicklungsprogramms (Kreise, die überwiegend in den 40 km breiten Streifen entlang der Grenze zur DDR und CSSR fallen); das Zonenrandgebiet ist unterteilt in sieben weitere Gebietstypen, entsprechend den bayerischen Planungsregionen.

3.2 Räumliche Arbeitsteilung und regionale Lohnstruktur: Zur empirischen Überprüfung der Hypothesen

Einen Überblick über die sektoralen Spezialisierungen der Gebietstypen gibt die Tab. 1[*] der Standortquotienten. Der Standortquotient eines Sektors mißt das Verhältnis der jeweiligen Sektoranteile an den Gesamtbeschäftigten einer Region zu den entsprechenden Sektoranteilen an den Gesamtbeschäftigten des Gesamtraums.

Die Angaben aus dem Jahr 1925 weisen auf eine relativ große historische Konstanz der sektoralen Spezialisierung von Regionen hin. Aber es zeigt sich einerseits auch eine Dispersion von Beschäftigten, insbesondere aus den altindustriellen Verdichtungen in das Umland und - sehr stark in den 70er Jahren - in den ländlichen Raum. Andererseits gibt es Sektoren, in denen starke räumliche Umschichtungen stattfanden. Die altindustriellen Verdichtungen, in denen die Industrialisierung begann, haben noch immer die größten durchschnittlichen Betriebsgrößen (Tab. 2).

Der Dispersionsprozeß wird besonders deutlich von den Standortfaktoren der Shiftanalyse beschrieben (Tab. 3), mit denen Unterschiede des Beschäftigtenwachstums des jeweils gleichen Sektors in verschiedenen Gebietstypen gemessen werden: Die Standortfaktoren haben für die Verdichtungen überwiegend ein negatives, für den ländlichen Raum überwiegend ein positives Vorzeichen.

Die zu beobachtenden langfristigen sektoralen Spezialisierungen von Regionen, die auch auf der Ebene von Gebietstypen deutlich werden, stützen die Hypothese, daß die relativen regionalen Faktorausstattungen zu einer solchen Spezialisierung geführt haben müssen, zumindest jedoch, daß es in der historischen Entwicklung zu einer Anpassung von Faktorausstattung und sektoraler Spezialisierung gekommen ist, die für das Weiterbestehen einer anfänglich zufälligen Sektorspezialisierung gesorgt hat. Gleichzeitig ergeben sich kumulative Wechselwirkungen mit der regionalen Entwicklung und der Verfügbarkeit technischen Fortschritts.

Hinter einer gleichen sektoralen Spezialisierung von Regionen können wichtige Unterschiede in der Art der produzierten Güter stehen: Hier findet man auch die Beispiele, bei denen eine räumliche Verlagerung der Sektorschwerpunkte zu beobachten ist: Genannt seien Sektor 16 (Büromaschinen, EDV), der sich mit der Entstehung von EDV stark in München konzentriert, und der Sektor 17 (Fahrzeug-

---

[*] Die Tabellen 1 bis 12 befinden sich im Anhang.

bau), der sich ebenfalls nach München und in der letzten Zeitperiode dann stark in das ländliche Ostbayern verlagert hat.

Eine genauere Analyse stützt die Vermutung, daß "neue" Güter vor allem in den Verdichtungsräumen produziert werden, nicht zuletzt deshalb, weil dort am ehesten Innovationen entstehen. Dafür spricht auch die höhere Qualität der Arbeitskräfte in den Verdichtungen, vgl. Tab. 4.

Die Kennziffern der regionalen Lohnstruktur (Tab. 5) zeigen eine beachtliche Lohndifferenzierung auch im jeweils gleichen Sektor. Allerdings wird man berücksichtigen müssen, daß dahinter häufig die Produktion unterschiedlicher Güter steht. Auffallendes Beispiel ist Sektor 28 (Lederverarbeitung, Schuhe), der im Umland Nürnberg deshalb einen so hohen Lohn zahlt, weil sich dort die Hauptverwaltungen zweier weltbekannter Sportschuhfirmen befinden. Der Sektor 16 (EDV) wurde bereits erwähnt. Beim Sektor 30 (Bekleidung) gilt für die Stadt München ähnliches, was oben für Sektor 28 und das Umland Nürnberg gesagt wurde.

Es fällt auf, daß in den Verdichtungsräumen in fast allen Sektoren die höchsten Löhne gezahlt werden. Diese Tatsache verweist auf die bereits erwähnten Unterschiede in der Qualität der eingesetzten Arbeit und bei der Art bzw. der Produktzyklusphase der produzierten Güter. Der Einfluß der Qualität der Arbeit zeigt sich in Regressionsanalysen. Tab. 6a enthält die Ergebnisse der Regressionsschätzung folgender Gleichung über alle Sektoren innerhalb eines Gebietstyps:

$$L^i = a_0 + a_1 S^i + a_2 A^i$$

wobei L^i = Lohn "pro Kopf" im Sektor i, wie zu Anfang beschrieben, in der Region relativ zum bayrischen Sektorlohn
S^i = Spezialisierung der Region, gemessen durch den Standortquotienten
A^i = regionaler Angestelltenanteil des Sektors i relativ zu Bayern.

Tab. 6b bringt die Ergebnisse der Regression je Sektor über alle Kreise, wobei die Schätzgleichung sich von der oben genannten dadurch unterscheidet, daß die Variablenwerte L und A nicht relativ zu Bayern gesetzt wurden.

Die Konkurrenz auf dem regionalen Arbeitsmarkt kann allerdings die Sektoren in Verdichtungen zu durchschnittlich höheren Löhnen zwingen, wenn einzelne Sektoren höhere Löhne zahlen. Tab. 8b zeigt, daß in den großen Verdichtungsräumen mehr als die Hälfte der Sektoren, in der Stadt München sogar 20 von 23 Sektoren, die höchsten Löhne haben. Die typische Rangfolge ist dabei meist die, die sich auch für den Durchschnittslohn zeigt, vgl. Tab. 7b.

Die Regressionsanalyse ergibt für die verschiedenen Sektoren einen unterschiedlich engen Zusammenhang mit dem Durchschnittslohn DL in den verschiedenen Gebietstypen. Bemerkenswert ist das höhere Bestimmtheitsmaß bei den meisten Sektoren im Jahr 1984 (vgl. Tab. 8a), was auf eine Verstärkung des Einflusses des regionalen Arbeitsmarktes auf die einzelnen Sektorarbeitsmärkte hindeutet.

Für die Existenz von Mechanismen, die zumindest zu Wirkungen führen, wie sie in der neoklassischen Theorie beschrieben werden, spricht die Beobachtung einer Lohnausgleichstendenz sowohl zwischen Sektoren innerhalb eines Gebietstyps als auch interregional für eine Reihe von Sektoren. Folgende Regressionsgleichung wurde geschätzt:

$$\Delta L^i = a_0 + a_1 L^i + a_2 \Delta A^i$$

wobei ΔL^i = durchschnittliches jährliches Lohnwachstum eines Sektors i 1977/84,
L^i = Lohnniveau 1977 und
ΔA^i = durchschnittliche jährliche Veränderung des Angestelltenanteils des Sektors i.

Die Veränderung des Angestelltenanteils wurde als unabhängige Variable einbezogen, um den Effekt einer Lohnsteigerung allein aufgrund einer Erhöhung des Angestelltenanteils isolieren zu können.

Bei der Regression je Gebietstyp ist interessant (Tab. 10a), daß der intersektorale Lohnausgleich fast ausschließlich im ländlichen und peripheren Raum auftritt, in den Verdichtungsräumen dagegen der Einfluß der Veränderung des Angestelltenanteils groß ist. Bei der Querschnittsregression je Sektor über die Kreise ist bei fast allen Sektoren die Lohnniveauvariable negativ gesichert (Tab. 10b). Bei der Regression über die 20 Gebietstypen ist, wie zu erwarten, ein Lohnausgleich in weniger Sektoren, jedoch mit wesentlich höherem Bestimmtheitsmaß zu beobachten.

Die Lohnausgleichstendenz führt nicht zu einer generellen Nivellierung der regionalen Lohnstruktur, die nach neoklassischer Ansicht die Lenkungsfunktion des Lohnes beeinträchtigen würde. Der Lohnausgleich scheint eher Ergebnis einer Lohnlenkungsfunktion zu sein, worauf besonders der intersektorale Lohnausgleich in den ländlichen Gebietstypen hinweist, die eine starke relative Beschäftigtenzunahme im produzierenden Gewerbe erfahren.

Der Variationskoeffizient der sektoralen Lohnniveaus über alle Kreise bzw. über alle Gebietstypen zeigt zwischen 1977 und 1984 sowohl größere als auch kleinere Streuungsbreiten (Tab. 9b). Im Durchschnitt aller Sektoren (55) erhöht sich der Variationskoeffizient zwischen 1977 und 1984, eine Nivellierung der regionalen Lohnstruktur ist in Bayern also nicht festzustellen.

Der Variationskoeffizient der sektoralen Lohnniveaus innerhalb der verschiedenen Gebietstypen (Tab. 11a) zeigt interessanterweise fast ausschließlich für die altindustriellen Verdichtungen (Gebietstypen 1-4) 1984 deutlich höhere Werte als 1977. Uns scheint diese Tatsache auf einen dortigen innerregionalen Strukturwandel hinzudeuten, der zunächst die Unterschiede (zwischen neuen und alten Sektoren) vergrößert.

Die Hypothese einer Lenkungsfunktion des Lohnes über die Regionen wurde regressionsanalytisch überprüft. Bei steigender (sinkender) Nachfrage nach Arbeitskräften in einem Sektor/einer Region müssen die entsprechenden Löhne steigen (sinken), damit potentielle Arbeitskräfte angezogen werden und die Beschäftigung steigt (sinkt). "Die These einer Lenkungsfunktion des Lohnes impliziert ... in jeder Periode einen positiven Zusammenhang zwischen den Änderungen der branchenmäßigen Lohn- und Beschäftigtenstruktur, d.h. einen positiven Zusammenhang zwischen den Wachstumsraten des Lohnes und der Beschäftigten im Querschnitt über alle Branchen[19]."

Zunächst wurde folgende Regressionsgleichung über alle (21) Sektoren jeweils für jeden Gebietstyp geschätzt:

$$\Delta B^i = a_0 + a_1 \Delta L^i,$$

wobei ΔB^i = Differenz der jährlichen durchschnittlichen Wachstumsrate der Beschäftigung im Sektor i in der Region zur entsprechenden Sektorwachstumsrate in Bayern,

ΔL^i = Differenz der jährlichen durchschnittlichen Wachstumsrate des Lohnes im Sektor i in der Region zur entsprechenden Wachstumsrate in Bayern.

Wie Tab. 11a zeigt, ist der Regressionskoeffizient (mit $t > 2$) für einzelne Gebietstypen gesichert: Dabei handelt es sich zum einen um das Umland altindustrieller Verdichtungen und um Gebietstypen des ländlichen Raumes und der Peripherie, die bereits ein gewisses Industrialisierungsniveau erreicht haben. Wir vermuten anhand der Daten, daß es sich um Gebietstypen handelt, in denen einzelne dominierende Sektoren (mit stark steigender oder fallender Arbeitsnachfrage) den (positiven) Zusammenhang zwischen Beschäftigungswachstum und Lohnwachstum bestimmen.

Die Hypothese der Lenkungsfunktion des Lohnes wurde auch für jeden Sektor im Querschnitt über die Kreise bzw. die Gebietstypen überprüft. Es wurde zunächst obige Regressionsgleichung verwendet, nur daß statt der Sektoren die Regionen jetzt die Probanden darstellten. Die Differenz wurde je Region zwischen der Wachstumsrate der Beschäftigten und Löhne je Sektor und der jeweiligen durchschnittlichen Wachstumsrate über alle Sektoren der Region gebildet. Um andere funktionale Abhängigkeiten zu testen, schätzten wir zusätzlich zur Gleichung mit durchschnittlichen jährlichen Wachstumsraten Gleichungen mit Wachstumsraten der Beschäftigten und Löhne über den Gesamtzeitraum 1977/84, wobei wir eine Alternative mit der beschriebenen Differenzenbildung und eine Alternative ohne diese Differenzenbildung wählten.

Die Sektoren mit den gesicherten Koeffizienten sind in Tab. 11b aufgeführt. Zunächst ist zu sagen, daß sich bei der Verwendung jährlicher duchschnittlicher Wachstumsraten schlechtere Schätzergebnisse ergaben. Mit Wachstumsraen über den Gesamtzeitraum ließ sich die Lenkungsfunktion des Lohnes auf der Ebene der Gebietstypen für die Sektoren 11 (Glas), 12 (Eisen und Stahl) und 15 (Maschinenbau) bestätigen; für Sektor 17 (Fahrzeugbau) war der Koeffizient schwächer gesichert, und für Sektor 21 (Feinmechanik, Optik) hatte der Koeffizient das falsche Vorzeichen. In der Schätzalternative mit der Differenzenbildung war der Koeffizient auch noch für Sektor 28 (Leder) gesichert.

Bei der Querschnittsregression über die Kreise war die Lohnlenkungshypothese für die Sektoren 16 (EDV), 19 (Elektrotechnik) und 28 (Leder) anzunehmen, Sektor 27 (Druck) hatte das falsche Vorzeichen.

Sieht man sich die Sektoren an, in denen eine Lenkungsfunktion des Lohnes zu erkennen ist, so muß folgende einschränkende Interpretation hinzugefügt werden. Es handelt sich um Sektoren, die im Zeitraum 1977/84 insgesamt oder in einzelnen Regionen starke Standortverschiebungen erfahren haben. Man wird die Lenkungsfunktion des Lohnes nicht nur als (neoklassischen) Mechanismus sehen dürfen, der bei einer Verschiebung der regionalen Arbeitsnachfrage durch Lohnveränderungen Arbeitskräftewanderungen auslöst. Die sektoralen Beschäftigtenveränderungen in den Regionen werden zu einem Teil von lohnunabhängigen Faktoren ausgelöst worden sein, wie sie bei der Diskussion der Bestimmungsgründe des Wandels der räumlichen Arbeitsteilung erwähnt wurden. Dabei wird man auch immer den Einfluß der anderen Faktorpreise, vor allem der Bodenrenten, berücksichtigen müssen, die besonders für Sektoren mit stark zunehmendem Produktionsvolumen (wegen der steigenden Nachfrage nach Boden) wichtig sind.

Bei einigen Sektoren war die "Verlagerung" zwischen verschiedenen Gebietstypen besonders stark, bei einigen Sektoren war sie nur auf Kreisebene nachweisbar. Auf jeden Fall war die resultierende regionale Beschäftigtenänderung positiv mit der Lohnänderung in der Region korreliert.

Im theoretischen Teil wurde darauf hingewiesen, daß die Spezialisierung einer Region nicht allein von den relativen Faktorproportionen bestimmt wird, sondern daß Branchenagglomerations- und Größenvorteile allgemein (die steigende Skalenerträge verursachen) eine Spezialisierung verstärken können. Die Tabelle (1) der Standortquotienten liefert eine Reihe von Hinweisen auf Regionen und Sektoren, bei denen dieser Einfluß zu vermuten ist[20]. Die Regressionsanalyse zeigt (vgl. Tab. 6a, die Schätzgleichung ist bereits oben beschrieben worden), daß eine positive Wirkung der regionalen sektoralen Spezialisierung auf das regionale Lohnniveau sich in den Gebietstypen zeigt, in denen die Hochlohnsektoren EDV (Nr. 16), Fahrzeugbau (Nr. 17) und Chemie (Nr. 4) stark konzentriert sind. Bei der Querschnittsregression über die Kreise ist der Einfluß der Spezialisierung in den Sektoren besonders stark, in denen besonders hohe regionale Konzentrationen vorhanden sind.

Bei der Beschreibung des statistischen Materials haben wir darauf hingewiesen, daß nur Nominallohngrößen zur Verfügung stehen, haben aber vermutet, daß durch unterschiedliche regionale Preisniveaus keine grundsätzliche Veränderung der regionalen Lohnstruktur eintritt. Wir haben versucht, mit regional hochaggregierten Daten aus einem Gutachten[21] unsere obige Hypothese zu stützen. Es standen regionale Preisniveaukennziffern für einige Gebietskategorien zur Verfügung. In Tab. 12b sind die Nominallohnkennziffern aus Tab. 12a mit den Preisniveau-Kennziffern (München = 100) gewichtet worden. (In Klammern ist dabei jeweils angegeben, für welche Gebietskategorie das Preisniveau (P) jeweils durch Stichproben ermittelt wurde). Die Ergebnisse zeigen, daß die Reallohndifferenzen zwar deutlich geringer als die Nominallohndifferenzen sind, (insbesondere verringert sich der Vorsprung Münchens), daß aber die Lohnstruktur mit der "Lohnführerschaft" der Verdichtungsräume grundsätzlich erhalten bleibt.

4. Räumliche Arbeitsteilung, regionale Lohnstruktur und regionale Entwicklung: Regionalpolitische Folgerungen

1. Die theoretische und empirische Analyse erlaubt folgende für die regionale Arbeitsmarktpolitik wichtige Feststellungen:

    - Die Löhne sind zwischen Sektoren und Regionen deutlich differenziert. Auch innerhalb der Sektoren gibt es in Bayern eine ausgeprägte regionale Lohnstruktur. Eine generelle Nivellierung der regionalen Lohnstruktur ist zwischen 1977 und 1984 in Bayern nicht zu finden[22].

    - Die empirischen Beobachtungen der Veränderungen von Lohn- und Beschäftigtenstruktur erlauben eine Interpretation hinsichtlich des dahinterstehenden Allokationsmechanismus, die mit der neoklassischen Theorie vereinbar ist. Das heißt, es zeigen sich in Bayern interregionale Verschiebungen von Beschäftigten in verschiedenen Sektoren, die eine Lenkungsfunktion des Lohnes erkennen lassen.

2. Die theoretische und empirische Analyse läßt jedoch auch einen starken Wandel der räumlichen Arbeitsteilung in Bayern erkennen, der vor allem von den historischen sektoralen Spezialisierungen der Regionen und der vorhandenen regionalen Polarisierung der Qualität der Arbeitskräfte abhängig ist. Die regionale Lohnstruktur muß im Zusammenhang mit den Unterschieden der regionalen Produktionsvoraussetzungen und den unterschiedlichen regionalen Spezialisierungen gesehen werden.

3. Die räumliche Arbeitsteilung und die allgemeine Raumdifferenzierung werden durch eine Vielzahl von Faktoren, die überwiegend faktorpreis- und insbesondere lohnunabhängig sind, bestimmt. Die Lenkungsfunktion der regionalen Lohnstruktur kann also höchstens einen Teil der interregionalen Beschäftigtenveränderungen direkt erklären.

4. Da die vorhandene regionale Lohnstruktur aber gleichzeitig ein Indikator der vorhandenen Raumdifferenzierung ist, beeinflußt die regionale Lohnstruktur auf jeden Fall indirekt die Standortverschiebungen der Produktion[23].

5. Das neoklassische Modell erfaßt nur einen Teil der Wirkungszusammenhänge, in denen die regionale Lohndifferenzierung eine Rolle spielt. Das neoklassische Modell muß durch theoretische Konzepte zum Wandel der räumlichen Arbeitsteilung ergänzt werden[24]. Dabei sind insbesondere Hypothesen zur räumlichen Dimension des Produktzyklus und zur regionalen Polarisierung der Qualität der Arbeitskräfte zu berücksichtigen, um regionale Strukturunterschiede erklären zu können.

6. Als Fazit der vorliegenden theoretischen und empirischen Arbeit ist festzuhalten, daß eindeutige Aussagen beim gegenwärtigen Stand der Forschung noch nicht möglich sind, wie sich eine arbeitsmarktpolitisch gezielte Veränderung der regionalen Lohnstruktur auf die einzelnen regionalen Arbeitsmärkte auswirken würde.

Tabellenanhang

Bezeichnung der Sektor-Nummern

 4 Chemische Industrie
 7 Kunststoffverarbeitung
 9 Gewinnung und Verarbeitung von Steinen und Erden
10 Feinkeramik
11 Herstellung und Verarbeitung von Glas
12 Eisen- und Stahlerzeugung, Gießereien, Ziehereien und Kaltwalzwerke
14 Stahl- und Leichtmetallbau
15 Maschinenbau
16 Herstellung von Geräten und Einrichtungen für die automatische Datenverarbeitung einschl. Herstellung von Büromaschinen
17 Straßenfahrzeugbau, Luftfahrzeugbau
19 Elektrotechnik
21 Feinmechanik und Optik
22 Herstellung von EBM-Waren
23 Herstellung von Musikinstrumenten, Sportgeräten, Spiel- und Schmuckwaren
24 Säge- und Holzbearbeitungswerke, Holzverarbeitung
26 Papier- und Pappeverarbeitung
27 Druckerei und Vervielfältigung
28 Herstellung, Zurichtung und Veredlung von Leder, Lederverarbeitung
29 Textilgewerbe
30 Bekleidungsgewerbe
31 Nahrungs- und Genußmittelgewerbe
 6 Mineralölverarbeitung
 8 Gummi- und Asbestverarbeitung
25 Zellstoff-, Holzschliff-, Papier- und Pappeerzeugung
55 Prod. Gewerbe insgesamt

Bezeichnung der Gebietstypen

 1 A: Verd. Raum Nürnberg
 2 A: Umland Nürnberg
 3 A: Stadt Augsburg
 4 A: Umland Augsburg
 5 B: Stadt München
 6 B: Umland München
 7 B: Städte sonst. Verdicht.
 8 B: Umland sonst. Verdicht.
 9 C: Strukturschw. Ostbayern
10 C: Strukturschw. Westbayern
11 D: Sonst. Städte
12 D: Fremdenverkehrskreise Oberbayern, Oberallgäu, Bodensee, Main-Spessart
13 D: Sonst. Industriekreise
14 Donau-Wald
15 Bayerischer Wald
16 Regensburg
17 Main-Rhön
18 Oberpfalz Nord
19 Oberfranken West
20 Oberfranken Ost
21 Zonenrand (14-20)

Tab. 1: Standortquotienten ausgewählter Gebietstypen

SEKTOREN	VERDICHTUNGS-RAUM NÜRNBERG (1)			UMLAND NÜRNBERG (2)			STADT MÜNCHEN (5)			UMLAND MÜNCHEN (6)			STRUKTURSCHWACHES OSTBAYERN (9)			STRUKTURSCHWACHES WESTBAYERN (10)			OBERPFALZ NORD (18)			OBERFRANKEN OST (20)		
	1925	1977	1984	1925	1977	1984	1925	1977	1984	1925	1977	1984	1925	1977	1984	1925	1977	1984	1925	1977	1984	1925	1977	1984
4	123	74	71	158	69	68	113	88	89	157	189	202	68	63	68	52	40	41	0	32	28	15	19	19
7	-	56	47	-	146	154	0	36	23	-	73	63	-	91	81	-	212	218	-	190	171	-	121	136
10	0	0	0	138	225	187	0	3	4	18	48	11	49	9	11	6	11	11	877	730	775	540	685	745
11	158	35	31	69	5	4	26	6	4	4	24	24	44	0	0	0	102	75	969	845	1025	78	60	61
12	130	114	115	46	11	261	74	18	10	30	70	68	252	26	27	115	128	127	51	400	249	44	40	33
15	92	102	103	49	129	140	114	74	70	149	115	100	32	57	55	50	112	114	42	21	47	26	74	76
16	-	239	154	-	0	0	-	135	326	-	56	38	-	0	0	-	16	3	-	135	69	-	0	0
17	198	19	25	25	37	31	106	214	201	161	161	154	76	185	219	34	49	49	12	20	21	18	10	8
19	291	262	278	108	89	77	141	166	165	49	70	66	40	60	52	32	52	54	20	37	35	24	40	36
21	136	62	57	147	29	25	202	221	167	34	181	232	41	43	39	145	60	52	12	5	38	15	39	51
22	201	174	176	221	306	205	86	29	19	82	115	153	86	78	57	125	97	110	39	97	118	38	111	68
23	363	164	134	252	202	161	39	51	59	17	88	75	9	207	207	85	206	235	0	13	7	0	284	263
24	85	17	13	130	113	114	78	13	11	117	96	95	123	189	183	155	178	179	97	100	108	44	343	347
26	157	101	101	74	457	420	262	68	47	24	126	213	47	29	29	40	131	166	31	78	154	41	93	91
27	139	122	137	17	43	51	270	177	155	65	65	91	38	65	69	80	116	121	20	25	20	27	52	56
28	88	51	45	136	238	379	74	15	6	129	42	28	134	116	123	136	148	179	58	78	101	85	271	258
29	18	14	8	47	113	107	25	16	18	36	29	13	41	71	52	84	117	113	13	43	45	421	103	117
30	64	19	15	55	62	74	164	51	41	111	64	67	115	143	145	106	104	96	51	148	131	49	132	132
31	64	62	60	88	49	48	125	109	105	127	109	102	122	181	169	147	129	136	54	54	66	63	57	49
Arbeits-platz-besatz*	301	227	205	114	99	91	191	145	134	81	72	69	81	94	96	81	92	94	155	135	128	256	171	150

*Beschäftigte im prod. Gewerbe bezogen auf die Bevölkerung

Tab. 2: Durchschnittliche Betriebsgrößen 1984 und 1977 (Betriebe mit 20 und mehr Beschäftigten)

Region/Sektor	7	14	15	16	17	19	22	24	26	27	29	30	31	55
Verdichtungsr. 84	90	153	237	1260	599	424	93	45	115	89	213	76	100	170
Verdichtungsr. 77	92	200	256	966	538	503	110	44	121	96	101	77	90	168
- München	158	284	308	2573	1741	659	48	64	59	80	146	99	174	305
- München	164	349	296	922	1322	683	63	49	73	96	90	92	169	272
- Nürnberg	94	221	310	1368	196	752	158	44	122	121	157	72	135	261
- Nürnberg	119	248	330	1056	145	812	156	53	140	103	390	77	119	255
Ländl. Räume	99	90	164	147	270	247	89	32	104	84	131	78	76	104
Ländl. Räume	107	114	169	196	231	253	90	31	121	83	142	77	68	99
Periphere Räume	115	94	264	275	283	230	110	44	92	68	139	84	62	111
Periphere Räume	122	152	294	645	243	267	102	45	78	69	141	82	56	110
Stadtkerne	120	223	328	2143	855	665	107	54	85	104	293	100	133	262
Stadtkerne	144	267	344	1309	732	712	109	58	96	109	305	95	121	249
Umland	75	68	161	157	320	129	84	44	140	54	155	65	73	104
Umland	67	83	173	107	306	184	112	40	148	61	138	68	64	105
Bayern 84	101	125	220	1029	431	341	96	40	107	85	154	79	82	133
Bayern 77	106	171	238	787	382	393	104	39	111	89	157	79	74	131

Tab. 3: Veränderung der räumlichen Arbeitsteilung: Beschäftigtenverschiebungen zwischen den Gebietstypen (Standortfaktoren des Differenzenmodells der Shift-Analyse)

SEKTOR NR.:	1977/1984**			
	Altind. Verd. (1-4)+	Sonst. Verd. (5-8)	strukt.-schwache Räume (9, 10)	Zonenrand (21)
insg.*	- 12608	- 11340	14682	2640
4	- 231	- 609	416	- 495
15	- 2520	- 759	2191	- 236
16	- 5046	6318	- 703	31
17	1458	- 3088	4745	- 2140
19	- 2423	- 1450	878	- 1719
22	- 2242	- 1178	777	1886
24	- 782	- 506	879	677
29	- 946	- 295	- 433	1814
30	- 253	- 1857	250	1146
31	- 181	- 889	1261	- 672

SEKTOR NR.:	1925/1970			
	Altind. Verd. (1-4)	Sonst. Verd. (5-8)	strukt.-schwache Räume (9, 10)	Zonenrand (21)
insg.*	- 223458	24418	111042	20578
4	- 7494	9844	828	- 5009
15	- 22753	5793	14143	- 5605
16	-	-	-	-
17	- 38091	46827	8635	- 18455
19	- 62624	26110	9988	10616
22	- 10842	2618	2479	4181
24	- 10240	- 2474	7291	3257
29	- 4820	3208	8631	- 10687
30	- 12690	- 5181	5665	13602
31	- 5183	- 7650	7632	2803

* Produziezendes Gewerbe
** Nur Betriebe mit 20 und mehr Beschäftigten
+ Nr. der (aggregierten) Gebietstypen

Tab. 4: Vier relative Anteile an den Gesamtbeschäftigten im Produzierenden Gewerbe bzw. an den gesamten sozialversicherungspflichtigen Beschäftigten (Bayern = 100)

	Relativer Angestelltenanteil (prod.G.)		Relativer Anteil der Beschäft. in Kleinbetr. (prod.G.)		Relativer Anteil (sozialvers.Besch.) Ingenieure	
	1984	1977	1984	1977	1984	1977
Altind. Verdicht. (1-4)+	120	118	77	72	145	140
Sonst. Verdicht. (5-8)	126	125	104	101	150	149
Schwachstrukt. Räume (9, 10)	69	69	120	128	32	40
Zonenrand (21)	69	70	93	99	41	40
Sonst. Städte (11)	90	92	120	97	-	-

+ Nr. der (aggregierten) Gebietstypen

Tab. 5.1: Löhne und Gehälter pro Beschäftigtem 1984 und 1977: Abweichungen vom gesamträumlichen Durchschnitt

		4	7	9	10	11	12	14	15	16	17
1	A: Verd.Raum Nürnberg 1984	96.	106.	116.	0.	95.	101.	93.	118.	90.	86.
1	A: Verd.Raum Nürnberg 1977	95.	122.	101.	0.	106.	103.	99.	118.	88.	79.
2	A: Umland Nürnberg	82.	100.	101.	105.	80.	107.	100.	92.	0.	83.
2	A: Umland Nürnberg	85.	102.	103.	101.	81.	81.	91.	94.	0.	81.
3	A: Stadt Augsburg	97.	100.	89.	0.	152.	112.	92.	105.	88.	99.
3	A: Stadt Augsburg	101.	92.	101.	0.	123.	103.	99.	102.	111.	99.
4	A: Umland Augsburg	101.	97.	110.	0.	0.	121.	111.	88.	0.	85.
4	A: Umland Augsburg	99.	90.	108.	83.	0.	110.	86.	92.	0.	84.
5	B: Stadt München	125.	143.	125.	118.	96.	110.	109.	114.	118.	112.
5	B: Stadt München	121.	130.	138.	105.	88.	106.	111.	110.	109.	110.
6	B: Umland München	105.	97.	112.	134.	92.	93.	109.	109.	91.	132.
6	B: Umland München	106.	88.	112.	132.	95.	91.	99.	106.	101.	123.
7	B: Städte Sonst. Verd.	93.	121.	103.	0.	97.	70.	110.	98.	45.	100.
7	B: Städte Sonst. Verd.	98.	129.	111.	0.	78.	83.	104.	97.	39.	107.
8	B: Umland Sonst. Verd.	101.	101.	106.	125.	113.	106.	103.	92.	84.	93.
8	B: Umland Sonst. Verd.	102.	104.	104.	114.	110.	108.	94.	91.	0.	90.
9	C: Strukturschw. Ostb.	91.	103.	97.	114.	0.	93.	79.	87.	0.	94.
9	C: Strukturschw. Ostb.	94.	97.	91.	116.	0.	95.	75.	86.	0.	96.
10	C: Strukturschw. Westb.	76.	94.	101.	92.	115.	92.	102.	89.	63.	86.
10	C: Strukturschw. Westb.	72.	92.	99.	84.	113.	96.	97.	90.	71.	80.
11	D: Sonstige Städte	89.	106.	105.	79.	95.	97.	85.	91.	85.	89.
11	D: Sonstige Städte	92.	99.	100.	62.	101.	102.	95.	93.	84.	84.
12	D: Sonst. Obb,Oal,Boden	101.	97.	107.	74.	120.	105.	98.	102.	0.	81.
12	D: Sonst. Obb,Oal,Boden	103.	100.	98.	70.	110.	96.	99.	101.	91.	86.
13	D: Sonst. Industriekre	96.	91.	94.	0.	59.	97.	87.	92.	0.	70.
13	D: Sonst. Industriekre	99.	84.	93.	0.	80.	102.	91.	95.	0.	69.
14	Donau-Wald	67.	98.	94.	64.	97.	100.	74.	100.	0.	64.
14	Donau-Wald	65.	91.	92.	64.	92.	96.	85.	97.	0.	60.
15	Bayerischer Wald	0.	104.	100.	0.	98.	0.	0.	94.	0.	0.
15	Bayerischer Wald	0.	84.	100.	0.	97.	0.	0.	101.	0.	0.
16	Regensburg	0.	70.	99.	0.	90.	89.	71.	84.	58.	63.
16	Regensburg	58.	58.	91.	0.	93.	0.	84.	173.	0.	47.

Tab. 5.1 (Forts.)

		4	7	9	10	11	12	14	15	16	17
17	Main-Rhön	62.	94.	101.	104.	77.	89.	91.	99.	0.	84.
17	Main-Rhön	63.	94.	101.	104.	79.	0.	94.	102.	0.	86.
18	Oberpfalz Nord	89.	99.	94.	95.	98.	95.	92.	84.	51.	64.
18	Oberpfalz Nord	90.	103.	97.	93.	98.	92.	97.	73.	72.	65.
19	Oberfranken West	96.	92.	91.	102.	100.	78.	82.	88.	0.	83.
19	Oberfranken West	93.	95.	100.	102.	101.	82.	72.	86.	0.	89.
20	Oberfranken Ost	77.	108.	93.	99.	100.	87.	89.	89.	0.	68.
20	Oberfranken Ost	82.	103.	96.	100.	94.	91.	87.	86.	0.	66.
21	Zonenrandgebiet (14-20)	79.	97.	94.	98.	97.	91.	87.	95.	52.	81.
21	Zonenrandgebiet (14-20)	78.	96.	97.	99.	97.	91.	90.	95.	72.	84.

Tab. 5.2: Löhne und Gehälter pro Beschäftigtem 1984 und 1977: Abweichungen vom gesamträumlichen Durchschnitt

			19	21	22	23	24	26	27	28	29	30	31	55
1	A:	Verd.Raum Nürnberg 1984	108.	97.	104.	113.	100.	117.	114.	87.	136.	102.	96.	112.
1	A:	Verd.Raum Nürnberg 1977	105.	91.	102.	116.	97.	110.	110.	91.	121.	108.	96.	111.
2	A:	Umland Nürnberg	80.	86.	97.	105.	100.	78.	91.	137.	94.	97.	100.	90.
2	A:	Umland Nürnberg	81.	86.	102.	102.	101.	90.	90.	125.	106.	92.	96.	90.
3	A:	Stadt Augsburg	106.	87.	94.	99.	106.	82.	98.	109.	107.	90.	91.	104.
3	A:	Stadt Augsburg	102.	89.	89.	106.	92.	107.	98.	106.	106.	88.	95.	104.
4	A:	Umland Augsburg	74.	83.	95.	70.	100.	126.	93.	52.	109.	84.	114.	100.
4	A:	Umland Augsburg	101.	81.	96.	69.	99.	113.	86.	71.	104.	85.	109.	99.
5	B:	Stadt München	125.	127.	115.	111.	101.	107.	112.	115.	119.	141.	122.	129.
5	B:	Stadt München	128.	124.	111.	106.	115.	104.	110.	115.	106.	136.	114.	127.
6	B:	Umland München	93.	101.	107.	130.	115.	109.	104.	102.	108.	114.	100.	114.
6	B:	Umland München	90.	98.	103.	123.	114.	97.	101.	89.	106.	104.	102.	110.
7	B:	Städte Sonst. Verd.	90.	98.	102.	77.	117.	111.	91.	79.	113.	110.	104.	105.
7	B:	Städte Sonst. Verd.	88.	96.	98.	95.	106.	79.	98.	93.	114.	109.	104.	107.
8	B:	Umland Sonst. Verd.	76.	91.	99.	107.	107.	97.	86.	93.	96.	102.	99.	95.
8	B:	Umland Sonst. Verd.	76.	84.	104.	100.	101.	94.	85.	93.	93.	102.	99.	94.
9	C:	Strukturschw. Ostb.	72.	93.	100.	106.	104.	90.	93.	85.	92.	93.	92.	92.
9.	C:	Strukturschw. Ostb.	71.	83.	92.	100.	106.	74.	97.	95.	95.	95.	93.	91.
10	C:	Strukturschw. Westb.	77.	85.	104.	104.	96.	100.	95.	99.	91.	99.	92.	87.
10	C:	Strukturschw. Westb.	78.	82.	97.	104.	94.	96.	96.	97.	90.	99.	95.	87.
11	D:	Sonstige Städte	84.	89.	101.	90.	110.	114.	97.	109.	98.	97.	94.	91.
11	D:	Sonstige Städte	89.	86.	95.	87.	104.	125.	92.	116.	94.	97.	99.	94.
12	D:	Sonst. Obb,Oal,Boden	84.	104.	102.	102.	106.	107.	96.	90.	101.	94.	96.	95.
12	D:	Sonst. Obb,Oal,Boden	85.	86.	101.	105.	104.	105.	93.	90.	96.	96.	95.	94.
13	D:	Sonst. Industriekre	89.	95.	107.	73.	96.	83.	80.	86.	95.	94.	102.	97.
13	D.	Sonst. Industriekre	82.	99.	101.	80.	91.	94.	80.	69.	93.	94.	100.	98.
14		Donau-Wald	78.	79.	99.	99.	94.	105.	91.	90.	95.	89.	92.	84.
14		Donau-Wald	74.	79.	104.	113.	103.	93.	88.	97.	91.	90.	98.	84.
15		Bayerischer Wald	81.	87.	98.	0.	73.	0.	0.	0.	0.	94.	82.	83.
15		Bayerischer Wald	83.	90.	87.	0.	88.	0.	0.	88.	0.	85.	87.	83.
16		Regensburg	63.	91.	97.	79.	96.	80.	55.	84.	63.	93.	86.	73.
16		Regensburg	76.	112.	92.	85.	98.	70.	0.	88.	75.	84.	83.	73.

Tab. 5.2 (Forts.)

		19	21	22	23	24	26	27	28	29	30	31	55
17	Main-Rhön	89.	83.	100.	82.	98.	106.	91.	81.	0.	97.	92.	96.
17	Main-Rhön	86.	80.	99.	77.	95.	113.	99.	85.	60.	96.	91.	100.
18	Oberpfalz Nord	74.	99.	89.	65.	94.	99.	94.	83.	89.	94.	84.	81.
18	Oberpfalz Nord	67.	80.	92.	58.	91.	89.	94.	91.	83.	91.	86.	83.
19	Oberfranken West	83.	88.	87.	74.	95.	93.	88.	94.	102.	92.	83.	83.
19	Oberfranken West	84.	88.	90.	73.	98.	83.	89.	101.	97.	95.	91.	84.
20	Oberfranken Ost	75.	86.	93.	103.	99.	88.	86.	92.	99.	94.	107.	81.
20	Oberfranken Ost	77.	81.	98.	97.	97.	81.	83.	98.	102.	94.	107.	83.
21	Zonenrandgebiet (14-20)	80.	85.	95.	80.	95.	97.	88.	91.	98.	93.	94.	84.
21	Zonenrandgebiet (14-20)	80.	85.	95.	80.	98.	92.	88.	98.	100.	92.	97.	86.

Tab. 6a: Der Einfluß der sektoralen Spezialisierung innerhalb eines Gebietstyps auf das Lohnniveau

Gebietstyp	1977			1984		
	S	A	R² (adj.)	S	A	R² (adj.)
1	–	–	–	3424(1,94)*	226	37,1
2	–	222	11,3	–	330	17,7
3	–	240	26,8	–	–	–
4	2089	329	38,1	–	–	–
5	3417	214	60,3	3960	240	60,1
6	–	239	66,7	–	347	55,9
7	3484	–	28,3	3779	–	16,8
8	–	398	22,0	–	409	13,1
9	–	247	16,6	–	288	14,3
10	–	–	–	–	313	14,4
11	–	364	32,7	–	359	34,8
12	–	238	20,8	–	269(1,94)	11,5
13	1202	523	62,3	1827	678	63,5
14	–	–	–	–	–	–
15	–	422	20,8	–	–	–
16	–	–	–	–	–	–
17	3275	205	42,4	3127(1,95)	198(1,92)	23,6
18	–	360	14,3	–	528	34,1
19	–	–	–	–	268	37,7
20	–	254	40,1	–	253	40,2
21	–	–	–	–	299	15,7

* t-Wert in Klammern, sofern nicht t >2

Tab. 6b: Der Einfluß der sektoralen Spezialisierung einer Region (Querschnitt über Kreise)

Sektor	1977			1984		
	S	A	R² (adj.)	S	A	R² (adj.)
4	816	163	25,2	1319	299	47,7
7	425 (1,92)	203	21,7	–	305	30,5
9	–	164	25,1	–	198	15,2
10	–	–	–	–	–	–
11	–	–	–	–	–	–
12	–	–	–	558	–	7,9
14	–	–	–	–	293	16,3
15	1252	223	56,8	1207	329	56,6
16	–	129	20,2	–	294	45,4
17	2642	–	32,9	3955	258	41,9
19	1788	171	56,9	2048	285	68,5
21	–	115	7,4	–	186	8,3
22	423	–	6,9	–	229	19,2
23	–	163	16,0	–	162	7,8
24	689	81,5	19,8	622	–	3,1
26	931	137	26,9	–	182	9,3
27	798	–	8,6	786	125	8,2
28	530	78,3	19,9	672	151	27,2
29	521	161	22,3	530 (1,91)	288	32,1
30	842	172	37,4	932	241	38,5
31	–	116	8,2	–	–	–

Tab. 7a: Rangfolge der Durchschnitt L/K der Sektoren in Bayern

Sektor	1977 L/K Durchschnitt	Sektor	1988 L/K Durchschnitt
6	43625	6	64144
17	29739	16	48273
25	29025	25	44403
16	28932	17	42964
4	28886	4	42543
3	28201	19	40569
15	27893	15	40235
27	27857	27	40078
19	27635	3	39930
14	26975	12	37187
12	26117	55	36825
55	25047	9	36183
9	24722	14	35419
8	24482	8	34808
21	24271	21	34381
31	23338	31	33363
22	22970	22	32631
26	22598	26	32504
11	22140	11	31774
7	21659	7	31569
24	21196	24	30714
10	20259	29	28476
29	19785	10	28401
23	18305	28	27485
28	17859	23	27290
30	16516	30	23397

Tab. 7b: Rangfolde der Gebietstypen nach dem Durchschnitt L/K aller Sektoren

Gebietstyp	1977 L/K Durchschnitt	Gebietstyp	1984 L/K Durchschnitt
5	31717	5	47385
1	27710	6	41931
6	27442	1	41367
7	26806	7	38659
3	26074	3	38472
17	25101	Bayern	36825
Bayern	25047	4	36813
4	24769	13	36063
13	24744	17	35462
8	23581	8	34958
11	23539	12	34917
12	23468	11	33659
2	22606	9	33250
9	22604	2	33068
10	21876	10	32182
14	21471	14	31347
19	21096	19	30417
20	20805	20	29847
18	20118	15	29537
15	20039	18	29427
16	18138	16	26773

Tab. 8a: Der Einfluß des durchschnittlichen regionalen
Lohnniveaus auf die Sektorentlohnung
(Querschnitt über Gebietstypen)

Sektor	1977 DL	1977 R^2	1984 DL	1984 R^2
4	1,09	48,2	0,979	45,4
7	0,683	34,8	0,578	41,2
9	0,667	66,6	0,528	54,4
10	-	-	0,592	21,7
11	-	-	-	-
12	-	-	-	-
14	0,539	42,6	0,559	40,1
15	0,774	68,1	0,659	67,7
16	-	-	1,28	42,4
17	1,34	58,1	1,19	59,9
19	1,05	70,5	1,02	75,4
21	0,391	15,5	0,579	48,1
22	0,222	27,7	0,308	58,0
23	-	-	-	-
24	0,227	22,4	0,234	25,2
26	0,531	21,7	0,418	18,8
27	0,666	34,1	0,649	43,0
28	-	-	-	-
29	0,360	14,1	0,578	47,5
30	0,457	58,8	0,417	51,8
31	0,324	35,7	0,414	38,8

Tab. 8b: Zu Lohnführerschaft der Verdichtungsräume
Rangfolge des sektoralen Lohnniveaus nach
Gebietstypen je Sektor

Gebietstyp	1	2	3	4	5	6	7	8
1977, Zahl der Sektoren	22	21	22	20	23	23	21	22
davon 1.-5.;	13	2	13	6	20	16	9	8
davon 1. Stelle	2	1	3	1	12	2	0	0
2.+3. Stelle	6	0	1	3	5	7	6	3
4.+5. Stelle	5	1	9	2	3	7	3	5
1984, Zahl der Sektoren	22	21	22	18	23	23	21	23
davon 1.-5.;	12	3	8	7	19	16	11	8
davon 1. Stelle	3	1	2	3	10	2	1	0
2.+3. Stelle	5	0	2	2	7	11	5	1
4.+5. Stelle	4	2	4	2	2	3	5	7

Tab. 9a: Variationskoeffizent über alle Sektoren im
Gebietstyp (außer Sektoren 3,6,8,15)

Gebietstyp	1977	1984
1	0,162	0,185
2	0,123	0,146
3	0,191	0,206
4	0,233	0,259
5	0,193	0,196
6	0,194	0,187
7	0,223	0,199
8	0,157	0,148
9	0,159	0,160
10	0,143	0,127
11	0,178	0,162
12	0,179	0,182
13	0,220	0,188
14	0,173	0,206
15	0,164	0,145
16	0,216	0,179
17	0,225	0,171
18	0,197	0,172
19	0,159	0,158
20	0,122	0,112
21	0,143	0,134
22 (Bayern)	0,167	0,180

Tab. 9b: Variationskoeffizent je Sektor

Sektor	ÜBER GEBIETSTYPEN		ÜBER KREISE	
	1977	1984	1977	1984
4	0,184	0,165	0,218	0,216
7	0,168	0,137	0,201	0,164
9	0,104	0,096	0,099	0,117
10	0,212	0,198	0,191	0,189
11	0,123	0,174	0,179	0,242
12	0,094	0,131	0,154	0,146
14	0,101	0,127	0,192	0,198
15	0,113	0,103	0,151	0,147
16	0,266	0,289	0,239	0,271
17	0,224	0,207	0,265	0,268
19	0,167	0,170	0,176	0,163
21	0,129	0,130	0,205	0,207
22	0,057	0,062	0,118	0,128
23	0,202	0,206	0,255	0,235
24	0,067	0,070	0,119	0,152
26	0,153	0,133	0,202	0,204
27	0,128	0,129	0,137	0,153
28	0,156	0,193	0,194	0,230
29	0,139	0,146	0,173	0,214
30	0,117	0,123	0,152	0,152
31	0,073	0,099	0,112	0,128
55	0,136	0,144	0,125	0,131

Tab. 10a: Intersektoraler Lohnausgleich innerhalb der Gebietstypen

Gebietstyp	L*	ΔA	R^2
Bayern	- 0,051	0,937	65,5
Gebietstyp 1	-	0,607	37,5
2	-	1,29	20,8
3	-	1,80	55,1
4	-	1,54	31,3
5	-	0,48	23,1
6	-	-	-
7	- 0,198	-	18,9
8	-	0,604	25,6
9	-	-	-
10	- 0,092	-	22,5
11	- 0,194	0,571	45,4
12	-	-	-
13	- 0,209	-	25,1
14	-	-	-
17	- 0,114	-	31,3
18	- 0,238	1,21	47,7
19	-	-	-
20	- 0,125	-	15,6
21	- 0,104	1,12	45,0

Tab. 10b: Sektoraler Lohnausgleich über Regionen

Sektor	Querschnitt über Kreise			Querschnitt über Regionen		
	L*	ΔA	R^2	L*	ΔA	R^2
4	- 0,091	0,447	13,3	-	-	-
7	- 0,274	-	33,3	- 0,234	-	38,8
9	- 0,192	-	8,6	-	-	-
10	- 0,196	-	12,0	- 0,161	-	20,1
11	-	0,823	8,7	-	0,459	22,4
12	- 0,144	-	12,9	-	2,30	46,9
14	- 0,152	-	10,1	-	-	-
15	- 0,174	-	12,8	- 0,105	1,30	41,4
16	- 0,166	0,782	67,6	-	0,654	33,6
17	- 0,173	-	17,2	- 0,092	-	19,0
19	- 0,123	0,690	37,3	-	1,94	52,3
21	- 0,240	0,772	29,2	- 0,210	1,27	35,1
22	- 0,288	0,675	28,4	-	-	-
23	- 0,193	-	4,9	-	0,819	14,1
24	-	- 0,533	3,6	- 0,287	-	10,2
26	- 0,231	1,04	19,8	- 0,373	-	32,3
27	- 0,127	- 0,462	21,7	- 0,204	- 1,23	80,1
28	- 0,228	-	6,6	-	1,89	16,8
29	-	0,789	13,6	-	0,415	28,7
30	- 0,134	0,486	12,9	-	-	-
31	-	- 0,489	9,2	-	-	-
55	- 0,045	1,41	43,4	-	1,02	32,3

* 1000 DM

Tab. 11a: Intersektorale Lohnlenkung innerhalb von Gebietstypen (außer Sektoren 3,6,8,25)

Gebietstyp	L	R^2
1	-	-
2	8,15	62,3
3	-	-
4	2,48	67,3
5	-	-
6	-	-
7	-	-
8	-	-
9	-	-
10	5,07	35,5
11	-	-
12	-	-
13	2,52	47,0
17	7,28	24,2
21	2,17	11,2

Tab. 11b: Sektorale Lohnlenkung über Regionen*)

	b_1 Regression mit jährlichen Wachstumsraten, Diff. zu Regionswachstum			
	über Gebietstypen		über Kreise	
Sektor	L	R^2	L	R^2
11	2,58	24,3	-	-
12	6,77	41,6	-	-
15	1,83	12,5	-	-
19	-	-	1,72	13,3
28	-	-	1,10	12,3

b_2 Regression mit Wachstumsrate über Gesamtzeitraum und ohne Diff.

Sektor	L	R^2	L	R^2
11	3,29	22,4	-	-
12	27,2	50,2	-	-
15	1,97	23,0	-	-
16	-	-	5,10	36,8
17	0,947 (1,86)	12,0	-	-
19	-	-	1,17	7,4
21	- 3,96	14,9	-	-
27	-	-	- 0,654	14,1
28	-	-	1,60	42,1

b_3 Regression mit Wachstumsrate über Gesamtzeitraum, Diff. zu Regionswachstum

Sektor	L	R^2
11	3,37	26,5
12	3,01	57,1
15	1,79	19,6
21	- 3,70	12,2
28	0,782	13,2

* Es sind nur Sektoren mit gesicherten Koeffizienten (t>2, sofern nicht anders angegeben) und im allgemeinen R^2 > 10 % aufgeführt.

Tab. 12: Nominal- und Reallohnunterschiede von Gebietstypen

	RELATIVES LOHNNIVEAU PRO KOPF (BAYERN = 100)		RELATIVES LOHNNIVEAU PRO KOPF (BAYERN = 100) GEWICHTET MIT DEM REGIONALEN PREISNIVEAU	
	1977	1984	1977	1984
Altind. Verdicht. (P = Mittelfranken)	105	106	105,3	106,3
Sonst. Verdicht. (P = Oberbayern)	113	114	105,9	106,8
Strukturschwache Gebiete (P=GA-Gebiete)	89	89	91,3	91,3
Zonenrand	86	84	89,2	87,1

Anmerkungen

1) Krieger, C.; Thoroe, C.S.; Weskamp, W.: Regionales Wirtschaftswachstum und sektoraler Strukturwandel in der Europäischen Gemeinschaft, Tübingen 1985 (= Kieler Studien 194), S. 92.

2) Stolper, W.F.: Standorttheorie und Theorie des internationalen Handels. In: Zeitschrift für die gesamte Staatswissenschaft, 112. Bd. (1956), S. 193-217.

3) Ohlin, B.: Die Beziehung zwischen internationalem Handel und internationalen Bewegungen von Kapital und Arbeit. In: Zeitschrift für Nationalökonomie, Bd. 2 (1930/31), zit. nach Rose, K. (Hrsg.): Theorie der internationalen Wirtschaftsbeziehungen, Köln/Berlin 1965, S. 36.

4) Ohlin, a.a.O., S. 38.

5) Ansätze zur Erklärung der Außenhandelsstruktur unter dem Aspekt ihrer empirischen Bedeutung werden detailliert dargestellt bei Kohler, W.K.: Faktorproportionen und internationaler Handel, Tübingen 1988.

6) Hoover, E.M.: The Location of Economic Activity, New York u.a. 1948, als Paperback ed. 1963.

7) Vernon, R.: International Investment and International Trade in the Product Cycle. In: Quarterly Journal of Economics, Vol 80 (1966), S. 190-207.

8) Hoover, a.a.O., S. 174ff.

9) Besonders deutlich wird dies bei Hirsch, S.: Location of Industry and International Competitiveness, Oxford 1967.

10) Es liegen selbstverständlich eine Reihe von regionalwissenschaftlichen Untersuchungen vor, ob es interregional zu einem Lohnausgleich bei homogenen Arbeitskräften kommt, und es werden eine Anzahl von Erklärungen für die häufig auftretenden, von den neoklassischen Ableitungen abweichenden Ergebnisse diskutiert. Einen kurzen Überblick über diese Arbeiten findet man bei Isserman, A.; Taylor, C.; Gerking, S.; Schubert, U.: Regional Labor Market Analysis. In: Nijkamp, P. (ed.): Handbook of Regional and Urban Economics, Vol. I, Amsterdam/New York u.a. 1986, S. 543-580.

11) Mieth, W. und Genosko, J.: Qualitative Polarisierung der Regionen als Folge der räumlichen Selektion der Wanderung der Arbeitsplätze. In: Qualität von Arbeitsmärkten und regionale Entwicklung, Hannover 1988.

12) Isserman, A.; Taylor, C.; Gerking, S.; Schubert, U.: Regional Labor Market Analysis. In: Nijkamp, P. (ed.): Handbook of Regional and Urban Economics, Vol. I, S. 573f., Amsterdam/New York u.a. 1986.

13) Mit "Verlagerung" ist hier nicht nur die tatsächliche Verlagerung eines bestehenden Betriebes gemeint, sondern vor allem die Verschiebung von Beschäftigten durch laufende betriebliche Anpassungsmaßnahmen, aber auch durch Schließungen und Neugründungen.

14) Darauf weist Norton hin. Vgl. Norton, R.D.: Industrial Policy and American Renewal. In: Journal of Economic Literature. Vol. XXIV (1985), S. 1-40.

15) Zur Sektorgliederung vgl. Übersicht im Anhang.

16) Nach der Definition der amtlichen Statistik sind in den Löhnen und Gehältern die Bruttobezüge der Arbeiter, Angestellten (einschließlich der leitenden Angestellten) und der Auszubildenden erfaßt. Die Lohn- und Gehaltssummen enthalten alle Arten von Zuschlägen, Vergütungen und Gratifikationen. Nicht einbezogen sind die Pflichtbeiträge des Arbeitgebers zur Sozialversicherung sowie andere Aufwendungen, die kein Arbeitseinkommen darstellen. Die geleistete Arbeit in Stunden wird nur für Arbeiter erfaßt. Unsere Fragestellung, bei der regionale Strukturen von Arbeitskosten im Vordergrund stehen, erlaubt keine Beschränkung nur auf Arbeiterbezüge und damit keine Verwendung von Stundenlöhnen: Der mögliche Fehler wegen der Berechnung der Löhne und Gehälter pro Beschäftigten statt pro Arbeiterstunde - durch eventuelle regionale Unterschiede geleisteter Überstunden u.ä. - scheint wesentlich geringer als der Fehler, der sich aus unterschiedlichen Angestelltenanteilen und ihrer Veränderung in den verschiedenen Regionen ergäbe.

17) Vgl. Koller, M.: Regionale Lohnstrukturen. In: Mitteilungen aus der Arbeitsmarkt- und Berufsforschung, 20. Jg., H. 1 (1987), S. 30-39.

18) Vgl. die Karte "Gebietstypen in Bayern.

19) Von Knorring, E.: Lohn- und Beschäftigtenstruktur, Berlin 1978, S. 50.

20) Es liegen empirische Studien über die Wirkung steigender Skalenerträge und damit Schätzungen für (technische) Mindestbetriebsgrößen in verschiedenen Sektoren vor. Vgl. Pratten, C.: A survey of the economies of scale. Report prepared for the EC Commission, Brüssel 1987.

21) G f K - Nürnberg (im Auftrag des Bayerischen Staatsministeriums für Wirtschaft und Verkehr): Die reale Kaufkraft in Bayern - Indikatoren zur Bewertung zwischenörtlicher und regionaler Preis- und Einkommensunterschiede, München 1982.

22) Die empirischen Ergebnisse können nicht verallgemeinert werden. Die regionale Lohnstruktur kann sich in anderen Bundesländern als Bayern, vor allem wegen unterschiedlicher Einflüsse regionaler Institutionen, durchaus verschieden entwickelt haben.

23) Das stellte bereits Stolper für die USA fest und kommt zu dem Schluß, "daß das Lohn- und Rentengefälle,... die Funktion hat, die Lokalisierung der Produktion herbeizuführen,..." Vgl. Stolper, W.F.: Standorttheorie und Theorie des internationalen Handelns. In: Zeitschrift für die gesamte Staatswissenschaft, 112. Bd. (1956), S. 212f.

24) Maier/Weiss heben die Notwendigkeit hervor, bei der Analyse regionaler Einkommensdifferenzen auch die Mechanismen zu untersuchen, die regionale Strukturunterschiede verursachen. Vgl. Maier, G.; Weiss, P.: The Importance of Regional Factors in the Determination of Earnings: The Case of Austria. In: International Regional Science Review, Vol. 10, 1986, S. 211-220.

INNOVATIONSORIENTIERTE REGIONALPOLITIK

Möglichkeiten und Grenzen

von
Hans-Friedrich Eckey, Kassel

Gliederung

A. Einleitung
   Definition der innovationsorientierten Regionalpolitik und
   Aufgabenstellung der Untersuchung

B. Hauptteil

   I. Die räumliche Dispersion des technischen Fortschritts

      1. Theorien zur räumlichen Entstehung und Verbreitung des technischen
         Fortschritts
      2. Der Einfluß des technischen Fortschritts auf die Regionalentwicklung

   II. Empirische Analyse des regionalen Innovations- und Adaptionsverhaltens

      1. Indikatoren des technischen Fortschritts und ihre regionale
         Verfügbarkeit
      2. Empirische Erfassung des technischen Standards von Regionen

   III. Ansatzpunkte einer innovationsorientierten Regionalpolitik

      1. Regionale Innovationsbarrieren
      2. Möglichkeiten zur Überwindung regionaler Innovationsbarrieren
      3. Kritische Reflexion der Möglichkeiten und Voraussetzungen einer
         innovationsorientierten Regionalpolitik

C. Schlußteil
   Resümee und Ausblick

Anmerkungen

A. Einleitung

Definition der innovationsorientierten Regionalpolitik und Aufgabenstellung der Untersuchung

Regionale Strukturpolitik besteht in dem Versuch, einen sich selbst tragenden Wachstumsprozeß, der zu einem höheren Zielerreichungsgrad führt, in strukturschwachen Regionen zu induzieren.

Mit dieser Zielsetzung verbindet sich die Suche nach einem effizienten, d.h. ursachenadäquaten Instrumentarium. Zu seiner Auswahl und zu seinem Einsatz ist es notwendig, zu wissen

- welche Faktoren einen regionalen Wachstumsprozeß verursachen,
- welche dieser Wachstumsfaktoren in der betrachteten Region unzulänglich vertreten sind, also Entwicklungshemmnisse darstellen
- und durch welche Maßnahmen diese Entwicklungsbarrieren überwunden werden können.

Grundsätzlich ist es möglich, durch wirtschaftspolitische Maßnahmen auf die Höhe der Nachfrage nach den in der Region produzierten Güern und Dienstleistungen Einfluß zu nehmen oder die Anpassungsflexibilität in einem Wirtschaftsraum zu erhöhen (vgl. Abbildung 1). Beim ersten Ansatz spricht man von einer nachfrageorientierten, beim zweiten Ansatz von einer angebotsorientierten Regionalpolitik. Die innovationsorientierte Regionalpolitik ist also nur eine von vielen Möglichkeiten im Rahmen einer regionalen Enwicklungspolitik und läßt sich wie folgt definieren: Sie umfaßt alle Maßnahmen, die darauf abzielen, den technologischen Standard (Produktionsverfahren und Produkte) in einer Region zu erhöhen. Sie umfaßt sowohl das Schaffen (Invention, Innovation) als auch die Verbreitung (Diffusion) neuen Wissens und bildet damit den zentralen Bestandteil der angebotsorientierten regionalen Wirtschaftspolitik, die gegenüber dem nachfrageorientierten Ansatz in den letzten Jahren erheblich an Gewicht gewonnen hat. Im Rahmen dieses angebotsorientierten Ansatzes wird die Auffassung vertreten, daß es weniger Aufgabe der Wirtschaftspolitik sei, Niveau und Struktur der Nachfrage zu lenken, sondern daß es vielmehr darauf ankommt, die Anpassungsflexibilität der Unternehmen an veränderte Umweltbedingungen zu erhöhen.

Diese zunehmende Bedeutung der innovationsorientierten Regionalpolitik beruht vor allem auf vier Gründen:

1. Im Rahmen der wirtschaftspolitischen Zielpalette ist vor allem das Vollbeschäftigungsziel nur unzureichend erfüllt. Damit gewinnen Maßnahmen an Bedeutung, mit denen eine zusätzliche Schaffung von Arbeitsplätzen verbun-

Abb. 1: Ansatzpunkte einer regionalen Entwicklungspolitik

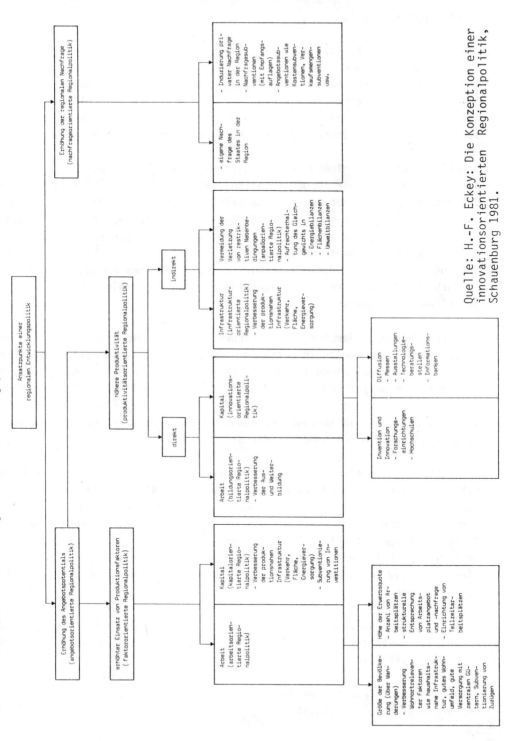

Quelle: H.-F. Eckey: Die Konzeption einer innovationsorientierten Regionalpolitik, Schauenburg 1981.

den ist. Empirische Untersuchungen zeigen, daß innovierende Unternehmen sich bei der Arbeitsplatzentwicklung sehr viel günstiger darstellen als nicht-innovierende[1].

2. Die Erfahrung zeigt, daß die bundesrepublikanische Volkswirtschaft mit dem Strukturwandel in den 70er und 80er Jahren nur unzureichend fertiggeworden ist. Hier erhofft man sich Besserung durch Innovation und Technologietransfer. "Die Erfahrungen aus den 70er Jahren zeigen, daß eine Wirtschaft, die im Strukturwandel herausgefordert wird, durch den technischen Fortschritt die Mittel finden kann, die sie zur Lösung der Probleme braucht"[2].

3. Strukturschwache Regionen können nicht mehr auf Hilfe von außen hoffen. Wurden 1964 noch über 50 000 Arbeitsplätze zwischen den Wirtschaftsräumen der Bundesrepublik umverlagert, so waren es Anfang der 80er Jahre nur noch ca. 10 000[3]. Nicht mehr die Ansiedlung von Betrieben, die von "draußen" kommen, kann deshalb im Mittelpunkt der Wirtschaftsförderungspolitik stehen, sondern die Weiterentwicklung der bereits in einer Region ansässigen Unternehmen (endogene Regionalentwicklung). Zur Verbesserung ihrer Stellung am Markt wird dabei der innovationsorientierten Regionalpolitik ein besonderes Gewicht zugemessen.

4. Die Entscheidung darüber, in welcher Entwicklungsphase eines Produktlebenszyklus eine Region ihre stärkste Position hat, entscheidet über ihren ökonomischen Entwicklungsstand und ihr Wachstum. In der Innovationsphase dominiert die Gestaltung von Produkten, aber vor allem ihre Verfügbarkeit. Die Preispolitik spielt nur eine untergeordnete Rolle. Eine solche Nachfragesituation führt in innovativen Regionen zu relativ sicheren Beschäftigungsmöglichkeiten bei hohen Verdiensten.

Schlechter stellt sich die Situation für jene Regionen dar, die ihre komparativen Vorteile in der Ausreifungs-, aber vor allem in der Standardisierungsphase besitzen. Der Aufbau hoher Kapazitäten (auch und vor allem in Schwellenländern) und die stagnierende oder sogar zurückgehende Nachfrage führen zu einer intensiven Preiskonkurrenz, die eine erfolgreiche Bewährung am Markt erheblich erschwert. Die dortigen Arbeitsplätze sind nicht nur mit einer relativ geringen Entlohnung verbunden, sondern darüber hinaus auch noch unsicher.

Die folgenden Ausführungen sollen Einblick in die Grenzen und Möglichkeiten einer innovationsorientierten Regionalpolitik geben. Ihre Beurteilung kann nur dann positiv ausfallen, wenn

- die mangelnde Ausbreitung des technischen Fortschritts einen regionalen Entwicklungsengpaß darstellt

- und eine positive Beziehung zwischen dem technischen Fortschritt und der angestrebten ökonomischen Zielgröße besteht.

Um diese beiden notwendigen Voraussetzungen einer erfolgreichen innovationsorientierten regionalen Strukturpolitik überprüfen zu können, wird für die nachstehenden Ausführungen folgender Aufbau gewählt: Zunächst wird darauf eingegangen, welche Faktoren die räumliche Ausbreitung des technischen Fortschritts bestimmen und welche Auswirkung er auf die Regionalentwicklung hat; hieran schließen sich die empirischen Möglichkeiten an, regionales Innovations- und Adaptionsverhalten zu messen. Den Abschluß der Arbeit bilden schließlich mögliche Ansatzpunkte einer innovationsorientierten Regionalpolitik, die nicht nur dargestellt, sondern auch kritisch reflektiert werden sollen.

B: Hauptteil

I. Die räumliche Dispersion des technischen Fortschritts

1. Theorien zur räumlichen Entstehung und Verbreitung des technischen Fortschritts

Untersucht man die Literatur daraufhin, welche Modelle sie zur Beschreibung der räumlichen Diffusion des technischen Fortschritts anbietet, so lassen sich im wesentlichen drei Richtungen unterscheiden[4], die sich zueinander aber eher komplementär als ausschließend verhalten:

a) Die vor allem von Geographen vertretene Richtung, die den räumlichen Diffusionsprozeß, basierend auf den in einer Gesellschaft getätigten Kommunikationen, analog zu den Gesetzen der mathematischen Physik zu erklären versucht.

b) Die von Ökonomen vertretene Richtung, die insbesondere ökonomische Einflußfaktoren berücksichtigt (Profit-Risiko).

c) Die dritte Gruppe, die den räumlichen Ausbreitungsprozeß von Innovationen anhand der räumlichen Verteilung von Stadtzentren zu erklären sucht (hierarchical diffusion).

Zu a)
Mathematische Diffusionsmodelle konkretisieren sich in
a1) Epidemie-Modellen
a2) logistischen Modellen.

Zu a1)
In Epidemiemodellen wird die räumliche Ausbreitung einer Innovation in Analogie zu der Verbreitung einer Krankheit betrachtet. Die in einem Kommunikationsprozeß erfolgte Mitteilung einer Innovation entspricht der Übertragung eines Bazillus von einem infizierten auf ein nicht infiziertes Individuum[5]. Die Wahrscheinlichkeit, daß ein im Raum p ansässiges Unternehmen "infiziert" wird, ist

- eine positive Funktion der Infektionsrate, d.h. des Anteils bereits Infizierter an allen Unternehmen.
- eine negative Funktion der Entfernung zwischen p und dem Standort der Unternehmen, die die Innovation bereits adaptiert haben.

Zu a2)
Eine weitgehende Verbreitung in der Ökonomie hat die logistische Funktion gefunden, die von Dodd[6] u.a. auf die Ausbreitung von Informationen angewendet worden ist und als Hypothese zum zeitlichen Vorlauf des Anteils adaptierender Unternehmen in dem o.a. Epidemie-Modell interpretiert werden kann. y steigt zunächst langsam (widerwillige Adaption von Neuerungen), dann ab einer gewissen Verbreitung stark an (bandwagoneffect), um anschließend gegen einen Grenzwert zu konvergieren (Sättigung).

Abbildung 2: Diffusionsprozeß nach Dodd

(Anteil der Adoptoren an der Menge
aller adoptionsfähigen Unternehmen)

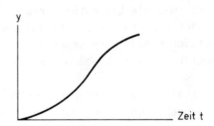

Auf dem gleichen Grundgedanken bauen die Modelle von Morell[7] und Beckmann[8] auf, die Innovationsausbreitungen wie Wellen im Raum darstellen. Die Höhe dieser Welle in einem Raumpunkt ist dabei abhängig von

- der Höhe der Welle an ihrem Ursprungsort,
- der Distanz zwischen betrachtetem und Ursprungsort,
- der Adaptionsfriktion als Funktion des Typus der Innovation.

Hägerstrand[9] versucht, die drei Phasen der o.a. logistischen Verlaufsform der Adaptionsrate (1. anfängliche Diffusion früher Adoptoren im Innovationszentrum, 2. Strahlenförmige räumliche Ausbreitung der Innovation ("Nachbarschaftseffekt") und 3. Sättigungsgrenze) näher zu bestimmen. Ihre Verlaufsform hängt

- von der Menge und räumlichen Verbreitung der Informationen,
- von der Resistenz der Unternehmen gegen die Neuerung ab. Sie ist eine Funktion ihrer Komplexität.

Beide Einflußfaktoren verhalten sich substitutional zueinander; viele und gute Informationen können also einen hohen Grad an Komplexität der Neuerung ausgleichen.

Zu b)
Im Rahmen der Analyse der Innovationsdiffusion haben die Ökonomen dem räumlichen Aspekt wenig Beachtung geschenkt. Ausnahmen bilden hier Siebert[10] und Richardson[11], die die räumliche Ausbreitung des technischen Fortschritts in ihren Untersuchungen berücksichtigt haben.

Die ökonomischen Ansätze haben dabei gemeinsam, daß sie die räumliche Ausbreitung der Innovation über die in den einzelnen Raumpunkten zu erwartende Profitabilität der zu tätigenden Investitionen unter Ungewißheit erklären. Die Diffusionsrate ist dabei

- eine direkte positive Funktion des zu erwartenden Gewinns,
- eine negative Funktion der mit der Investition verbundenen Unsicherheit.

Hier schließt sich direkt die Frage an, welche Größen die räumlich divergierende Profitabilität und Unsicherheit bestimmen. Sie wird in behavioristischen, mikroökonomischen theoretischen Ansätzen beantwortet.

Zu c)
Die hierarchischen Diffusionsmodelle unterstellen, daß sich Innovationen entsprechend der zentralörtlichen Hierarchie von Christaller im Raum verbreiten. Sie setzen sich zunächst im bedeutendsten Zentrum durch, springen dann zu den Gemeinden der nächsten Hierarchiestufe über usw. Höherwertige Stadtzentren werden in der Regel Innovationen schneller als geringerwertige übernehmen, während die Diffusion innerhalb des Einzugsbereiches dieser Zentren eher zufällig verläuft[12].

Hägerstrand[13] untersucht mit Hilfe eines solchen Hierarchiemodells die räumliche Ausbreitung von Innovationen und sozialen Institutionen ("Rotary Clubs"). Er kommt zu dem Ergebnis, daß

- Innovationen in erster Linie in den größten Zentren eines Landes gemacht werden;
- die anfängliche Ausbreitung der urbanen Hierarchie folgt. Informationsimpulse fließen vom Zentrum unter Umgehung der zwischen ihnen liegenden kleineren Gemeinden in Städte, die den nächsthöheren Rang bekleiden;

- diese Hierarchisierung ab einer gewissen Rangstufe durchbrochen wird. Räumliche Diffusion läßt sich dann besser über Epidemie-Modelle erklären.

So unterschiedlich die vorgestellten makroökonomischen Diffusionsmodelle im einzelnen sind, so läßt sich dennoch in bezug auf sie gemeinsam kritisch anmerken, daß sie die räumliche Diffusion von Innovationen mechanisch erklären, ohne auf die Motive von Innovatoren und Adaptoren einzugehen. Anzuführen ist hierbei vor allem der (weitgehende) Verzicht auf

- eine Differenzierung nach der Art der Innovation. Ihr Komplexitätsgrad, der finanzielle Aufwand ihrer Einführung, die Notwendigkeit der Einstellung neuen qualifizierten Personals usw. führen sicherlich zu stark divergierenden Diffusionsmustern.

- die Berücksichtigung der Motivationsstruktur der Unternehmer. Eine räumliche Konzentration (re-)aktiver Unternehmer führt zu anderen Verlaufsbildern als ihre gleichmäßige Streuung im Raum.

- eine Einbeziehung betriebsspezifischer Erklärungsansätze. Organisation, Marktmacht, finanzielle Ausstattung usw. determinieren das Innovations- und Adaptionsverhalten weitgehend.

- die Evaluierung des Einflusses des politischen und soziokulturellen Umfeldes.

Auf diese Einflußfaktoren gehen mikroökonomische Erklärungsansätze ein, die deshalb auch als behavioristisch bezeichnet werden.

Traditionelle makroökonomische und behavioristische mikroökonomische Modelle schließen sich dabei keineswegs aus, sondern ergänzen sich sinnvoll. Zwei Arten von mikroökonomischen Erklärungsansätzen seien hier beispielhaft angeführt; der erste unterscheidet nach der Art der Innovation, der zweite nach der Betriebsstruktur.

Es ist unbestritten, "daß die Verbreitung von Innovationen in starkem Maße durch die spezifischen Eigenschaften der Innovation selbst beeinflußt werden"[14].

Fliegel und Kivlin unternehmen einen ersten Schritt in Richtung einer systematischen Abschätzung des Einflusses der verschiedenen spezifischen Eigenschaften einer Innovation auf den Ausbreitungsprozeß, indem sie bis zu fünfzehn Merkmale analysieren[15]. Eine von ihnen durchgeführte Faktorenanalyse für landwirtschaftliche Betriebe brachte eine Reduktion auf fünf "Supervariable", die weitgehend identisch mit den von Mohr[16] genannten Kriterien

a) relative Vorteilhaftigkeit der Innovation
b) Vereinbarkeit der Innovation mit den vorhandenen Produktionsbedingungen
c) Komplexität der Innovation
d) Erprobbarkeit der Innovation
e) Beobachtbarkeit des Erfolges der Innovation
f) Ausreifungsgrad der Innovation

sind.

Bei der Betriebsstruktur haben sich

- Unternehmensgröße
- Ausbildungsstand und Motivation
- Organisation
- finanzielle und wirtschaftliche Situation
- Produktionsprogramm und
- Autonomiegrad des Unternehmens

als relevante Größen zur Erklärung des Innovationsverhaltens erwiesen.

2. Der Einfluß des technischen Fortschritts auf die Regionalentwicklung

Zur Analyse des Einflusses des technischen Fortschritts auf die Regionalentwicklung sei von zwei Regionen 1 und 2 ausgegangen, die durch identische Cobb-Douglas-Produktionsfunktionen gekennzeichnet sind; es gelten die Voraussetzungen der neoklassischen Produktionstheorie, insbesondere die Substitutionalität der Produktionsfaktoren, das Fehlen von sachlichen und räumlichen Präferenzen sowie eine interregionale Mobilität der Produktionsfaktoren, wobei die Arbeitskräfte (das Sachkapital) auf Entlohnungsunterschiede (auf Rentabilitätsunterschiede) reagieren.

Bei zunächst konstant gehaltener Nachfrage läßt sich folgendes Ergebnis ableiten[17]: Eine Innovation ist für einen Wirtschaftsraum um so günstiger für eine Steigerung der Produktion,

1. je ausgeprägter die technologische Fortschrittsrate ist. Von zwei Innovationen I und II, die mit Fortschrittsraten von f_I und f_{II} verbunden sind, ist - ceteris paribus - I für die Entwicklung der Region günstiger als II, wenn $f_I > f_{II}$ ist;

2. je länger die Region ein Monopol für diese Innovation besitzt, je geringer also die Adaptionsgeschwindigkeit ist. Ist $f_I = f_{II}$ und dauert es $t_n - t_o$ ($t_m - t_o$), um I (II) in dem anderen Wirtschaftsraum zu adaptieren,

so trägt I dann mehr zur regionalen Entwicklung als II bei, wenn $t_n - t_o > t_m - t_o$ ist;

3. je höher die Angebotselastizitäten von Arbeit und Kapital sind, je flexibler also Produktionsfaktoren auf eine Steigerung von Lohn- und Zinssatz reagieren. Dies gilt sowohl für eine Steigerung der regionalen Erwerbsquote bzw. Ersparnisse als auch für interregionale Wanderungen.

Nicht so eindeutig ist das Ergebnis auf die Menge der in den Produktionsprozeß eingesetzten Arbeitskräfte. Ist die Steigerung des Outputs durch eine Innovation (g_{y_1}) größer (kleiner) als das mit der Innovation verbundene Wachstum der Arbeitsproduktivität ($g \frac{y_1}{A_1}$), so kommt es zu einer Ausdehnung (Schrumpfung) der Beschäftigungsmöglichkeiten.

Dabei schneidet 1 allerdings auf jeden Fall besser als der erst später adaptierende Wirtschaftsraum 2 ab. Dort geht zunächst die Nachfrage zurück, während die Arbeitsproduktivität konstant bleibt; die Folge ist ein Schrumpfen der Menge der Beschäftigungsmöglichkeiten.

Bisher wurde die Nachfrage als konstant unterstellt, also eine Annahme getroffen, die wenig realistisch ist und im folgenden aufgehoben werden soll. Die Nachfragesteigerung nach den mit der Innovation verbundenen Produkten ist um so größer, je

- geringer die Grenzkosten in 1 im Vergleich zu denen der Region 2 sind.
- höher der Prohibitivpreis ist.
- stärker die Nachfrage auf Preisreduzierungen reagiert.

In diesen Fällen ist es besonders wahrscheinlich, daß der technische Fortschritt nicht zu einem Arbeitsplatzverlust, sondern zu einem -gewinn führt[18].

II. Empirische Analyse des regionalen Innovations- und Adaptionsverhaltens

1. Indikatoren des technischen Fortschritts und ihre regionale Verfügbarkeit

Versucht man, das regionale Innovations- und Adaptionsverhalten empirisch zu erfassen, so steht man vor einer mehrfachen Schwierigkeit:

- Es gibt nicht den Indikator für regionales Innovations- und Adaptionsverhalten, sondern eine Menge möglicher Kriterien mit spezifischen Vor- und Nachteilen.
- Die Ausprägung wichtiger Indikatoren läßt sich nicht aus der amtlichen Statistik entnehmen, sondern muß primärstatistisch erfaßt werden.

Abb. 3: Indikatoren des regionalen Innovations- und Adaptionsverhaltens

	Input		Output	
	Innovation	Adaption	Innovation	Adaption
direkte Erfassung	- F+E-Ausgaben - F+E-Personal - F+E-Fördermittel	- Beschäftigte in Technologietransferagenturen - Messen und Ausstellungen - Beschäftigte in Wirtschaftsberatungsunternehmen	- Anzahl der Patente - Anteil neuer Produkte - Erlöse aus Lizenzen - Pioniergewinne	- Adaptionsrate - Adaptionszeit - Verfahrensrate
indirekte Erfassung		- Qualität der eingesetzten Arbeitskräfte - Unternehmensgröße - sektorale Zugehörigkeit - Autonomiegrad - Gewinnsituation - Größe und Zentralität des Zentrums - Entfernung zu großen Ballungsräumen	- Arbeitsproduktivität - Kapitalproduktivität - regionale Wachstumsrate - Rate des regionalen technischen Fortschritts	

Eine Systematisierung der möglichen und sinnvollen Indikatoren ist unter mehreren Gesichtspunkten möglich:

- Eine erste Einteilung unterscheidet nach einer direkten und indirekten Erfassung des technologischen Standards einer Region. Direkte Kriterien resultieren dabei aus dem Forschungs-, Entwicklungs- und Adaptionsprozeß, indirekte dagegen aus jenen Variablen, die das Innovations- und Adaptionsverhalten determinieren oder aus ihm resultieren. Die direkten Kriterien entstammen in der Regel dem mikroökonomischen, die indirekten dem makroökonomischen Bereich.

- Eine zweite Einstellung differenziert nach den Phasen des Entwicklungsprozesses; hier soll zwischen Innovation und Adaption unterschieden werden.

- Eine dritte Einteilung beruht auf der Unterscheidung von Forschungsinput und -output. Input bezieht sich hierbei auf die im Innovations- und Adaptionsprozeß eingesetzten Produktionsfaktoren, Output auf die in ihm erzielten Erfolge.

Diese Einteilungsmöglichkeiten können kombinativ eingesetzt werden. Abbildung 3 ist das Ergebnis eines solchen Einteilungsversuches.

2. Empirische Erfassung des technischen Standards von Regionen

Aus der Menge der empirischen Untersuchungen, die sich mit dem technologischen Standard von Regionen beschäftigen, sei beispielhaft jene von Meyer-Krahmer[19] ausgewählt[20]. Er unterscheidet in seinen Untersuchungen u.a. zwischen dem Anteil von Unternehmen, die eigene, institutionalisierte Forschung betreiben, zwischen solchen, die Forschungsaufträge "nach außen" vergeben, also interne durch externe Forschung substituieren, und solchen Unternehmen, die keines von beiden tun. Faßt man interne und externe Forschung zu einem Innovationsindikator zusammen, ergibt sich das aus Abbildung 4 hervorgehende Bild (s. übernächste Seite). Auch hier bestätigt sich ein zweifaches Gefälle innerhalb der Bundesrepublik Deutschland, nämlich das zwischen Süden und Norden sowie jenes zwischen Zentrum und Peripherie.

III. Ansatzpunkte einer innovationsorientierten Regionalpolitik[21]

1. Regionale Innovationsbarrieren

Will man erreichen, daß eine Region sich möglichst in der Einführungs- und Wachstumsphase eines Produktlebenszyklus plaziert, müssen regionale Innovationshemmnisse beseitigt oder doch zumindest abgebaut werden. Solche Innovationshemmnisse können im Verhalten der Unternehmen selbst begründet sein, aber auch unternehmensextern, also durch regionale und (oder) überregionale Faktoren, verursacht werden.

Hier interessieren ausschließlich die regionalen Faktoren[22], von denen zunächst die Güte der Infrastruktur angeführt sei. Vor allem gut geführte, flexible und wachsende Unternehmen mit einem hochqualifizierten Mitarbeiterstamm reagieren sensibel auf Infrastrukturdefizite, so daß die Infrastruktur über Auswirkungen auf die Standortentscheidungen von Unternehmen die räumliche Verteilung des technischen Fortschritts mitbestimmt.

Die Güte eines regionalen Informationssystems läßt sich mit Hilfe der Zeit messen, die vergeht, bis Unternehmen in einem Wirtschaftsraum eine Innovation adaptieren, die in einer anderen Region getätigt worden ist. Von einer solchen guten Informationsverarbeitung ist dann auszugehen, wenn der Innovator seinen Sitz in möglichst geringer räumlicher Entfernung - möglichst in der Region selber - hat und die Informationsgeschwindigkeit zwischen dem Innovator und dem nachahmenden Unternehmen möglichst groß ist. Sie läßt sich über Informationsinfrastruktur wie Messen und Ausstellungen, Informationsstränge (Telekommunikation), Beratungsstellen usw. erhöhen.

Der technologische Standard einer Region ist dann hoch, wenn der Anteil von Unternehmen in neuen, wachstumsintensiven Wirtschaftszweigen überdurchschnittlich ist. Ein solcher Tatbestand ist dann zu erwarten, wenn

- die soziale Umwelt innovationsfreundlich ist, also gute Standortvoraussetzungen für neue, innovative Unternehmen bestehen,
- das Image einer Region diesen guten Voraussetzungen entspricht, da Unternehmen nicht nach den wirklichen, sondern den vermuteten Standortvoraussetzungen entscheiden,
- die politischen Entscheidungsträger einschließlich der Verwaltung ihre Beratungsfunktion in bezug auf diese Unternehmen effizient erfüllen[23].

Andernfalls kommt es zu einer "Verkrustung" der Wirtschaft, die zunehmend innovationsfeindlich wird und das ökonomische Wachstum einer Region behindert. Von daher haben auch soziale Umwelt, Image und politisch-institutionelle Größen einen erheblichen Einfluß auf die Innovationskraft von Regionen.

Abb. 4: Innovationsorientierte Regionstypen

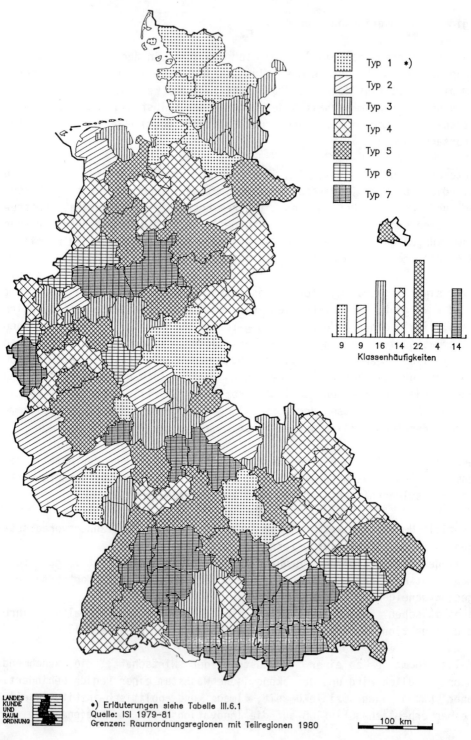

*) Erläuterungen siehe Tabelle III.6.1
Quelle: ISI 1979–81
Grenzen: Raumordnungsregionen mit Teilregionen 1980

2. Möglichkeiten zur Überwindung regionaler Innovationsbarrieren

Rein logisch kann eine Erhöhung des Innovationspotentials einer Region dadurch erreicht werden, daß

- bisher nicht-innovierende Firmen zu entsprechenden Aktivitäten motiviert werden.
- bereits innovierende Firmen angeregt werden, ihre Aktivitäten in quantitativer und qualitativer Hinsicht zu verstärken.
- Existenzgründungen mit technologieorientiertem Schwerpunkt in der Region durchgeführt werden.

Welche Instrumente stehen nun zur Verfügung, diese Ziele durch eine Verbesserung der regionalen Innovationsbedingungen zu erreichen? Technologietransfer besteht wie jede Informationsübermittlung immer in der Übermittlung von Wissen zwischen einem "Sender" und einem "Empfänger". Von daher können die Instrumente zur Verbesserung der regionalen Innovationsbedingungen sowohl im Betrieb, also bei der Verstärkung des "Empfängers", als auch bei der Verbesserung des

---

Erläuterungen zu Abb. 4:

Raumordnungs-regionen nach ihrer Zugehörig-keit zu den Regionstypen	1 Innov.-dichte 15%; externe FuE unter- bis überdurchschn.	2 Innov.-dichte 15 bis 25%; unterdurchschn. externe FuE	3 Innov.-dichte 15 bis 25%; durchschn. u. überdurchschn. externe FuE	4 Innov.-dichte 25 bis 35%; unterdurchschn. externe FuE	5 Innov.-dichte 25 bis 35%; durchschn. u. überdurchschn. externe FuE	6 Innov.-dichte 35%; unterdurchschn. externe FuE	7 Innov.-dichte 35%; durchschn. u. überdurchschn. externe FuE
3 Berlin					Berlin (750)		
4 mit Verdichtungs-ansätzen	Mittelholstein (20) Bremerhaven-Teilregion a (71) Nordhessen (330) Rhein-Main-Taunus-Teilregion a (380) Westpfalz (430)	Mittelhessen (340) Rheinhessen-Nahe (410)	Ostholstein (40) Bremerhaven-Teilregion b (72) Wilhelmshaven (80) Rheinpfalz-Teilregion a (421) Donau-Iller (510)	Braunschweig (150) Göttingen (160) Hochrhein (550) Regensbg. (670) Donau-Iller (710)	Oldenburg (100) Osnabrück (120) Hildesheim (140) Paderborn (190) Mittelrhein-Westerwald (390) Franken (460) Südl. Oberrhein (540)	Münster-Teilregion a (171) Siegen (300)	Münster-Teilregion b (172) Nordschwarzwald (480) Neckar-Alb (520) Bayrischer Untermain (570) Würzburg (580) Augsburg (650)
5 ländlich geprägt	Schleswig (10) Dithmarschen (30) Westmittelfranken (640)	Ostfriesland (90) Hannover-Teilregion a (141) Trier (400) Main-Rhön (590) Ingolstadt (660)	Sauerland-Teilregion a (201) Osthessen-Teilregion a (351)	Emsland (110) Oberfranken-Ost (610) Oberpfalz-Nord (620)	Lüneburg (60) Osthessen-Teilregion b (352) Ostwürttemberg (500) Donau-Wald (680)	Landshut (690)	
6 Alpenvorland					Schwarzwald-Baar-Heuberg (530) Südostoberbayern (740)		Bodensee-Oberschwaben (560) Allgäu (720) Oberland (730)

1) Nummern der Raumordnungsregionen nach BfLR
Quelle: entnommen aus Frieder Meyer-Krahmer, a.a.O., S. 204 ff.

regionalen Informationsangebots, also der Verstärkung des "Senders", ansetzen. In Abbildung 5 ist der Versuch einer Systematisierung gemacht worden.

Abb. 5: Möglichkeiten zur Verbesserung der regionalen Innovationsbedingungen

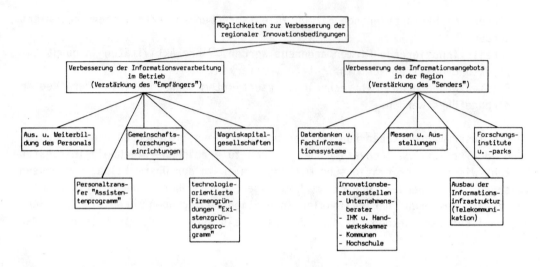

Die Politik bedient sich in großer Intensität dieser Möglichkeiten; einzelne Förderprogramme liegen in so großer Anzahl vor, daß ihre einzelne Erwähnung hier unmöglich ist[24]. Von besonderem Stellenwert sind, analysiert man die Programme auf ihren Förderansatz hin, offensichtlich

- Technologie- und Innovationsberatungsstellen[25]
- technologieorientierte Existenzgründungsprogramme[26]
- Technologiezentren[27]
- Projektförderung einschl. Aus- und Weiterbildungsprogramme[28].

Die Standorte von Technologieberatungsstellen und -zentren gehen aus den Abbildungen 6 und 7 hervor.

Abb. 6: Innovations- und Technologieberatung

Abb. 7: Technologiezentren

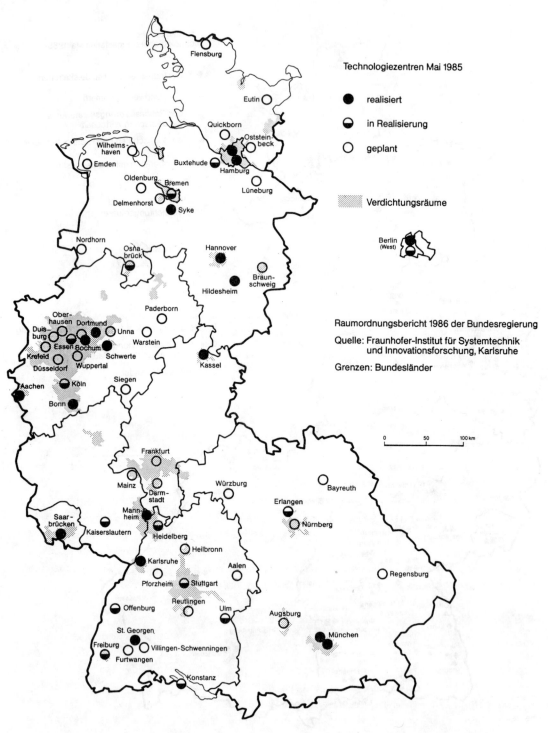

3. Kritische Reflexion der Möglichkeiten und Voraussetzungen einer innovationsorientierten Regionalpolitik

Gegen eine Regionalpolitik, die sich auf Innovation und Adaption konzentriert, lassen sich u.a. folgende Argumente anführen:

a) Eine Größe wird zum Standortfaktor, wenn sie

- einen spürbaren Einfluß auf die Entscheidungsfindung in Unternehmen hat
- und sich in ihrer Standortqualität zwischen Raumpunkten fühlbar

unterscheidet.

In bezug auf Forschung und Entwicklung sind diese beiden Voraussetzungen nicht unumstritten. Es wird vielmehr behauptet, "daß die Verwendung von Forschungsergebnissen nicht auf die räumliche Umgebung der Forschungseinrichtung beschränkt ist, so daß bei einer hochentwickelten Kommunikationsinfrastruktur regionale Forschungskapazitäten keinen Wachstumsvorteil mehr begründen können"[29].

b) Aber auch dann, wenn die Möglichkeiten zum Technologietransfer einen Standortfaktor darstellen, ist keineswegs eine Wirkungskette garantiert, die zu einem größeren Maß an Zielerreichung führt. Ein solcher Erfolg ist an das Vorliegen bestimmter Wettbewerbsverhältnisse, Angebots- und Nachfrageelastizitäten sowie linkages gebunden[30].

c) Die Menge der hochinnovativen Arbeitsplätze ist eng begrenzt; ihr Anteil an der Menge aller Beschäftigungsmöglichkeiten wird auf 1-3 % geschätzt. Arbeitsmarktverhältnisse über dieses Teilsegment verbessern zu wollen, erscheint problematisch. Die Beschäftigungsausweitungen in den USA und in Japan zeigen, daß die Menge neuer Arbeitsplätze nicht im Forschungsbereich, sondern bei den privaten Dienstleistungen angefallen sind. Auch ein weiteres Beispiel verdeutlicht die begrenzten Möglichkeiten einer innovationsorientierten Regionalpolitik zur Ausweitung des Angebotes an Arbeitsplätzen: In der EDV-Industrie arbeiten in der Bundesrepublik Deutschland weniger Menschen, als im Sektor Metallerzeugung und -verarbeitung in den letzten Jahren an Beschäftigungsmöglichkeiten verlorengegangen sind. Auch vor dem Hintergrund dieser Erfahrungen erhebt sich die Frage, ob Innovation und Adaption wirklich die regionalen Engpaßfaktoren darstellen.

d) Der regionalisierte Technologietransfer muß sich, wie jede andere gesellschaftliche Maßnahme, einer Nutzen-Kosten-Betrachtung stellen. Die Erfahrungen zeigen, daß zumindest einige der eingesetzten Instrumente einer solchen kritischen Betrachtung kaum standhalten dürften. Dies gilt insbesondere für Technologiezentren, die - wie insbesondere niederländische Erfahrungen zeigen - zu Orten der Dauersubventionierung werden; sie leisten zwar Geburtshilfe für Unternehmen, können ihnen aber nur schwer das selbständige Laufen beibringen[31].

e) Häufig wird behauptet, daß die Instrumente zur Beschleunigung von Innovation und Adaption nicht nur wirkungslos in bezug auf das angestrebte Ziel sind, sondern sogar mit überwiegend negativen Effekten verbunden sind. Diese Auffassung gründet sich vor allem auf folgende Argumente:

- Wie bei fast allen Förderprogrammen muß der Staat selektieren. Hierzu muß er aber Vorstellungen darüber haben, wie sich die Gesellschaft, hier im Hinblick auf technische Neuerungen, entwickeln soll. In einer freiheitlichen, pluralistischen Gesellschaft ist der Staat mit einer solchen Aufgabe nicht nur überfordert, sondern maßt sich hierdurch Kompetenz an, die ihm nicht zusteht.

- Unternehmen passen sich an Förderprogramme an. Geforscht wird nicht mehr in den Bereichen, die als marktgünstig angesehen werden, sondern in solchen, für die Fördertöpfe existieren. Hierdurch kommt es im ungünstigen Fall zu einer Verzerrung der Forschungsstruktur, im günstigsten Fall zu reinen Mitnahmeeffekten.

- Die Förderprogramme entwickeln eine Eigendynamik mit einer ausufernden Bürokratie, die letztlich wiederum zu einer sehr teuren Strukturkonservierung führen[32].

f) Gelingt es durch einen regionalisierten Technologietransfer wirklich, Innovationen schneller auf zu fördernde Regionen zu übertragen, verkürzen sich die Einführungs- und Wachstumsphase im Produktlebenszyklus. Dies hat negative Auswirkungen auf die Höhe der beim Innovator anfallenden Monopolgewinne, ein Tatbestand, der sich negativ auf das Innovationsverhalten von Pionierunternehmen auswirken kann.

g) In den einzelnen Phasen der Marktexistenz eines Produktes herrschen unterschiedliche Produktionsbedingungen vor. Da die Regionen nicht gleichmäßig mit Produktionsfaktoren ausgestattet sind, haben sie in den einzelnen Phasen des Produkt-Lebenszyklus komparative Kosten- und damit Wettbewerbsvorteile. Regionen mit einer reichlichen Ausstattung von Sachkapital, vor allem mit hochqualifizierter Arbeit, dominieren in der Innovationsphase. Ist das Produkt ausgereift, verbessert sich die Wettbewerbsposition von Wirtschaftsräumen mit einer mittleren Sachkapital- und einer reichen Ausstattung mit gelernter Arbeit, während in der Standardisierungsphase die komparativen Kostenvorteile bei Regionen liegen, die über relativ wenig

Sach- und Humankapital verfügen[33]. Es ist für Regionen erfolgversprechender, auf ihre eigenen Stärken zu setzen, als im interregionalen Wettbewerbsprozeß innovative Regionen mit ganz anderen Standortvoraussetzungen kopieren zu wollen.

h) Außerdem muß bezweifelt werden, ob es für eine Region überhaupt erstrebenswert ist, ausschließlich relativ neue Produkte mit innovativen Produktionsverfahren herzustellen. Das Profil von Arbeitsplatzangebot und -nachfrage würde nicht zusammenpassen; es käme zur strukturellen Arbeitslosigkeit, die vor allem die weniger gut ausgebildete Bevölkerung treffen würde. Um auch ihnen Beschäftigungsmöglichkeiten zu geben, ist es sinnvoller, ein Produktionsprogramm anzustreben, in dem Produkte aus allen Teilen des Lebenszyklus vertreten sind[34].

C. Schlußteil

Resümee und Ausblick

Im Rahmen dieses Beitrages wurden die Grenzen und Möglichkeiten einer innovationsorientierten Regionalpolitik überprüft. Nach ihrer Definition wurde(n) zur Erreichung des gesetzten Zieles

- zunächst Theorien zur räumlichen Entstehung und Verbreitung des technischen Fortschritts kurz vorgestellt und überprüft, welche Auswirkungen Innovation und Adaption auf die Regionalentwicklung unter welchen Voraussetzungen haben;

- anschließend dargelegt, welche Indikatoren zur Messung des technischen Fortschritts sinnvoll und in der amtlichen Statistik verfügbar sind; hierauf folgte eine exemplarische Anwendung zur Messung des technischen Standards von Regionen in der Bundesrepublik Deutschland;

- mögliche regionale Innovationsbarrieren aufgezeigt und Instrumente dargestellt, die ihre Überwindung ermöglichen.

Abschließend erfolgte eine kritische Reflexion der Möglichkeiten und Voraussetzungen einer innovationsorientierten Regionalpolitik. Da ihre Wirksamkeit an enge Voraussetzungen gebunden ist und durchaus plausible Gründe dafür sprechen, daß die mit ihr verbundenen negativen Effekte keine zu vernachlässigenden Größen darstellen, muß vor ihrer unkritischen Übernahme gewarnt werden. Andere regionalpolitische Instrumente werden häufig mit einer größeren Effizienz verbunden sein.

Anmerkungen

1) Vgl. Frieder Meyer-Krahmer: Erfassung regionaler Innovationsdefizite, Heft Nr. 06.054 der Schriftenreihe 06 "Raumordnung" des Bundesministers für Raumordnung, Bauwesen und Städtebau, Bonn-Bad Godesberg 1984, S. 108.

2) Institut für Weltwirtschaft: Im Anpassungsprozeß zurückgeworfen, Band 185 der Kieler Studien, Tübingen 1984, S. 4ff.

3) Der Bundesminister für Arbeit und Sozialordnung: Die Standortwahl der Betriebe in der Bundesrepublik Deutschland und Berlin (West), Bonn 1982, S. 10ff.

4) Vgl. H.W. Richardson: Regional Growth Theory, London 1973, S. 113ff. Siehe auch M.M. Opp: Die räumliche Diffusion des technischen Fortschritts in einer wachsenden Wirtschaft, Baden-Baden 1974.

5) Vgl. L.A. Brown: Diffusion Dynamics, A Review and Revision of the Quantitative Theory of the Spatial Diffusion of Innovation, Lund 1968, S. 23 und D.G. Kendall: Discussion of M.S. Bartlett's Measles, Periodicity, and Community Size. In: Journal of the Royal Statistical Society, Series A, Vol. 120, 1957, S. 64-67.

6) Vgl. St.C. Dodd: Testing Message Diffusion in Harmonic Logistic Curves. In: Psychometrika, Vol. 21, 1956, S. 191-205; zum empirischen Test der logistischen Adaptionsfunktion vgl. L.A. Brown: Diffusion Processes and Location, Bibliography Series Number Four, Philadelphia 1968, S. 73 und Z. Griliches: Hybrid Corn: An Exploration in the Economics of Technological Change. In: Econometrica, Vol. 25, 1957, S. 501-522.

7) R.L. Morell: Waves of Spatial Diffusion. In: Journal of Regional Science, Vol. 8, 1968, S. 1-18.

8) M.J. Beckmann: The Analysis of Spatial Diffusion Processes. In: Papers of the Regional Science Association, Vol. XXV, 1970, S. 109-117; vgl. auch R.Q. Hanham/L.A: Brown: Diffusion Waves within the Context of Regional Economic Development. In: Journal of Regional Science, Vol. 16, 1976, S. 65-71.

9) Vgl. T. Hägerstrand: Innovation Diffusion as a Spatial Process, Lund, Sweden 1967; derselbe: Aspects of the Spatial Structure of Social Communication and the Diffusion of Information. In: Papers and Proceedings of the Regional Science Association, Vol. XVI, 1966, S. 27-42; derselbe: A Monte Carlo Approach to Diffusion. In: Archives Europeennes de Sociologie, Vol. VI, 1965, S. 43-67; derselbe: Quantitative Techniques for the Analysis of the Spread of Information and Technology. In: Education und Economic Development; Hrsg. C.A. Anderson/M.J. Bowman, Chicago, Aldine, 1965, S. 244-281.

10) Vgl. H. Siebert: Zur interregionalen Verteilung neuen technischen Wissens. In: Zeitschrift für die gesamte Staatswissenschaft, Bd. 123, S. 231-263.

11) Vgl. H.W. Richardson: Regional Growth Theory, London 1973.

12) Vgl. A.L. Brown: Diffusion on Innovation: A Macroview. In: Economic Development and Cultural Change, Vol 17 (1969), S. 189ff. Siehe auch P.O.

Pedersen: Innovation Diffusion within and between National Urban Systems. In: Geographical Analysis, Vol. 2 (1970), S. 206ff.

13) Vgl. T. Hägerstrand: Aspects of the Spatial Structure of Social Communication and the Diffusion of Information. In: Papers and Proceedings of the Regional Science Association, Vol. XVI 1966, S. 27-42.

14) H.-W. Mohr: Bestimmungsgründe für die Verbreitung von neuen Technologien, Berlin 1977, S. 50.

15) Vgl. F.C. Fliegel/J.E. Kivlin: Attributes of Innovation as Factors in Diffusion. In: American Journal of Sociology, Vol. 72 (1966), S. 235-248.

16) H.-W. Mohr, a.a.O., S. 70.

17) Vgl. Hans-Friedrich Eckey: Forschung und Entwicklung im Ruhrgebiet, Essen 1984, S. 9ff.

18) Die Veränderung der Produktion in einem Sektor einer Region hat über forward- und backward-linkages Auswirkungen auf andere ökonomische Aktivitäten, die sich über Input-Output-Beziehungen erfassen lassen. Da sie für Regionen nicht erfaßt sind und damit eine empirische Erfassung nicht möglich ist, sei auf diese Folgeeffekte nicht näher eingegangen. Wegen der Ausnutzung von Fühlungsvorteilen ist es allerdings wahrscheinlich, daß die übrigen Wirtschaftszweige des betrachteten Wirtschaftsraumes sensibler reagieren als diejenigen anderer Regionen.

19) Vgl. Frieder Meyer-Krahmer, a.a.O.

20) Eine Reihe von Indikatoren, die den Stand von Forschung und Technologie in den Regionen der Bundesrepublik Deutschland beschreiben, finden sich im Raumordnungsbericht 1986 (Bundestagsdrucksache 10/6027 vom 19.9.1986), so das wissenschaftliche Personal außerhalb der Wirtschaft, die Projektförderung des Bundesministers für Forschung und Technologie, der Personalkostenzuschuß für Forschung und Entwicklung des Bundesministers für Wirtschaft, die Innovations- und Technologieberatungsstellen sowie die Technologiezentren.

21) Vgl. H.-J. Ewers und R. Wettmann: Innovationsorientierte Regionalpolitik, Heft Nr. 06.042 der Schriftenreihe 06 des Bundesministers für Raumordnung, Bauwesen und Städtebau, Bonn-Bad Godesberg 1980.

22) Zu den unternehmensinternen Faktoren vgl. die behavioristischen Modelle in Kapitel B.I.1.

23) Vgl. hierzu die ausführliche Darstellung bei Volker Nienhaus und Helmut Karl: Flexibilitätsbarrieren und Flexibilitätsforschung, Bochum 1987.

24) Vgl. die sehr gute, periodisch wiederkehrende Übersicht in den Sondernummern der Zeitschrift für das gesamte Kreditwesen: Die Finanzierungshilfen des Bundes und der Länder an die gewerbliche Wirtschaft.

25) Siehe beispielhaft Peter Kayser: Technologie-Transfer (Forderungen, Voraussetzungen, Perspektiven). In: Innovation 2 (Januar/Februar 1985), S. 130ff.

26) Vgl. hierzu Susanne Clobes: Technologieorientierte Existenzgründungen (Bestandsaufnahme und Modellentwicklung), Diplomarbeit, Kassel 1987.

27) Eine gute Darstellung der Möglichkeiten und Grenzen von Technologieparks findet sich bei Ulrich Brösse: Technologietransfer mittels Technologiezentren, Heft Nr. 1/85 des Ruhr-Forschungsinstituts für Innovations- und Strukturpolitik (RUFIS), Bochum 1985 und Heinz Schrumpf: Technologieparks als Instrument der kommunalen Wirtschaftsförderung, Nr. 2/84 des RUFIS, Bochum 1984.

28) Nähere Informationen finden sich im Schwerpunktheft 7./8. 1980 der Informationen zur Raumentwicklung und bei Hans-Jürgen Ewers und Herbert Krist: Institutionelle Formen der Innovationsförderung in der Bundesrepublik Deutschland, Diskussionspapier 79-100 des Internationalen Instituts für Management und Verwaltung, Berlin.

29) K. Geppert, W. Kirner, E. Schulz und D. Vesper: Die wirtschaftliche Entwicklung der Bundesländer in den 70er und 80er Jahren, Berlin 1987, S. 420.

30) Vgl. Kapitel B.I.2.

31) Vgl. Heinz Schrumpf, a.a.O., S. 28f.

32) Diese auf die Prozeßpolitik im allgemeinen vor allem von Hayek angewandten Argumente wurden in bezug auf die Technologiepolitik vor allem von Staudt aufgenommen und fortgeführt. Zu einer zusammengefaßten Darstellung vgl. E. Staudt: Der technologiepolitische Aktivismus in der Bundesrepublik. In: Wirtschaftsdienst 1985/IX, S. 464ff.

33) Diese Theorie des "technological geaptrade" geht auf Krawis und Posner zurück; sie wurde von Lorenz, Vernon und Hirsch weiterentwickelt. Siehe beispielhaft I.B. Krawis: Availability and other influences on the composition of trade. In: Journal of Political Economy (Band 64/1956), S. 143ff. Ein guter, konzentrierter Überblick findet sich bei D. Bender: Außenhandel. In: Vahlens Kompendium der Wirtschaftstheorie und Wirtschaftspolitik, Band 1, 2. Aufl., München 1984, S. 434ff.

34) Siehe hierzu den Beitrag von Strassert in diesem Band.

Strategisches Management, regionalisierte Wirtschaftsförderung und Beschäftigungspolitik

Ein konzeptioneller Vorstoß

von
Günter Strassert, Karlsruhe

Gliederung

I. Problemstellung

II. Vom Unternehmensportfolio zum Regionalportfolio

    1. Zum theoretischen Konzept des Unternehmensportfolios
    2. Das Regionalportfolio: ein heuristisches Konzept
    3. Zum Strategieproblem

III. Charakteristika einer "regionalisierten Wirtschaftsförderung"

    1. Regionalportfolio und "Wirtschaftsförderung"
    2. Regionalisierung von Regionalportfolio und Wirtschaftsförderung

Literatur

Anmerkungen

I. Problemstellung

"Strategisches Management" ist ein Sammelbegriff für die in der Betriebswirtschaftslehre elaborierten Paradigmen und Konzepte für die Steuerung der langfristigen Entwicklung von Unternehmen[1]. Vorläufer war die sogenannte Strategische Unternehmensplanung, die Anfang der siebziger Jahre als Folge der Forschungsinitiativen des General Electric Konzerns und auf der Grundlage der Portfolio-Analyse der Boston-Consulting Group entstand. Zentraler Analysebereich ist das Produktionsprogramm, d.h. die Gesamtheit der Produktionsaktivitäten[2] eines Unternehmens. Aus dieser Perspektive wird der Begriff Portfolio verwendet, um das Kernproblem der Aktivitäten-Kombination (in Analogie zum Mischungsproblem bei einem Wertpapier-Portfolio) hervorzuheben. Darstellungsmittel des Aktivitäten-Portfolios eines Unternehmens (kurz: Unternehmensportfolio) ist ein Klassifikationsschema, das eine grafische Synopse der "Positionen" der Produktionsaktivitäten liefert[3]. Das Problem der Aktivitäten-Kombination äußert sich in Fragen nach der Zweckmäßigkeit der Umgestaltung (Diversifikation) eines gegebenen Unternehmensportfolios durch Ausweitung, Neuaufnahme, Einschränkung oder Aufgabe von Produktionsaktivitäten[4].

Im Prinzip handelt es sich hier um eine multikriterielle Entscheidungsproblematik, die formal dem Vektor-Maximum-Problem entspricht[5]. Diese entscheidungstheoretische Basis begründet auch die sachliche Verbindung zur staatlichen Wirtschaftsförderung: das Problem der Aktivitäten-Kombination stellt sich für eine staatliche Instanz der Wirtschaftsförderung (z.B. eines Bundeslandes) prinzipiell ebenso wie für ein diversifiziertes Unternehmen.

In Analogie zum Aktivitäten-Portfolio eines Unternehmens (Unternehmensportfolio) kann die Gesamtheit der Produktionsaktivitäten auf dem Territorium der staatlichen Instanz der Wirtschaftsförderung als regionales Aktivitäten-Portfolio (kurz: Regionalportfolio) aufgefaßt werden. Gleichwohl sind die Aufgaben (ausgedrückt durch Zielsetzungen) sowie die Handlungsmöglichkeiten der staatlichen Instanz im Vergleich zu einem Unternehmen verschiedener Art.

Der Begriff des Regionalportfolios wird im folgenden, nach Beleuchtung seines theoretischen Hintergrundes, als ein heuristischer Begriff für konzeptionelle Überlegungen über eine "regionalisierte Wirtschaftsförderung" verwendet[6]. Dabei wird, soweit möglich, ein beschäftigungspolitischer Bezug hergestellt.

II. Vom Unternehmensportfolio zum Regionalportfolio

1. Zum theoretischen Konzept des Unternehmensportfolios

Konstitutive Begriffe des Konzepts[7] sind:

(1) die Finanzmittel-Restriktion (Cash-Flow-Restriktion)
(2) das Absatzpotential
(3) der Marktanteil
(4) die Entwicklungsphase.

ad (1)
Für die Gesamtheit der Produktionsaktivitäten gilt die Bedingung, daß der Finanzmittelbedarf (Cash Ausgaben) für Betriebskosten und Investitionen im Periodenablauf mindestens gedeckt wird durch Finanzmittelrückflüsse (Cash Einnahmen) aus Absatzerlösen. Diese Funktionsbedingung gilt nur für das gesamte Unternehmensportfolio und nicht für eine einzelne Produktionsaktivität. Den

einzelnen Produktionsaktivitäten können je nach Entwicklungsphase (hierzu weiter unten) unterschiedliche Mittelfluß-Salden zugeordnet sein, die unternehmensintern gepoolt und im Rahmen des Alimentationsverbundes der Produktionsaktivitäten verrechnet werden. Ein solcher, im Sinne der Portfolio-Analyse verstandener Mittelfluß-Saldo wird im folgenden als "Net-Cash-Flow" bezeichnet[8].

ad (2)
Der Finanzmittelbedarf je Aktivität hängt von der Outputmenge ab, und diese wiederum ist abhängig von der Aufnahmekapazität des Marktes (Absatzpotential). Die Inanspruchnahme des Absatzpotentials äußert sich in der Absatzentwicklung bzw. in entsprechenden Wachstumsraten.

ad (3)
Nach der empirisch fundierten "Theorie der Erfahrungskurve"[9] ist der Marktanteil eines Unternehmens (je Produktionsaktivität gemessen am Umsatz des größten vergleichbaren Unternehmens) ein besonders geeigneter Indikator für den Finanzmittelrückfluß. Ein größerer Marktanteil weist auf ein größeres "Kostensenkungspotential" hin als Folge des Zusammenspiels von Skalenerträgen, Marktmacht und insbesondere von "akkumulierter Erfahrung"[10]. Der Finanzmittelzufluß verbessert sich in dem Maße, wie der Preis langsamer sinkt als die Stückkosten.

ad (4)
Die Verrechnung der Net-Cash-Flows erfolgt im Rahmen einer bestimmten Ordnung der Produktionsaktivitäten nach Entwicklungsphasen (Phasengefüge). Der Net-Cash-Flow (NCF) für eine Produktionsaktivität ist je nach der Entwicklungsphase, in der sich die Produktionsaktivität befindet, dem Vorzeichen und der Höhe nach verschieden (Bild 1). Es werden sechs Entwicklungsphasen unterschieden[11]:

- die Phase der Einführung einer Produktionsaktivität in das Produktionsprogramm der Unternehmung (Einführungsphase)
- die Phase der Absatzsteigerung und Kapazitätserweiterung (Ausweitungsphase)
- die Phase der abgeschwächten Absatz- und Kapazitätsentwicklung (Abschwächungsphase)
- die Phase der retardierenden Absatz- und Kapazitätsentwicklung (Stagnationsphase)
- die Phase der rückläufigen Absatzentwicklung und der Konsolidierung von Überkapazitäten (Rückbildungsphase)
- die Phase der Produktionseinstellung (Aufgabephase).

Die Zuordnung von Produktionsaktivitäten zu Entwicklungsphasen hängt ab von der Art der "Karriere" einer Produktionsaktivität in Form der Absatzentwicklung. Die Karriere findet zwischen den Zeitpunkten der Produktionsaufnahme zu Beginn der Einführungsphase und dem Zeitpunkt der Produktionseinstellung am Ende der Aufgabephase statt. Eine gelungene Karriere umfaßt alle sechs Phasen (von mehr oder weniger langer Dauer und Ausprägung), eine mißlungene Karriere ist dagegen durch das Ausbleiben von Phasen gekennzeichnet, im Extremfall endet die Einführungsphase sogleich in der Aufgabephase.

Das theoretische Konzept des Unternehmensportfolios läßt sich anhand eines einfachen Klassifikationsschemas darstellen. Das nachstehende Sechs-Felder-Schema (Bild 1) wird durch zwei Nominalskalen, jeweils mit den Klassen "groß" und "klein" gebildet, wobei sich diese Skalen auf die beiden Begriffe Absatzpotential und Marktanteil beziehen. Im Falle des Absatzpotentials ist die Klasse "klein" zweigeteilt, um positive und negative Wachstumsraten des Absatzes ("r pos."; "r neg.") unterscheiden zu können[12]. Die Eintragungen in den Feldern beziehen sich auf die beiden anderen Begriffe, das heißt auf den Zusammenhang von Finanzmittelrestriktion bzw. Net-Cash-Flows und Entwicklungsphasen.

Von besonderer finanzwirtschaftlicher Bedeutung sind die Produktionsaktivitäten mit ausgeprägt positivem Net-Cash-Flow, da ihnen die Funktion des Finanzmittelrückflusses (Cash Generators) obliegt. Diese Produktionsaktivitäten werden, der "Phasentheorie" zufolge, schwerpunktmäßig der Stagnations- und der Rückbildungsphase zugeordnet. Die Produktionsaktivitäten mit ausgeprägtem negativem Net-Cash-Flow (Cash Absorbers) werden schwerpunktmäßig der Ausweitungs- und der Abschwächungsphase zugeordnet.

Diese Annahmen sind in Bild 1 mit "NCF ⊕ " bzw. "NCF ⊖ " gekennzeichnet.

Die oben angesprochenen Karriereverläufe sind durch Pfeile angedeutet (Bild 1).

Ist mit Hilfe des Klassifikationsschemas ein Unternehmensportfolio erstellt, dient diese Synopse dazu, die Positionen der Produktionsaktivitäten zu überdenken. Das heißt, daß mit Blick auf die Finanzmittelrestriktion Grundsatzentscheidungen über Investitionen zu treffen sind. Dabei sind drei "Strategien" zu unterscheiden:

(1) Neue Investitionen
(2) Ersatzinvestitionen (Wiederholung "alter" Investitionen)
(3) Desinvestitionen ("Rückbau").

Die Strategie "Neue Investitionen" ist auf technische Innovationen und Kapazitätserweiterung ausgerichtet. Diese Strategie kann in Bild 1 den Produktionsaktivitäten in den Entwicklungsphasen "Einführung", "Ausweitung" und "Abschwächung" zugeordnet werden.

Bild 1: Klassifikationsschema für das Unternehmensportfolio

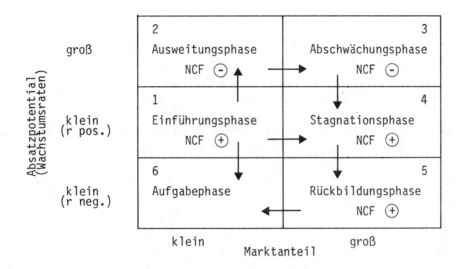

Die Strategie "Ersatzinvestitionen" bezweckt das möglichst lange Festhalten an Produktionsaktivitäten, die als Finanzmittelbeschaffer (Cash Cows) dienen. Für die schematische Zuordnung dieser Strategie kommen in erster Linie die Produktionsaktivitäten in der Rückbildungsphase, in zweiter Linie auch die Produktionsaktivitäten in der Stagnationsphase in Frage[13].

Die Strategie "Desinvestitionen" zielt auf den kompletten Kapazitätsabbau ab, entweder bei alten Produktionsaktivitäten ("Rückbau") oder bei neuen Produktionsaktivitäten (Aufgaben von Fehlinnovationen).

2. Das Regionalportfolio: ein heuristisches Konzept

Das Portfolio-Schema (Bild 1) kann auch zur Darstellung der Gesamtheit der Produktionsaktivitäten in einem Territorium (Region) verwendet werden. Eine solche Synopse wird hier als "Regionalportfolio" bezeichnet. In einem Regionalportfolio seien die einzelwirtschaftlichen Produktionsaktivitäten zu "Branchen" im Sinne von Produktgruppen zusammengefaßt[14].

Unterstellt, alle einzelwirtschaftlichen Produktionsaktivitäten gehörten (irgend-)einem Unternehmensportfolio an - der Sitz der Unternehmen, innerhalb oder außerhalb der Region, ist dabei unerheblich -, dann ist die Menge der in der Region vertretenen Produktionsaktivitäten eine Teilmenge der Menge der Produktionsaktivitäten in Unternehmensportfolios. Mit anderen Worten: das Regionalportfolio ist das Ergebnis einzelwirtschaftlicher Entscheidungen über Unternehmensportfolios.

Für diese Tatsache ist es unerheblich,

- ob Unternehmensportfolios tatsächlich erstellt werden oder nicht (letzteres im Falle von Einbetriebsunternehmen oder im Falle von Mehrbetriebsunternehmen, deren Planungssystem noch nicht entsprechend ausgebaut ist[15]);
- daß die Produktionsaktivitäten nach Branchen klassifiziert werden.

Gleichwohl muß auch das Regionalportfolio Grundlage strategischer Überlegungen sein, da auch die für das Regionalportfolio zuständige staatliche Instanz mit dem prinzipiellen "Mischungsproblem", das heißt mit dem Planungsproblem der Aktivitätenkombination, konfrontiert ist. Gewissermaßen schicksalhaft ist für die staatliche Instanz (im folgenden als "territoriales Wirtschaftsministerium" bezeichnet) die Tatsache, daß alle Produktionsaktivitäten, ob zu Branchen zusammengefaßt oder nicht, Auswirkungen (Input- und Outputeffekte) auf gesellschaftliche Referenzgrößen haben und die Kombination der Produktionsaktivitäten daher den Möglichkeitsbereich für regionalpolitische Standards determiniert[16]. Mit Hilfe des heuristischen Konzepts des Regionalportfolios können neue Ansatzpunkte für die Behandlung des Planungsproblems aufgezeigt werden. Allerdings ist es mit einfachen Analogieschlüssen auf der Grundlage des Unternehmensportfolios nicht getan, wie im folgenden deutlich werden wird.

Die heuristische Funktion der Finanzmittelrestriktion im Unternehmensportfolio muß im Regionalportfolio von Restriktionen übernommen werden, die regionalpolitische Standards (im Sinne von Mindest- oder Höchstbedingungen) ausdrücken. Als ein Beispiel sei die regionale Beschäftigung gewählt. Für die Region sei das angestrebte Beschäftigungsniveau durch den (Mindest-)Standard L* repräsentiert, der oberhalb des Beschäftigungsniveaus zum Ausgangszeitpunkt t_o liege. Daher gilt die Bedingung

(1) $L_{t_o} + \Delta L \geq L^{*)}$

Da die Beschäftigungsveränderung positiv sein muß ($\Delta L \geq 0$), müssen im Falle von i Branchen (i = m+n) Beschäftigungsverluste in einer Teilmenge der Branchen (d.h. in m Branchen) überkompensiert werden durch Beschäftigungsgewinne in allen anderen (n) Branchen. Bezeichne F die Anzahl der "Freisetzungen" und E die Anzahl der "Einstellungen" von Arbeitskräften, kann die Saldogröße ΔL wie folgt beschrieben werden:

(2) $\quad \Delta L = \sum\limits_m (E_m - F_m) + \sum\limits_n (E_n - F_n)$

wobei gilt

(3a) $\quad E_m < F_m, \; \Lambda_m$

(3b) $\quad E_n > F_n, \; \Lambda_n$

und

(3c) $\quad \sum\limits_m E_m + \sum\limits_n E_n > \sum\limits_m F_m + \sum\limits_n F_n$

Diese Betrachtungsweise kann mit dem Portfolioschema verknüpft werden, indem den verschiedenen Feldern bzw. Entwicklungsphasen die als typisch erachteten Relationen von Einstellungen (E) und Freisetzungen (F) zugeordnet werden. Als auf den ersten Blick plausibel kann angenommen werden, daß die Einstellungen die Freisetzungen vor allem in der Einführungs- und der Ausweitungsphase übersteigen, während es in der Rückbildungsphase, insbesondere bei hohen Überkapazitäten, zu einem Überschuß der Freisetzungen kommt; letzteres gilt für die Aufgabephase ohnehin. Der Einfachheit halber wird hier für die anderen Entwicklungsphasen unterstellt, daß ein qualitativer Austausch von Arbeitskräften vorherrscht und Einstellungen und Freisetzungen sich in etwa die Waage halten (Bild 2).

Bild 2: Klassifikationsschema für das Regionalportfolio

Absatzpotential (Wachstumsraten)		Marktanteil	
		klein	groß
groß		2 Ausweitungsphase $E > F$	3 Abschwächungsphase $E \approx F$
klein (r pos.)		1 Einführungsphase $E > F$	4 Stagnationsphase $E \approx F$
klein (r neg.)		6 Aufgabephase $F > E; E \approx 0$	5 Rückbildungsphase $E < F$

3. Zum Strategieproblem

Für die folgenden Überlegungen sei davon ausgegangen, daß das territoriale Wirtschaftsministerium im Gegensatz zu einer Unternehmensleitung nicht über ein Repertoire an imperativen Handlungsmöglichkeiten verfüge, sondern über ein Repertoire an indikativen Handlungsmöglichkeiten. Dementsprechend sei es die erklärte Absicht der staatlichen Instanz, die Unternehmensleitungen durch Anreize und Sanktionen, vorwiegend finanzieller Art, zu einem bestimmten Tun oder Unterlassen zu bewegen. Die finanziellen Anreize bestehen in Transferzahlungen des Staates an Unternehmen, und die finanziellen Sanktionen bestehen in Transferzahlungen der Unternehmungen an den Staat. Diesen beiden Möglichkeiten entsprechend werden zwei Strategien unterschieden:

(1) die "Subventionsstrategie" (Geber-Position)
(2) die "Belastungsstrategie" (Nehmer-Position).

Staatliche Transferzahlungen an Unternehmen sind der Subventionsstrategie und Transferzahlungen von Unternehmen an den Staat der Belastungsstrategie zuzuordnen.

Die Strategie des Weder-Noch (Indifferenzfall) wird hier als (3) die "Laisser-faire-Strategie" (Neutralität-Position) bezeichnet.

Die Entscheidung zugunsten der einen oder anderen Strategie hängt zunächst von der Überprüfung der Beschäftigungsrestriktion (1) und der Nebenbedingungen (2) und (3a-c) ab. Sind alle Bedingungen erfüllt, besteht kein zusätzlicher Handlungsbedarf. Das bedeutet entweder, daß die Laisser-faire-Strategie verfolgt oder daß eine bereits gewählte Strategie beibehalten wird.

Ist die Bedingung (1) nicht erfüllt, ist das Verhältnis von Einstellungen und Freisetzungen zu überdenken und ein Strategiewechsel ins Auge zu fassen.

Hierbei sind zwei Grundsatzentscheidungen denkbar:

(1) Die Förderung von Einstellungen hat Vorrang gegenüber der Drosselung von Freisetzungen.
(2) Die Förderung von Einstellungen ist auf die Branchen, die sich in der Ausweitungsphase befinden, zu konzentrieren.

Entscheidungen dieser Art beruhen zum einen auf der Überlegung, daß die Einstellungsmöglichkeiten sich insbesondere mit kapazitätserweiternden Investitionen verbessern, und zum anderen, daß Freisetzungen eine notwendige Begleiterscheinung der Branchenentwicklung (qualitativer Austausch bzw. "Umsetzungen" von Arbeitskräften) darstellen und Freisetzungen in absolut und relativ großem Umfang (F > E) in der Aufgabephase den Charakter einer Gesetzmäßigkeit aufweisen und gewissermaßen vorprogrammiert sind. Unter diesen Aspekten wäre eine Drosselung der Freisetzungen durch Erhaltungssubventionen im Rahmen der Subventionsstrategie als der untaugliche Versuch anzusehen, eventuelle Versäumnisse bei der Förderung der Einstellungen in Branchen in der Ausweitungsphase nachträglich zu kompensieren.

Im Hinblick auf das Schema des Regionalportfolios könnte die Überlegung naheliegen, die Branchen, welche sich in der Einführungs- und Ausweitungsphase befinden, grundsätzlich zu subventionieren und die Branchen, welche sich in der Abschwächungs-, Stagnations-, Rückbildungs- und Aufgabephase befinden, von einer solchen Förderung grundsätzlich auszuschließen. Hierbei ist aber zweierlei zu bedenken. Zum einen zielt die Subventionierung von Branchen des Regionalportfolios definitionsgemäß auf die Förderung von bestimmten einzelwirtschaftlichen Produktionsaktivitäten, also nur eines Teils eines Unternehmensportfolios, ab. Zum anderen ist in diesem Zusammenhang nach der tatsächlichen Wirkungsweise staatlicher Subventionen (z.B. finanzielle Investitionshilfen) zu fragen.

Das Unternehmensportfolio ist Ausdruck eines für die Menge der Produktionsaktivitäten ordnungsstiftenden Investitionsprogramms. Die Art der Wirkung externer (staatlicher) Finanzhilfen richtet sich - unabhängig von der Intention der Förderung - nach der Art und Weise der induzierten Veränderung des Investitionsprogramms. Von besonderer Bedeutung ist in diesem Zusammenhang die Finanzmittel-Restriktion des Unternehmens (s.o. II.1). Diese Restriktion wird durch staatliche Finanzhilfen "gelockert", da eine Budgeterhöhung bewirkt wird. Damit ist in erster Linie eine Liquiditätswirkung verbunden, die, je nach Finanzlage des Unternehmens, zu einem "Volumeneffekt" führt[17]. Das heißt, es werden gegebenenfalls zusätzliche Investitionen durchgeführt, wobei jedoch keineswegs gewährleistet ist, daß die zusätzlichen Investitionen denjenigen Produktionsaktivitäten gelten, die die staatliche Instanz fördern oder eben gerade nicht fördern wollte. Ein "Lenkungseffekt" im Sinne der Intentionen der staatlichen Finanzhilfen setzte voraus, daß die Rentabilitätsrechnung des Unternehmens tangiert und das Investitionsprogramm der Unternehmung so umgestaltet würde, daß diejenigen Produktionsaktivitäten bevorzugt ausgebaut werden, die in den Genuß der staatlichen Branchenförderung kommen sollen. Es besteht die begründete Vermutung, daß ein Lenkungseffekt als Folge einer aufgrund staatlicher Investitionshilfen revidierten Rentabilitätsrechnung eher die Ausnahme als die Regel ist und daß die Bedeutung der staatlichen Finanzhilfen in erster Linie in einer (zeitverzögerten) Erhöhung des Finanzmittelbudgets besteht[18]. Dies liefe auf eine Gleichstellung der staatlichen Förderung mit denjenigen Produktionsaktivitäten hinaus, die im Unternehmensportfolio die Aufgabe der Finanzmittelbeschaffung haben ("Cash Cows").

Unter diesen Aspekten dürften auch spezielle Förderungsbedingungen, wie sie in der Differenzierung des Förderungszwecks nach dem Zweck der Investition (Rationalisierung, Erweiterung) und der Art der Durchführung (Betriebsumstellung, Betriebsneugründung, Betriebsverlagerung) zum Ausdruck kommen, die Dispositionsfreiheit der Unternehmensleitung kaum beschränken[19]

Zusammenfassend könnte sich die Schlußfolgerung ergeben, auf die Subventionsstrategie prinzipiell zu verzichten und den Versuch zu unternehmen, mit Hilfe der Belastungsstrategie die gewünschten Lenkungseffekte zu erzielen.

Die Belastungsstrategie ist in erster Linie auf die Vermeidung von regionalpolitisch unerwünschten Produktionseffekten ausgerichtet. Unerwünschte Produktionseffekte liegen vor, wenn gegen regionalpolitische Restriktionen, hier im Sinne von Höchstbedingungen (s.o. II.2.), verstoßen wird. Die Restriktionen beziehen sich vor allem auf Referenzgrößen aus dem Umweltbereich.

Von der Bestimmung und der Beobachtung verschiedener Referenzgrößen bis zur Ausgestaltung einer nach Referenzgrößen differenzierten Belastungsstrategie ist es nur ein Schritt. Auf der Grundlage eines geeigneten Berechnungsschemas ergäbe sich der Gesamtbetrag der Transferzahlung, den ein Unternehmen an den Staat abzuführen hätte, durch die Addition von Einzelbeträgen[20]. Auch im Rahmen der Subventionsstrategie wäre analog zu verfahren. Wenn auch auf die Subventionsstrategie in ihrer reinen Form verzichtet würde, so könnte doch das Subventionskonzept in die Belastungsstrategie eingebaut werden, indem anstelle staatlicher Transferzahlungen an Unternehmen die Transferzahlungen, die Unternehmen an den Staat zu leisten haben, um bestimmte Beträge ermäßigt werden.

Diese Kombination von Belastungs- und Subventionsstrategie zielt darauf ab, durch finanzielle Belastungen ein Unterlassen (Vermeidung von unerwünschten Produktionseffekten) und durch die Verminderung der Belastungen ein Tun (Ausbau erwünschter Produktionsaktivitäten) anzuregen.

Ob diese (modifizierte) Belastungsstrategie einen besseren Lenkungseffekt verspricht als die Subventionsstrategie, kann hier nicht abschließend beurteilt werden. Möglicherweise führt bei der Belastungsstrategie der Entzug von Finanzmitteln, insbesondere bei angespannter Finanzlage, eher zu einer Beschränkung der Dispositionsfreiheit einer Unternehmensleitung als die Erhöhung des Finanzbudgets durch staatliche Transferzahlungen im Rahmen der Subventionsstrategie. Die Frage nach der Art und Weise der Berücksichtigung regionalpolitischer Restriktionen seitens der Unternehmensleitung muß aber weiterhin gestellt werden.

III. Charakteristika einer "regionalisierten Wirtschaftsförderung"

1. Regionalportfolio und "Wirtschaftsförderung"

Das Strategische Management auf einer bestimmten territorialen Ebene (z.B. Bundesland-Ebene), das durch ein territoriales Wirtschaftsministerium und auf der Grundlage des heuristischen Konzepts des Regionalportfolios betrieben wird, wird hier als das Kernstück der (territorialen) sogenannten Wirtschaftsförderung aufgefaßt. Die Notwendigkeit dieser Art Wirtschaftsförderung folgt einerseits aus der Vorgabe von Standards und der damit verbundenen Definition von territorialen Restriktionen für produktionsabhängige Referenzgrößen (z.B. Beschäftigungsrestriktion) und den Auswirkungen der Produktionsaktivitäten auf diese Referenzgrößen andererseits.

Die Wirtschaftsförderung im Sinne einer Regionalportfolio-Politik bildet zusammen mit dem Strategischen Management von Unternehmen ein zweistufiges Entscheidungssystem. Auf der ersten Stufe werden von den Unternehmensleitungen die Entscheidungen über die Unternehmensportfolios getroffen. Auf der zweiten Stufe wird von dem territorialen Wirtschaftsministerium zunächst überprüft, ob das Regionalportfolio die verschiedenen territorialen Restriktionen erfüllt. Hierfür ist eine nach Referenzgrößen differenzierte Erfassung und Darstellung erforderlich[21].

Ist keine der Restriktionen (Höchst- oder Mindestbedingungen) verletzt, besteht kein akuter Handlungsbedarf. Die Frage, ob eine früher gewählte Strategie beibehalten werden kann, ist allerdings auch in diesem Fall zu stellen.

Ist mindestens eine Restriktion verletzt, hat das territoriale Wirtschaftsministeriums die Aufgabe, das Regionalportfolio so zu beeinflussen, daß allen territorialen Restriktionen Rechnung getragen wird. Hierfür ist es entsprechend den strategischen Überlegungen erforderlich, für jede Branche des Regionalportfolios ein Dossier anzulegen, das über den Handlungsbedarf aufgrund der Position im Regionalportfolio (Entwicklungsphase) sowie über Art und Umfang der Be- und Entlastungen in bezug auf die einzelnen Referenzgrößen Auskunft gibt. Die Gesamtheit der Branchendossiers repräsentiert das Handlungsprogramm für die Regionalportfolio-Politik bzw. für die territoriale Wirtschaftsförderung.

2. Regionalisierung von Regionalportfolio und Wirtschaftsförderung

Im folgenden wird der räumliche Maßstab gedanklich verkleinert, das heißt es wird unterstellt, der Bezugsraum des Regionalportfolios sei flächendeckend in Teilgebiete (Subregionen) gegliedert. Diese "Regionalisierung" ist Ausdruck einer Verkleinerung der Bezugsräume für die Referenzgrößen (und damit für die Standards bzw. Restriktionen) mit dem Zweck, die Spannweite der sogenannten Disparitäten innerhalb der territorialen Grenzen unter Kontrolle zu halten. Für jedes dieser Teilgebiete können die Produktionsaktivitäten und Branchen in Form eines "Teilgebietsportfolios" dargestellt werden. Dieses Vorgehen entspricht einer Zerlegung eines Systems (Regionalportfolio) in Subsysteme (Teilgebietsportfolios).

Eine Veränderung in einem Subsystem (Umgestaltung eines Teilgebietsportfolios) bedeutet auch eine Veränderung des Gesamtsystems (Umgestaltung des Regionalportfolios). Umgekehrt ist eine Veränderung im Gesamtsystem mit Veränderungen zumindest in einem Subsystem verbunden.

Dieser Systemzusammenhang impliziert die Kohärenz der Subsysteme (Teilgebietsportfolios) mit der Konsequenz, daß die Teilgebietsportfolios nicht als voneinander unabhängig angesehen werden können.

Unter diesen Aspekten sind zwei Konsequenzen hervorzuheben:

(1) Die Beobachtung von Disparitäten im Sinne von Verstößen gegen regionalpolitische Standards ist eine Aufgabe, die für alle Teilgebiete gleichermaßen gilt. Dementsprechend hat sich die Analyse von Teilgebietsportfolios auf die Gesamtheit der Teilgebiete zu erstrecken.

(2) Für alle Teilgebiete sind in einem ersten Schritt spezielle Handlungsprogramme, hier verstanden als Grundlage für die Teilgebietsportfolio-Politik, zu erarbeiten. Diese Programme sind in einem zweiten Schritt einer Koordinationsprozedur zu unterziehen, und zwar horizontal (Koordination der Teilgebietsportfolios) und vertikal (Koordination mit dem Regionalportfolio).

Die konzeptionellen Überlegungen münden in die Vorstellung von einer "regionalisierten Wirtschaftsförderung"[22]. Dieser Politikbereich könnte institutionell so organisiert sein, daß das territoriale Wirtschaftsministerium die Zuständigkeit für die Teilgebietsportfolios bestimmten Instanzen auf der Teilgebietsebene überträgt. Das territoriale Wirtschaftsministerium wäre für das Regionalportfolio und die vertikale Koordination der Teilgebietsportfolios zuständig.

Das Konzept einer "regionalisierten Wirtschaftsförderung" stellt eine radikale Abkehr von dem traditionellen Konzept der auf bestimmte Förderungsgebiete ausgerichteten Wirtschaftsförderung dar. Aus der Perspektive des Portfolio-Konzepts und des Konzepts einer "regionalisierten Wirtschaftsförderung" erweisen sich die Versuche der Problemidentifikation durch räumliche Typisierung und ursachenferne Dichotomisierung (Förderungsgebiete - Nichtförderungsgebiete) sowie der Problemlösung durch ein Allerlei von Förderungsmaßnahmen als sachfremd und partikulär, insbesondere weil die Kohärenz der Unternehmensentscheidungen und daher auch die Kohärenz der regionalpolitischen (an Produktionsaktivitäten gebundenen) Referenzgrößen unberücksichtigt bleibt.

Literatur

Ansoff, Igor H. (1979): Strategic Management. London (MacMillan).

Boston Consulting Group (1968): Perspectives on Experiences. Boston.

Bracher, J. (1980): The historical development of the strategic management concept. In: Academy of Management Review, 2, 1980, S. 219-224.

Breit, Claus (1985): Lern- und Erfahrungseffekte in der Produktionstheorie. München (GBJ-Verlag).

Gälweiler, Aloys (1987): Strategische Unternehmensführung. Frankfurt/New York (Campus).

Gräber, Heinrich; Mathias Holst, Karl-Peter Schackmann-Fallis, Harald Spehl (1987): Externe Kontrolle und regionale Wirtschaftspolitik, 2 Bände. Berlin (Sigma).

Henderson, Bruce D. (1974): Die Erfahrungskurve in der Unternehmensstrategie. Frankfurt/New York (Campus).

Henze, Joachim; Peter Brose (1985): Unternehmensplanung. Eine Einführung. Bern/Stuttgart (Haupt).

Hinder, Walter (1986): Strategische Unternehmensführung in der Stagnation. Planungs- und Organisationswissenschaftliche Schriften (hrsg. v. W. Kirsch), 44, München (SV).

Kirsch, Werner (1981): Unternehmenspolitik: Von der Zielforschung zum Strategischen Management. Planungs- und Organisationswissenschaftliche Schriften (hrsg. v. W. Kirsch), 31, München (SV).

Kreikebaum, Hartmut (1982): Die Einführung und Weiterentwicklung strategischer Planungssysteme in deutschen und amerikanischen Industrieunternehmen. In: Internationalisierung der Unternehmung (hrsg. v. Wolfgang Lück/Volker Trommsdorf). Berlin (Schmidt). S. 231-245.

Lohmann, Martin (1959): Einführung in die Betriebswirtschaftslehre (3. Auflage). Tübingen (Mohr).

Lüder, Klaus (1982): Strategische Standortplanung transnationaler industrieller Großunternehmen. In: Internationalisierung der Unternehmung (hrsg. v. Wolfgang Lück und Volker Trommsdorf). Berlin (Schmdit). S. 415-438.

Lüder, Klaus (1984): Zum Einfluß staatlicher Investitionsförderungsmaßnahmen auf unternehmerische Investitionsentscheidungen. In: ZfB, 54, S. 531-547.

Malik, Fredmund; Gilbert Probst (1984): Evolutionary Management. In: Cybernetics and Systems, 13 (1982), S. 153-174.

Meffert, Heribert (1982): Marketing. Einführung in die Absatzpolitik. (6. Auflage). Wiesbaden (Gabler).

Münzenmaier, Werner (1986): Some Notes on the Appropriate Definition of Sectors in Regional Input-Output Tables, especially for the Federal Republic of Germany. In: Problems of Compilation of Input-Output Tables (eds: A. Franz and N. Rainer). Wien (Orac).

Skutlartz, Ekkehard (1986): Branchenportfolioanalyse und Wirtschaftsförderungsstrategien. Institut für Regionalwissenschaft der Universität Karlsruhe, Schriftenreihe Heft 22. Karlsruhe (SV).

Spehl, Harald (1984): Zur Bedeutung der Wirtschaftsstruktur für die Regionalpolitik. In: Jahrbuch für Regionalwissenschaft, 5 (1984), S. 75-93.

Statistisches Amt der Europäischen Gemeinschaften (Hrsg., 1970): Europäisches System Volkswirtschaftlicher Gesamtrechnungen. ESVG. Luxemburg.

Strassert, Günter (1984): Thesenpapier. In: Regionalpolitik 2000 - Probleme, Ziele, Instrumente. Ergebnisse eines Symposiums. Schriftenreihe der wirtschafts- und sozialwissenschaftlichen Gesellschaft Trier e.V. Trier.

Strassert, Günter (1988): Regionalpolitische Standards: Entscheidungs- und Koordinationsprobleme aus regionaler und supraregionaler Perspektive. In: Wirtschaftliche Strukturprobleme und soziale Fragen - Analysen und Gestaltungsaufgaben (Festschrift für J. Heinz Müller, hrsg. v. Joachim Klaus und Paul Klemmer).

Trux, Walter; Günter Müller, Werner Kirsch u.a. (1984): Das Management Strategischer Programme. Materialien zum Stand der Forschung. Planungs- und Organisationswissenschaftliche Schriften (hrsg. v. W. Kirsch). 40 und 41. München (SV).

Ulrich, Hans (1984): Management - A Misunderstood Societal Function. In: Self-Organization and Management of Social Systems. Insights, Promises, Doubts, and Questions (Hrsg. v. Hans Ulrich and Gilbert Probst). Berlin et al. (Springer). S. 80ff.

Anmerkungen

1) Vgl. z.B. Ansoff (1979), Bracher (1980), Kirsch (1981); Trux/Müller/ Kirsch (1984; 40), S. 5ff. - Zu einem erweiterten Managementbegriff und zur Unterscheidung von "Management" (of institutions) und "Leadership" (of people) vgl. neuerdings z.B. Ulrich (1984), S. 80ff. Zum Begriff "Evolutionary Management" vgl. Malik/Probst (1983).

2) Produktionsaktivitäten im funktionalen Sinne der Produktionstheorie (Input-Output-Theorie) sind nicht unmittelbar Gegenstand der Portfolio-Analyse, sondern organisatorische Einheiten, die als "Geschäftsfelder" und "Strategische Geschäftseinheiten" bezeichnet werden. Aus Darstellungsgründen wird im folgenden der funktionale Begriff Produktionsaktivität beibehalten.

3) Als ein Prototyp gilt inzwischen das von der Boston Consulting Group (1968) vorgeschlagene 4-Felder-Schema, das sich aus der Kombination der dichotomen Klassifizierungen "klein - groß" des Marktanteils (Abszisse) bzw. des Marktwachstums (Ordinate) ergibt. Vgl. u.a. Neubauer (1982), S. 29.

4) Mit diesem Problem war auch Fred Borch als Präsident der General Electric konfrontiert, als er "das wohl am meisten diversifizierte Unternehmen der freien Welt" übernahm (Neubauer, 1982, S. 5).

5) Vgl. Strassert (1987), S. 8f.

6) Zur systematischen Einordnung dieses Beitrages in einschlägige Forschungen ist ein Beziehungsschema für die verschiedenen Aspekte des Produktionsbereichs einer regionalen Wirtschaft hilfreich, zum Beispiel charakterisiert durch die Bezeichnungen "Branchenstruktur", "Funktionalstruktur", "Betriebsgrößenstruktur" und "Kontrollstruktur" (Spehl, 1984, S. 81). Neuere Forschungen unter dem Stichwort "externe Kontrolle" thematisieren vor allem die Funktional- und die Kontrollstruktur (zusammenfassend hierzu Gräber/Holst/Schackmann-Fallis/Spehl, 1987). In dem hier gewählten breiten theoretischen Rahmen des "Regionalportfolios" kommt insbesondere der Aspekt der Branchenstruktur zur Geltung. Unter dieser Perspektive ergeben sich verschiedene Ansatzpunkte für die komplettierende Behandlung der logisch möglichen und theoretisch relevanten Beziehungen zwischen den obengenannten vier Aspeken (vgl. Spehl, 1984, S. 80f.).

7) Zu neueren zusammenfassenden Darstellungen der Grundgedanken vgl. Henze/Brose (1985), S. 168ff., Skutlartz (1986), S. 15ff.

8) Dieser Begriff bezieht sich auf die sogenannte Zahlungsstromanalyse (Cash-Flow-Analyse) auf der Grundlage einer Gewinn- und Verlustrechnung. Im Prinzip müssen sowohl alle außerordentlichen sowie nicht auszahlungswirksamen Aufwendungen als auch alle außerordentlichen sowie nicht einnahmewirksamen Erträge aus der Gewinn- und Verlustrechnung eliminiert werden.

9) Boston Consulting Group (1968), Henderson (1974), Breit (1985).

10) Das "Kostensenkungspotential" ist zu verstehen als die Möglichkeit, die Stückkosten mit jeder Verdoppelung der kumulierten Produktionsmenge um einen bestimmten Betrag zu senken. Die "potentiellen Stückkosten" sind eine Funktion der kumulierten Mengen. Kumulierte Mengen werden mit kumulierter Erfahrung gleichgesetzt. Der Übergang von kumulierten Mengen zu Marktanteilen erfolgt

mit Hilfe der Annahme, alle Produzenten hätten zu gleicher Zeit die Produktion aufgenommen und mit gleichen Raten erhöht; dann werden die kumulierten Mengen durch die Marktanteile repräsentiert (Vgl. Gälweiler, 1987, S. 37ff.).

11) Diese Einteilung orientiert sich an der idealisierenden Vorstellung des sogenannten Produktlebenszyklus, deren theoretische Begründung zwar auf schwachen Füßen steht, aber in ihrer Anlehnung an den biologischen Lebenszyklus von Individuen/Populationen durchaus einleuchtend ist. Generell kann lediglich gesagt werden, "daß jedes Produkt - unabhängig von seinem spezifischen Umsatzverlauf - zunächst steigende und dann sinkende Grenzumsätze erzielt und daß jedes Produkt ganz bestimmte Phasen durchläuft, unabhängig davon, ob die absolute Lebensdauer eines Produktes Jahrzehnte, einige Jahre oder nur wenige Monate beträgt" (Meffert, 1982, S. 339f.).

12) Damit handelt es sich hier um ein "erweitertes Portfoliokonzept", wie es zur Erfassung der Produktionsaktivitäten mit stagnierendem und schrumpfendem Absatzpotential vorgeschlagen wird. Vgl. hierzu insbesondere Hinder, 1986, S. 240ff.

13) Die Strategie "Ersatzinvestitionen" kann im Rahmen der Innenfinanzierung mit erheblichen Cash-Freisetzungen verbunden sein. Dieser Effekt (Lohmann-Ruchti-Effekt) beruht auf der mechanischen Wirkungsweise von Abschreibungsverfahren, insofern als mehr Finanzmittel zurückfließen, als für die bloße Erhaltung des Realkapitals erforderlich sind. Unter diesem Aspekt konnte Lohmann bereits vor dem Entstehen der Portfolio-Analyse feststellen: "das Unternehmen i m A b s t i e g, die absterbende alte Produktion, kann so in verstärktem Maße neue Produktionen alimentieren, Konzerne aufbauen, usf." (Lohmann, 1959, S. 185; Sperrung im Original).

14) Der Branchenbegriff entspricht demjenigen der (funktionellen) Produktionsbereiche im Europäischen System Volkswirtschaftlicher Gesamtrechnungen (ESVG) auf der Basis von Produktionseinheiten, die hinsichtlich ihrer erzeugten Produkte, ihrer Produktionstechnik und ihrer Inputstruktur möglichst homogen sind (Statistisches Amt der Europäischen Gemeinschaften, 1970, S. 39-41). Vgl. auch Münzenmaier (1986), S. 25.

15) Zur Verbreitung der strategischen Unternehmensplanung siehe Kreikebaum (1982). Zur Bedeutung einer strategischen Standortplanung für die Unternehmensplanung siehe Lüder (1982).

16) Zu den grundlegenden theoretischen Zusammenhängen siehe Strassert (1987). - Zur begrifflichen Klarstellung: als ein regionalpolitischer Standard wird ein von einem dazu befugten regionalen Entscheidungsträger "gesetztes Ziel" in Form einer Mindestgrenze oder Höchstgrenze für eine regionalpolitische Referenzgröße ("Indikator") verstanden. Mathematisch stellen solche Standards Ungleichungen dar und werden als "Restriktionen" bezeichnet. Standards sind systematisch zwischen die richtungweisenden Forderungen ("Postulate", mathematisch durch Maximierungs- oder Minimierungsvorschriften ausgedrückt) und "punktgenauen Setzungen" in sachlicher, räumlicher und zeitlicher Hinsicht ("Determinative", mathematisch ausgedrückt durch Gleichungen) einzuordnen. - In Verlängerung der Reihenfolge Postulate - Standards - Determinative nach oben können als weitere, aber mathematisch nicht faßbare Zielkategorien unterschieden werden: Grundsätze (Maximen) und Absichtserklärungen (Intentionen).

17) Vgl. hierzu und im folgenden Lüder (1984), S. 535ff.

18) Ebenda, S. 538.

19) Ebenda.

20) Vgl. das detaillierte, nach Förderungs- und Belastungsstufen differenzierte Verfahrensbeispiel bei Skutlartz (1986), S. 120ff.

21) Im Prinzip müssen so viele Regionalportfolios erstellt werden, wie Referenzgrößen bestimmt wurden. Vgl. z.B. die Portfoliomatrizen von Skutlartz für Beschäftigte, Arbeiterstunden, Löhne und Gehälter, Bruttoanlageinvestitionen, Umsätze, Exportumsätze, Energieverbrauch, Abfallaufkommen und Wasserbedarf (Ebenda, S. 69ff.).

22) Vgl. Strassert (1984).

REGIONALE INZIDENZ DER ARBEITSMARKTPOLITIK UND IHRER FINANZIERUNG

von
Bernd Reissert, Berlin

Gliederung

1. Einführung

2. Regionale Ausgabenverteilung der Arbeitsmarktpolitik

   2.1 Verteilungsverfahren
   2.2 Verteilungsergebnisse
   2.3 Hintergründe des "Begünstigungsprinzips"

3. Regionale Kaufkraftstabilisierung durch Arbeitsmarktpolitik

   3.1 Einführung
   3.2 Regionaler Stabilisierungseffekt der Bundesanstalt für Arbeit
   3.3 Regionaler Stabilisierungseffekt der Arbeitslosenhilfe
   3.4 Bedeutung der regionalen Kaufkraftstabilisierung

4. Schlußfolgerungen

Anhang: Quellenangaben und Erläuterungen zu den Tabellen

Literaturverzeichnis

Anmerkungen

1. Einführung

Als die OECD in den sechziger Jahren unter schwedischer Federführung das Konzept einer "aktiven Arbeitsmarktpolitik" entwickelte (OECD 1964), war "regionale Selektivität" eine ihrer Leitideen: Inseln der Arbeitslosigkeit sollten bevorzugt mit Weiterbildungs- und Arbeitsbeschaffungsmaßnahmen gefördert werden, und der hier existierende "Arbeitskräfteüberschuß" sollte durch Mobilitätshilfen in prosperierende Regionen gelenkt werden. Auf diese Weise sollte in Problemregionen die Arbeitslosigkeit, in prosperierenden Regionen die Inflation bekämpft werden.

Der heutigen Situation verbreiteter Massenarbeitslosigkeit, in der allenfalls einige prosperierende Regionen die Inseln bilden, entspricht das vor 25 Jahren entworfene Szenario nicht mehr. Damit sind die Grundlagen für eine regionalisierte Arbeitsmarktpolitik jedoch nicht entfallen, denn bei allgemein verschlechterter Arbeitsmarktlage sind die regionalen Unterschiede im Niveau und in der Struktur der Arbeitslosigkeit nicht kleiner geworden. Wie Tabelle 1 zeigt, hat sich die absolute Streuung (Standardabweichung) der regionalen Arbeitslosenquoten seit 1972 etwa verfünffacht; die relative Streuung (bei der die Standardabweichung ins Verhältnis zur jeweiligen durchschnittlichen Arbeitslosenquote gesetzt ist) ist zwar beim raschen Anstieg der Arbeitslosigkeit 1974/75 und 1980-1982 gesunken, sie hat jedoch in den folgenden Jahren bei konstant hoher Arbeitslosigkeit wieder spürbar zugenommen. Unter diesen Bedingungen erscheint ein regional gezielter und regional differenzierter Einsatz arbeitsmarktpolitischer Mittel und Instrumente nach wie vor sinnvoll und notwendig (Garlichs/Maier/Semlinger 1983; ARL 1988).

Tab. 1:
Absolute und relative Streuung der regionalen Arbeitslosenquoten im Zeitverlauf*)

Jahr	Standard-abweichung (abolute Streuung)	Variations-koeffizient (absolute Streuung)
1972	0,68	0,67
1973	0,84	0,64
1974	1,09	0,41
1975	1,30	0,27
1976	1,43	0,31
1977	1,49	0,34
1978	1,58	0,37
1979	1,38	0,38
1980	1,39	0,35
1981	1,87	0,32
1982	2,41	0,29
1983	2,82	0,29
1984	3,14	0,32
1985	3,41	0,34
1986	3,46	0,36

*) Standardabweichungen und Variationskoeffizienten der Arbeitslosenquoten der 142 Arbeitsamtsbezirke.

Zu Quellenangaben und Erläuterungen der Tab. 1 bis 6 vgl. Anhang.

Ebenso wie andere Politiken entfaltet die Arbeitsmarktpolitik ihre regionalen Wirkungen allerdings nicht nur über den Einsatz von Instrumenten und Ausgaben, sondern auch über ihre Finanzierung und über das Zusammenwirken von Ausgaben und Einnahmen (Nettoinzidenz). Wenn der Instrumenten- und Mitteleinsatz in Regionen mit hoher Arbeitslosigkeit überdurchschnittlich groß ist und wenn diese Regionen gleichzeitig - wegen ihrer schlechten Beschäftigungs- und Wirtschaftslage - nur unterdurchschnittlich zur gesamtstaatlichen Finanzierung der Arbeitsmarktpolitik aus Beiträgen oder Steuern beitragen, dann wirkt die Arbeitsmarktpolitik als regionaler Kaufkraftstabilisator; sie stabilisiert in diesem Fall die Kaufkraft in Regionen mit hoher Arbeitslosigkeit durch Abschöpfungen in Regionen mit relativ günstiger Arbeitsmarktlage und verhindert damit möglicherweise sich selbst verstärkende Effekte regionaler Arbeitslosigkeit. Auch eine solche Umverteilung erscheint angesichts der regional unterschiedlichen Wirtschafts- und Arbeitsmarktlage sinnvoll und notwendig (Zimmermann/Stegmann 1981: 33; Bruche/Reissert 1985: 147).

Der folgende Beitrag untersucht, inwieweit der regionale Mitteleinsatz der Arbeitsmarktpolitik in der Bundesrepublik die unterschiedlichen regionalen Problemlagen berücksichtigt (2.) und inwieweit die Arbeitsmarktpolitik durch das Zusammenwirken von Einnahmen und Ausgaben als regionaler Kaufkraftstabilisator wirkt (3.). Er sucht dabei auch nach Erklärungen für die vorgefundenen Verteilungsmuster (2.3, 3.4) und nach institutionellen Bedingungen für eine problemgerechtere regionale Inzidenz der Arbeitsmarktpolitik (4.). Die Untersuchung beschränkt sich im wesentlichen auf das Konzept der "formalen" Inzidenz, d.h. auf die Regionalisierung von Zahlungsströmen ohne Berücksichtigung von regionalen Folgewirkungen (durch Produktionsverflechtung und Einkommensverwendung; vgl. Zimmermann 1970: 102ff.; Zimmermann 1981: 85ff.; Biehl/Ullrich/Wolf 1988: 25ff.). Sie bildet nur einen ersten (notwendigen) Schritt zu einer Analyse der "Raumwirksamkeit" von Arbeitsmarktpolitik; dieser Schritt muß durch Analysen zu den Beschäftigungs-, Arbeitsmarktentlastungs- und Einkommenseffekten der einzelnen arbeitsmarktpolitischen Instrumente ergänzt werden (vgl. ansatzweise Schmid 1982; Holla 1978; Zimmermann/Stegmann 1981: 101ff.).

Die begriffliche Abgrenzung der "Arbeitsmarktpolitik" richtet sich im folgenden im wesentlichen nach dem Arbeitsförderungsgesetz (AFG). Sie umfaßt sowohl die Lohnersatzleistungen bei Arbeitslosigkeit (Arbeitslosengeld und -hilfe) als auch diejenigen öffentlichen Geldleistungen an Private und andere öffentliche Haushalte, die von der Bundesanstalt für Arbeit (BA) angeboten werden und die den Umfang, die Struktur und die Kongruenz der Arbeitskräftenachfrage und des Arbeitskräfteangebots direkt beeinflussen sollen ("aktive" Arbeitsmarktpolitik: Lohnsubventionen zur Arbeitsbeschaffung und zur Arbeitsplatzerhaltung bei Kurzarbeit und im Baugewerbe, berufliche Weiterbildung, Leistungen zur Vermittlungsförderung und Rehabilitation, Vorruhestandsgeld[1]). Diese Leistungen werden zum größten Teil aus den Beiträgen von Arbeitnehmern und Arbeitgebern zur Bundesanstalt für Arbeit ("Arbeitslosenversicherungsbeiträgen") finanziert. Lediglich die Arbeitslosenhilfe wird grundsätzlich aus dem Bundeshalt und damit im wesentlichen aus Steuern finanziert; der Bund kann darüber hinaus allerdings auch zusätzliche eigene Haushaltsmittel für Maßnahmen der "aktiven" Arbeitsmarktpolitik bereitstellen und diese Maßnahmen dann von der Bundesanstalt durchführen lassen. Die Leistungen zur Aufrechterhaltung der ganzjährigen Beschäftigung in der Bauwirtschaft ("Produktive Winterbauförderung") werden aufgrund einer Sonderregelung nicht aus dem allgemeinen Beitragsaufkommen der BA, sondern aus einer speziellen Umlage der Arbeitgeber im Baugewerbe finanziert. Insgesamt betragen die Ausgaben für die in diesem Sinne definierte Arbeitsmarktpolitik seit 1983 im Durchschnitt rund 36 Mrd. DM je Jahr. Von dieser Summe, die zu rund drei Vierteln durch Beiträge an die BA und zu knapp einem Viertel vom Bundeshaushalt aufgebracht wird, entfallen rund 15 Mrd. DM auf das Arbeitslosengeld, 9 Mrd. DM auf die Arbeitslosenhilfe und 12-13 Mrd. DM auf die Leistungen der "aktiven" Arbeitsmarktpolitik. Die Ausgaben für die Arbeitsmarktpolitik (und auch allein für die "aktive" Arbeitsmarktpolitik) erreichen damit eine Größenordnung, die viele andere raumwirksame Politiken in ihrem Ausgabenniveau deutlich übertrifft (vgl. z.B. die Gemeinschaftsaufgabe "Verbesserung der regionalen Wirtschaftsstruktur" mit Ausgaben von 0,6 Mrd. DM und Investitionszulagen von 1,0 Mrd. DM jährlich). Auch wenn Ausgabenniveaus (wegen der unterschiedlichen Wirkungen von Instrumenten) für sich allein noch kaum etwas über unterschiedliche regionalpolitische Bedeutungen von Politikbereichen aussagen, rechtfertigt schon die genannte Größenordnung eingehende Untersuchungen zu den regionalen Verteilungswirkungen der Arbeitsmarktpolitik.

2. Regionale Ausgabenverteilung der Arbeitsmarktpolitik

2.1 Verteilungsverfahren

Bei den Leistungen der Arbeitsmarktpolitik lassen sich rechtlich zwei Typen unterscheiden: "Pflichtleistungen" und "Kann-Leistungen". "Pflichtleistungen" sind Leistungen, auf die ein individueller Rechtsanspruch besteht, wenn bestimmte gesetzlich geregelte Voraussetzungen erfüllt sind (vor allem Arbeitslosengeld und -hilfe, Kurzarbeitergeld, Unterhaltsgeld bei Fortbildung und Umschulung, Schlechtwetter- und Wintergeld). "Kann-Leistungen" sind Leistungen, auf die keine individuellen Rechtsansprüche bestehen und die nach dem Ermessen der Verwaltung vergeben werden (vor allem Arbeitsbeschaffungsmaßnahmen). Bei den "Pflichtleistungen" wird die regionale Verteilung der Ausgaben im wesentlichen durch das Leistungsrecht und durch die sich daraus ergebenden Leistungsansprüche (Zahl der Anspruchsberechtigten, Höhe der jeweiligen Ansprüche) determiniert. Bei den "Kann-Leistungen" wird die regionale Verteilung teilweise in Verhandlungen zwischen der BA-Hauptstelle, den Landesarbeitsämtern und den Arbeitsämtern, teilweise aber auch ausschließlich durch Entscheidungen der BA-Hauptstelle bestimmt. Für die Arbeitsbeschaffungsmaßnahmen (ABM) gilt eine Sonderregelung: Ihre Mittel werden von einem Ausschuß des BA-Verwaltungsrats (ABM-Ausschuß) auf die Landesarbeitsamtsbezirke verteilt. Dieser Ausschuß wurde vor allem auf Drängen der Bundesländer eingerichtet, und in ihm sind auch Bundesländer vertreten; hier ist also aus regionaler Perspektive eine direkte politische Einflußnahme auf die Mittelverteilung möglich (Bruche/Reissert 1985: 61f., 78-80; Lerch in diesem Band). Ähnliches gilt für die weitere Verteilung der ABM-Mittel auf die Arbeitsamtsbezirke, die von den Selbstverwaltungsgremien der Arbeits- und Landesarbeitsämter mitgestaltet wird (Seifert 1986: 21f.; Bosch et al. 1987: 232ff.; Seifert 1988: 122).

Trotz der überragenden Bedeutung individueller Rechtsansprüche ist allerdings auch bei den "Pflichtleistungen" die regionale Verteilung kein reiner Automatismus. In welchem Maße Rechtsansprüche auch tatsächlich geltend gemacht werden (können), hängt u.a. von der Beratung und Initiative der Arbeitsverwaltung und ihrer Infrastruktur ab. Wichtig sind z.B. die zeitlichen Möglichkeiten der Arbeitsvermittler, einzelne Betriebe zu besuchen und sie über Ansprüche auf Kurzarbeitergeld oder Winterbauförderung aufzuklären. Besonders augenfällig ist die "Relativität" von Rechtsansprüchen im Bereich der beruflichen Weiterbildung: Zwar verfügen z.B. Arbeitslose unter bestimmten Voraussetzungen über einen Rechtsanspruch auf Unterhaltsgeld bei Fortbildung und Umschulung. Diesen Anspruch können sie aber nur geltend machen, wenn ein für sie geeigneter Weiterbildungskurs zur Verfügung steht; ob ein solcher Kurs eingerichtet und finanziert wird, liegt im Ermessen der Arbeitsverwaltung. Hier hängt also die Inanspruchnahme einer "Pflichtleistung" von einer vorgeschalteten "Kann-Leistung" ab (Bruche/Reissert 1985: 61). Unter diesen Umständen ist es nicht erstaunlich, daß es früheren Untersuchungen zur regionalen Inanspruchnahme arbeitsmarktpolitischer Instrumente auch bei den "Pflichtleistungen" nicht gelungen ist, die regionale Streuung vollständig durch jene "objektiven" Faktoren zu erklären, die die individuellen Leistungsansprüche wesentlich bestimmen; unerklärt blieb in den meisten Fällen rund die Hälfte der regionalen Varianz (Schmid/Semlinger 1980: 131ff.; Deeke/Seifert 1981: 169ff.; Peters/Schmid 1982: 107ff.; Schmid 1983: 146ff.).

2.2 Verteilungsergebnisse

Zu welchen regionalen Ausgabenverteilungen die skizzierten Verteilungsverfahren für die einzelnen arbeitsmarktpolitischen Instrumente in den Jahren 1983-1987 geführt haben, zeigt Tabelle 2. Ihre Untersuchungseinheiten sind - wie auch im folgenden - die neun Landesarbeitsamtsbezirke, da regionalisierte Ausgabedaten nur auf dieser Ebene öffentlich zugänglich sind[2]. Für die Wahl des Untersuchungszeitraums (1983-1987) sind mehrere Gründe ausschlaggebend gewesen: Seit 1983 nehmen die regionalen Disparitäten der Arbeitsmarktlage - unabhängig vom Niveau der Arbeitslosigkeit - wieder zu (vgl. Tabelle 1); gleichzeitig werden die für "Kann-Leistungen" bereitgestellten Haushaltsmittel angesichts steigender Nachfrage knapper (Bruche/Reissert 1985: 61f., 76f.; Bosch et al. 1987: 233f.); beide Faktoren machen einen regional gezielten Mitteleinsatz zunehmend erforderlich. Außerdem sind der Bundesanstalt für Arbeit zur Deckung ihres Defizits in den Jahren 1981/82 hohe Zuschüsse aus dem Bundeshaushalt zugeflossen, so daß erst ab 1983 wieder von einer weitgehenden Beitragsfinanzierung der BA gesprochen werden kann[3].

Die Tabelle unterscheidet zwischen den "eigenen" Ausgaben der Bundesanstalt für Arbeit, die im wesentlichen aus Beiträgen finanziert werden, und Ausgaben aus dem Bundeshaushalt, die von der BA lediglich verwaltet werden; beide Kategorien setzen sich ihrerseits aus Leistungen der "aktiven" Arbeitsmarktpolitik (die im Bereich des Bundeshaushalts im Untersuchungszeitraum nur sehr

Tab. 2: Leistungen der Arbeitsmarktpolitik 1983-1987 in den Arbeitsmarktbezirken: Ausgaben je Arbeitslosen in % des Bundesdruchschnitts

	Schlesw. Holst./ Hamburg	Nieder- sachsen/ Bremen	Nord- rhein- Westf.	Hessen	Rheinld.- Pfalz/ Saarland	Baden- Württ.	Nord- bayern	Süd- bayern	Berlin	Bund (in Klammern: Ausgaben je Jahr in Mrd. DM)		Korrelation mit Arbeits- losenquote (Zeile 4)
	(1)	(2)	(3)	(4)	(5)	(6)	(7)	(8)	(9)	(10)	(11)	(12)
1. Ausgaben der Bundes- anstalt für Arbeit												
1.1 Fortbildung und Umschulung	111	96	91	125	95	134	93	91	76	100	(4,5)	-0,54
1.2 Arbeitsbeschaffungsmaßnahmen	120	140	86	92	106	54	109	76	145	100	(2,3)	0,80
1.3 Kurzarbeitergeld	85	108	87	106	98	161	108	89	61	100	(1,6)	-0,60
1.4 Förderung der Arbeitsaufnahme	99	108	88	98	101	86	184	73	102	100	(0,4)	0,12
1.5 Maßnahmen für die Bauwirtschaft	73	64	80	128	103	204	98	139	101	100	(1,4)	-0,93
1.6 Rehabilitation	119	66	65	98	106	228	122	130	76	100	(2,0)	-0,77
1.7 Vorruhestandsgeld	73	74	70	149	89	202	136	146	42	100	(0,2)	-0,92
1.8 Summe 1.1-1.7 (Aktive Arbeits- marktpolitik)	105	97	84	112	100	145	107	100	90	100	(12,4)	-0,73
1.9 Arbeitslosengeld	92	96	88	105	101	110	123	136	86	100	(14,9)	-0,71
2. Ausgaben aus dem Bundeshaushalt												
2.1 Aktive Arbeitsmarktpolitik[1]	186	145	81	84	59	59	139	62	83	100	(0,1)	0,60
2.2 Arbeitslosenhilfe	117	116	112	87	103	72	72	69	98	100	(8,6)	0,90
3. Lohnersatzleistungen (1.9+2.2)	101	103	97	98	102	96	104	112	90	100	(23,6)	-0,17
4. Zum Vergleich: Durchschnittliche Arbeitslosenquote 1983-87 in Prozent des Bundesdurchschnitts	11,3 124	11,9 131	10,8 119	7,1 79	9,4 103	5,4 60	8,4 93	6,7 74	10,3 114	9,1 100		

Anmerkung:

1) Arbeitsbeschaffungsmaßnahmen und Bildungsbeihilfen für arbeitslose Jugendliche

Zu Quellenangaben und Erläuterungen vgl. Anhang.

gering sind) und Lohnersatzleistungen (Arbeitslosengeld bzw. Arbeitslosenhilfe) zusammen. Zur Standardisierung nach dem regionalen "Problemdruck" sind die arbeitsmarktpolitischen Ausgaben in den einzelnen Bezirken für die Tabelle zunächst durch die entsprechenden regionalen Zahlen der registrierten Arbeitslosen dividiert und dann ins Verhältnis zum bundesweiten Ausgabevolumen je Arbeitslosen gesetzt worden[4]. Der verwendete Indikator gibt also an, in welchem Maße die regionalen Ausgaben je Arbeitslosen über oder unter dem Bundesdurchschnitt (= 100 %) liegen. (Dieser Indikator ist mit dem in anderen regionalen Inzidenzanalysen verwendeten "Anteilsquotienten" identisch. Er zeigt - anders interpretiert - auch, in welchem Maße der regionale Anteil an den Ausgaben für Arbeitsmarktpolitik dem regionalen Anteil an der Arbeitslosigkeit entspricht. Ein Wert von über 100 % bedeutet, daß der Ausgabenanteil einer Region höher ist als ihr Anteil an der Arbeitslosigkeit, daß die Region also im Verhältnis zur Arbeitslosigkeit überproportional viele Mittel erhalten hat; ein Wert von unter 100 % bedeutet umgekehrt, daß eine Region weniger Mittel erhalten hat, als ihrem Anteil an der Arbeitslosigkeit entspricht; vgl. Zimmermann 1970: 100f., Zimmermann/Stegmann 1981).

Für die Gesamtheit der "aktiven" Arbeitsmarktpolitik, soweit sie von der BA finanziert wird, zeigt die Tabelle in Zeile 1.8 ein regionales Verteilungsmuster, das bereits in früheren Untersuchungen festgestellt und kritisiert worden ist (vgl. Hardes 1983: 57-61; Bruche/Reissert 1985: 150-154; Lerch 1986: 224-227): Bezirke mit niedriger Arbeitslosigkeit (vgl. Zeile 4: Baden-Württemberg, Hessen) haben - im Verhältnis zu ihren Arbeitslosenzahlen - überproportionale Ausgaben verbuchen können, Bezirke mit sehr hoher Arbeitslosigkeit (Niedersachsen/Bremen, Nordrhein-Westfalen, Berlin) dagegen nur unterproportionale Ausgaben. Besonders auffällig ist das weit überdurchschnittliche Ausgabenniveau in Baden-Württemberg, dem Bezirk mit der günstigsten Arbeitsmarktlage ("Begünstigungsprinzip"; Hardes 1983: 59; im Ergebnis ebenso Meisel 1983: 68ff.). Bei einer - gemessen am Niveau der Arbeitslosigkeit - problemadäquaten Verteilung der knappen Mittel hätte man stattdessen in den Regionen mit hoher Erwerbslosigkeit zumindest durchschnittlich hohe Ausgaben je Arbeitslosen erwartet; eine regional selektive Politik hätte hier sogar überdurchschnittliche Ausgaben erfordert. Trotz entsprechender Forderungen des AFG (§ 2 Nr. 7) kann von einer problemorientierten Ausgabenverteilung der aktiven Arbeitsmarktpolitik auf die Landesarbeitsamtsbezirke demnach keine Rede sein.

Bei einer Differenzierung der Ausgaben wird allerdings deutlich, daß diese Aussage nicht für alle Instrumente der aktiven Arbeitsmarktpolitik gilt (vgl. Zeilen 1.1-1.7; ebenso Hardes 1983: 60f. und Lerch in diesem Band): Bei den Arbeitsbeschaffungsmaßnahmen entspricht die Ausgabenverteilung dem Prinzip der regionalen Selektivität, denn hier erhalten die Bezirke mit hoher Erwerbslosigkeit (außer Nordrhein-Westfalen) überdurchschnittliche Mittel, während die Bezirke mit relativ günstiger Arbeitsmarktlage unterdurchschnittlich abschneiden (vgl. ebenso Bosch et al. 1987: 245f.; Seifert 1988: 122ff.). Bei der beruflichen Fortbildung und Umschulung - dem größten Ausgabeposten der "aktiven" Arbeitsmarktpolitik (vgl. Spalte 11) -, bei den Leistungen für die Bauwirtschaft und zur Rehabilitation sowie beim Kurzarbeiter- und Vorruhestandsgeld werden dagegen Regionen mit niedriger Erwerbslosigkeit tendenziell begünstigt. Am deutlichsten werden die Unterschiede zwischen den einzelnen Instrumentenbereichen in den Korrelationskoeffizienten zwischen regionalen Ausgaben und regionalen Arbeitslosenquoten in Spalte 12 der Tabelle. Für die Gesamtheit der aktiven Arbeitsmarktpolitik und die meisten Teilbereiche zeigen die negativen Koeffizienten, daß die Ausgaben je Arbeitslosen bei hohen Arbeitslosenquoten eher gering und bei niedrigen Arbeitslosenquoten relativ hoch sind. Für die Arbeitsbeschaffungsmaßnahmen (und in ganz schwachem Maße für die Leistungen zur Förderung der Arbeitsaufnahme) zeigt der positive Koeffizient das Gegenteil; dabei ist das Ausgabevolumen dieses Instruments nicht groß genug, um die regionalpolitisch problematischen Verteilungswirkungen der anderen Instrumente - vor allem der quantitativ gewichtigen Weiterbildungsmaßnahmen - auszugleichen und das Verteilungsmuster der gesamten aktiven Arbeitsmarktpolitik entsprechend zu korrigieren[5]. Insgesamt wirkt die aktive Arbeitsmarktpolitik der Bundesanstalt - auch langfristig, wie andere Untersuchungen zeigen - "offenbar als regionaler Segmentationsfaktor" (Hardes 1983: 61; ebenso Bruche/Reissert 1985: 151f.; Lerch 1986: 224ff.).

Ganz anders ist das regionale Verteilungsmuster bei den aus dem Bundeshaushalt finanzierten Leistungen der aktiven Arbeitsmarktpolitik, deren Volumen im Untersuchungszeitraum allerdings nur rund 1 % der entsprechenden BA-Mittel ausmachte (vgl. Zeile 2.1 und Lerch in diesem Band). Diese Mittel ("Verstärkungsmittel" für ABM und Bildungsbeihilfen für Jugendliche) kommen vor allem den Bezirken mit sehr hoher Arbeitslosigkeit - außer Nordrhein-Westfalen - zugute (vgl. auch den positiven Korrelationskoeffizienten in Spalte 12). Daß sich dieses Verteilungsmuster nicht auf den Untersuchungszeitraum beschränkt, zeigen die Erfahrungen der späten siebziger und frühen achtziger Jahre, in denen umfangreichere Haushaltsmittel des Bundes für arbeitsmarktpolitische Sonderprogramme bereitgestellt wurden und vor allem in Regionen mit überdurchschnittlich hoher Arbeitslosigkeit flossen. Das von 1979 bis 1981 laufende "Sonderprogramm der Bundesregierung für Regionen mit besonderen Beschäftigungsproblemen" stellt das Paradebeispiel einer derartigen regional selektiven, weitgehend aus dem Bundeshaushalt finanzierten aktiven Arbeitsmarktpolitik dar; seine Mittel wurden auf diejenigen Arbeitsamtsbezirke konzentriert, deren Arbeitslosenquote 1978 um mehr als 1,7 Prozentpunkte über dem Bundesdurchschnitt lag (Scharpf et al. 1982; Peters/Schmid 1982; Lerch 1986; 225-227). Nachdem im Laufe der achtziger Jahre auf ähnliche Sonderprogramme verzichtet wurde, hat sich der Bund mit der 8. Novelle zum AFG vom 1.1.1988 an nun ganz aus der aktiven Arbeitsmarktpolitik zurückgezogen und die zuletzt noch von ihm finanzierten Aufgaben auf die Bundesanstalt für Arbeit und die

Finanzierung aus Beiträgen übertragen. Es ist abzuwarten, ob ihr bisheriges regionales Verteilungsmuster unter der neuen Finanzierungsverantwortung erhalten bleibt oder sich dem bei den BA-Leistungen dominierenden Muster anpaßt.

Bei den Lohnersatzleistungen (Zeile 3) zeigt sich schließlich, daß die Ausgaben je Arbeitslosen kaum regionale Unterschiede aufweisen, sondern in allen Bezirken annähernd gleich sind. Hier werden also die Regionen mit hoher Arbeitslosigkeit weder benachteiligt noch begünstigt ("Proportionalitätsprinzip"; Hardes 1983: 58f.; Bruche/Reissert 1985: 151f.). Allerdings verbergen sich hinter diesem Muster ganz unterschiedliche Strukturen beim Arbeitslosengeld und bei der Arbeitslosenhilfe (vgl. Zeilen 1.9, 2.2): Das Arbeitslosengeld fließt überproportional in Bezirke mit relativ günstiger Arbeitsmarktsituation, die Arbeitslosenhilfe dagegen überproportional in arbeitsmarktpolitische Problemregionen. Hier macht sich offenbar die regional unterschiedliche individuelle Dauer der Arbeitslosigkeit bemerkbar, die mit dem Niveau der regionalen Arbeitslosigkeit positiv zusammenhängt: Je kürzer sie ist, desto weniger Arbeitslose werden aus dem Bezug von Arbeitslosengeld "ausgesteuert"; je länger sie ist, desto größer ist der Anteil derjenigen, die statt Arbeitslosengeld nur noch Arbeitslosenhilfe erhalten[6].

2.3 Hintergründe des "Begünstigungsprinzips"

Erklärungsbedürftig ist, warum die regionale Ausgabenverteilung der aktiven Arbeitsmarktpolitik Bezirke mit relativ niedriger Arbeitslosigkeit dauerhaft begünstigt und damit insgesamt wenig problemgerecht ist. Im folgenden werden - teilweise mit Hilfe der Angaben in Tabelle 3 - mögliche Ursachen auf ihre Stichhaltigkeit geprüft.

Angesichts der vorliegenden Daten fällt es schwer, "strukturelle" oder "objektive" Ursachen für das vorgefundene Verteilungsmuster der arbeitsmarktpolitischen Ausgaben zu finden. Die Vermutung, daß eine überdurchschnittliche regionale Inanspruchnahme von Förderungsleistungen für die Bauwirtschaft durch einen überdurchschnittlichen Beschäftigtenanteil des Baugewerbes erklärt werden kann, bestätigt sich ebensowenig wie die Vermutung, daß ein überdurchschnittlicher regionaler Besatz mit denjenigen Branchen, die bundesweit häufig von Kurzarbeit betroffen sind, für die überdurchschnittliche regionale Inanspruchnahme von Kurzarbeit verantwortlich ist: In Bezirken mit weit überproportionalen Leistungen für das Baugewerbe (Baden-Württemberg, Hessen; vgl. Tabelle 2, Zeile 1.5) liegt der Beschäftigtenanteil des Baugewerbes nicht über dem Bundesdurchschnitt; Baden-Württemberg, der Bezirk mit der höchsten Inanspruchnahme von Kurzarbeit, weist nur einen unterdurchschnittlichen Besatz mit "typischen Kurzarbeitsbranchen" auf (vgl. Tabelle 3, Spalten 1 und 2). Auch die Vermutung, daß "Rezessionstäler" in Regionen mit günstiger Beschäftigungs-

Tab. 3: Mögliche Bestimmungsfaktoren für die regionale Verteilung der aktiven Arbeitsmarktpolitik

LAA-Bezirk	Beschäftigtenanteil des Baugewerbes % (1)	Beschäftigtenanteil der Wirtschaftszweige mit weit überdurchschnittlicher Kurzarbeit % (2)	Beschäftigungswachstum 1983-1987 % (3)	Anteil der Empfänger von Arbeitslosengeld (Alg)/ Arbeitslosenhilfe (Alhi) an den Arbeitslosen		Personal- und Sachausgaben der BA je Arbeitslosen in % des Bundesdurchschnitts (6)	Zum Vergleich: Ausgaben der BA für aktive AMP* je Arbeitslosen in % des Bundesdurchschnitts (7)	Zum Vergleich: Arbeitslosenquote % (8)
				Alg-% (4)	Alhi-% (5)			
Schleswig-H./ Hamburg	6,8	9,2	1,5	28,8	29,7	85	105	11,3
Niedersachsen/ Bremen	7,2	14,3	2,9	29,7	31,4	83	97	11,9
Nordrhein-Westfalen	6,5	17,7	3,1	29,4	29,0	84	84	10,8
Hessen	6,8	13,9	6,5	32,5	18,5	114	112	7,1
Rheinland-Pfalz/ Saarland	7,5	17,7	2,2	34,5	28,4	99	100	9,4
Baden-Württemberg	7,2	14,4	6,3	36,1	19,5	143	145	5,4
Nordbayern	8,2	21,2	6,2	35,9	22,0	134	107	8,4
Südbayern	8,5	15,0	6,9	38,6	18,6	124	100	6,7
Berlin	7,0	9,7	5,6	26,1	23,9	98	90	10,3
Bund	7,2	15,4	4,5	31,6	26,4	100	100	9,1

* Arbeitsmarktpolitik

Zu Quellenangaben und Erläuterungen vgl. Anhang.

entwicklung (z.B. Baden-Württemberg) eher durch Kurzarbeit überbrückt werden können als in strukturschwachen Regionen mit dauerhaften Arbeitsplatzverlusten (Bruche/Reissert 1985: 153), eignet sich aus zwei Gründen nicht zur Erklärung: Zum einen handelt es sich beim Untersuchungszeitraum um eine konjunkturelle Aufschwungperiode mit Beschäftigungszuwächsen in allen Landesarbeitsamtsbezirken (Tabelle 3, Spalte 3); zum anderen zeigt die Beobachtung, daß Kurzarbeit in der Regel nicht nur zur Überbrückung von Auslastungsschwankungen genutzt wird, sondern vor allem als Begleitmaßnahme beim "Gesundschrumpfen" von Betrieben (Schmid/Semlinger 1980: 58ff., 150ff.).

Wenig überzeugend ist schließlich bei den beruflichen Weiterbildungsmaßnahmen auch das mögliche Argument, diese Maßnahmen könnten in Regionen mit sehr ungünstiger Arbeitsmarktlage sinnvollerweise schon deshalb nur unterdurchschnittlich eingesetzt werden, weil bei sehr hoher Arbeitslosigkeit auch qualifizierte Arbeitslose mangels geeigneter Arbeitsplätze kaum vermittelt werden können: Dieses Argument läßt unberücksichtigt, daß berufliche Qualifizierung nicht nur ein Instrument zum Ausgleich von Angebot und Nachfrage auf dem Arbeitsmarkt ist, sondern auch ein nachfrageinduzierender und selbständig Beschäftigung schaffender Faktor sein kann, wenn neue Qualifikationen die Voraussetzung für neue Produktideen und ihre Realisierung und damit für die Stimulierung zusätzlicher Nachfrage sind (Kern/Schumann 1984; Schmid/Reissert/Bruche 1987: 323f.). Außerdem zeigt die Statistik, daß die als "Qualifizierungsoffensive" bekannte erhebliche Ausweitung der Weiterbildungsmaßnahmen für Arbeitslose 1986 erstmals überproportional von Landesarbeitsamtsbezirken mit sehr hoher Arbeitslosigkeit genutzt wurde[7] und daß der Anteil derjenigen Teilnehmer, die nach der Weiterbildung wieder arbeitslos wurden, in diesen Regionen dennoch ebenso gesunken ist wie im gesamten Bundesgebiet (Hofbauer/Nagel 1987: 6; Lerch in diesem Band).

Da es schwerfällt, das "Begünstigungsprinzip" in der aktiven Arbeitsmarktpolitik durch "objektive" Faktoren zu erklären, liegt es nahe, auch nach institutionellen Ursachen zu suchen, die sich u.a. aus der Organisations- und Finanzierungsstruktur der Bundesanstalt für Arbeit ergeben können. Tatsächlich zeichnen sich in diesem Zusammenhang zwei Erklärungsfaktoren ab:

- Nach dem AFG sind die meisten arbeitsmarktpolitischen Instrumente "Pflichtleistungen". Sie beruhen auf individuellen Rechtsansprüchen und stehen - von Ausnahmen abgesehen - nur Personen zur Verfügung, die durch Beitragszahlungen einen Anspruch auf Arbeitslosengeld oder Arbeitslosenhilfe erworben haben ("potentiellen Leistungsempfängern"). Diese Regelung entspricht der Tatsache, daß die aktive Arbeitsmarktpolitik aus Arbeitslosenversicherungsbeiträgen finanziert wird; sie folgt der Logik von Versicherungssystemen, die - gemäß dem Äquivalenzprinzip - die Leistungsgewährung von vorausgegangenen Beitragszahlungen abhängig machen und durch individuelle

Rechtsansprüche einen engen Bezug zwischen Beträgen und Leistungen herstellen (Schmid/Reissert/Bruche 1987). Da die wichtigsten arbeitsmarktpolitischen Instrumente - mit Ausnahme der Arbeitsbeschaffungsmaßnahmen - nicht auf Langzeitarbeitslose ausgerichtet sind, kommen als Teilnehmer arbeitsmarktpolitischer Maßnahmen vor allem die "potentiellen Arbeitslosengeldempfänger" (und weniger die "potentiellen Arbeitslosenhilfeempfänger") in Frage. Es ist deshalb plausibel, daß arbeitsmarktpolitische Maßnahmen überproportional von denjenigen Regionen in Anspruch genommen werden, in denen sich unter den Arbeitslosen überdurchschnittlich viele "potentielle Arbeitslosengeldempfänger" befinden. Wie Tabelle 3 (in Spalte 4) zeigt, sind dies genau die Regionen mit relativ günstiger Arbeitsmarktlage: In ihnen liegt der Anteil der Arbeitslosengeldempfänger deutlich über dem Durchschnitt, weil bei relativ geringer Arbeitslosigkeit die individuelle Dauer der Arbeitslosigkeit kürzer und der Anteil der "Problemgruppen" (mit häufig fehlenden Leistungsansprüchen) an den Arbeitslosen kleiner ist (vgl. auch Tabelle 2, Zeile 1.9[8])). Die wenig problemgerechte regionale Ausgabenverteilung bei wichtigen arbeitsmarktpolitischen Instrumenten läßt sich also zum Teil durch die Ausgestaltung der Maßnahmen als "Pflichtleistungen" und ihre Konzentration auf "potentielle Leistungsempfänger" - und damit durch das aus der Arbeitslosenversicherung übernommene Äquivalenzprinzip - erklären (Bruche/Reissert 1985: 153f.). Umgekehrt ist damit auch die problemgerechtere regionale Verteilung der Arbeitsbeschaffungsmaßnahmen und der aus dem Bundeshaushalt finanzierten Programme der aktiven Arbeitsmarktpolitik erklärbar: Arbeitsbeschaffungsmaßnahmen sind vor allem auf Langzeitarbeitslose ausgerichtet und kommen damit auch den "potentiellen Arbeitslosenhilfeempfängern" zugute, die in den Problemregionen überproportional vertreten sind (Tabelle 3, Spalte 5); ihr regionaler Einsatz kann zudem - da es sich um "Kann-Leistungen" handelt - eher diskretionär gesteuert werden[9]. Die aus dem Bundeshaushalt finanzierten Programme müssen angesichts ihrer anderen Finanzierung auf das Äquivalenzprinzip keine Rücksicht nehmen.

- Da die Bundesanstalt für Arbeit gleichermaßen für die Verwaltung der Lohnersatzleistungen und die Implementation der aktiven Arbeitsmarktpolitik zuständig ist, besteht zwischen beiden Aufgabenbereichen ein enger personeller und organisatorischer Zusammenhang: Bei hoher oder steigender Arbeitslosigkeit werden personelle und organisatorische Kapazitäten vordringlich für die Verwaltung der Lohnersatzleistungen beansprucht und stehen für die Durchführung der aktiven Arbeitsmarktpolitik nicht zur Verfügung (Schmid 1982: 51; Bruche/Reissert 1985: 125-131). Dies führt vermutlich gerade in Regionen mit hoher und rasch steigender Arbeitslosigkeit dazu, daß (ohne eine allgemeine Verstärkung oder rasche Umverteilung von Personal) für die organisatorisch und personell aufwendige aktive Arbeitsmarktpolitik nur geringe Kapazitäten zur Verfügung stehen, während die Arbeitsverwaltung in Regionen mit besserer Arbeitsmarktlage weniger mit der Verwaltung der Arbeitslosigkeit und der Gewährung von Lohnersatzleistungen belastet ist und damit über bessere personelle und organisatorische Voraussetzungen zur Durchführung der aktiven Arbeitsmarktpolitik verfügt. Dieser Zusammenhang läßt sich mit Hilfe öffentlich zugänglicher Daten zwar nicht exakt belegen, doch deutet die regionale Verteilung der gesamten Verwaltungsausgaben der BA darauf hin (Tabelle 3, Spalte 6): Den Regionen mit relativ günstiger Arbeitsmarktlage stehen überdurchschnittliche Verwaltungskapazitäten zur Verfügung, die Problemregionen verfügen dagegen nur über unterdurchschnittliche Verwaltungsressourcen[10]. Auch hierdurch läßt sich das "Begünstigungsprinzip" zum Teil erklären.

3. Regionale Kaufkraftstabilisierung durch Arbeitsmarktpolitik

3.1 Einführung

In der finanzwissenschaftlichen Literatur gilt die Arbeitslosenversicherung als idealtypisches Beispiel für einen automatischen konjunkturellen Stabilisator: Im Wirtschaftsaufschwung nehmen bei steigender Beschäftigung ihre Beitragseinnahmen zu, die Unterstützungszahlungen gehen zurück; im Abschwung sinkt bei zunehmender Unterbeschäftigung das Beitragsaufkommen, während die Ausgaben steigen. Auf diese Weise entstehen in der Hochkonjunktur automatisch Überschüsse, mit denen Kaufkraft abgeschöpft wird; in der Rezession ergibt sich ein "Deficit Spending", das die Nachfrage stützt (Albers 1969: 283; Musgrave 1974: 470; Haller 1981: 431; zur empirischen Evidenz vgl. zusammenfassend für die USA Hamermesh 1977: 60-64, für die Bundesrepublik Bruche/Reissert 1985: 140-146). Im Gegensatz zur großen Beachtung, die dieser konjunkturelle Stabilisierungseffekt gefunden hat, steht die Tatsache, daß ein ganz ähnlicher automatischer Effekt, den die Arbeitslosenversicherung im Idealtyp besitzt, bisher fast unbeachtet geblieben ist: ihr regionaler Stabilisierungseffekt. Er kommt dadurch zustande, daß in Regionen mit hoher Erwerbslosigkeit die Ausgaben für Unterstützungsleistungen üblicherweise hoch und die Einnahmen aus Beiträgen der Beschäftigten relativ gering sind, während in Regionen mit geringer Arbeitslosigkeit nur wenige Unterstützungszahlungen anfallen und dafür um so mehr Beiträge gezahlt werden. Eine zentralstaatlich organisierte Arbeitslosenversicherung verteilt auf diese Weise Ressourcen in diejenigen Regionen um, die von Arbeitslosigkeit besonders betroffen sind; sie kompensiert damit zumindest teilweise den durch Arbeitslosigkeit drohenden regional konzentrierten Kaufkraftverlust und verhindert so möglicherweise sich selbst verstärkende Effekte regionaler Arbeitslosigkeit.

Obwohl sie sich aufdrängt, ist die Frage, inwieweit die Arbeitslosenversicherung der Bundesrepublik dem Idealtyp entspricht und durch die Vereinnahmung und Verausgabung von Ressourcen zur Umverteilung und zum Kaufkraftausgleich zwischen den Regionen beiträgt, bisher kaum untersucht worden (vgl. - auf ungenügender Datenbasis - lediglich Bosch 1983: 468; Bruche/Reissert 1985: 148f.[11]). Auch in der theoretischen Literatur hat der regionale Stabilisierungseffekt der Arbeitslosenversicherung in den letzten Jahrzehnten fast keine Beachtung gefunden. Das ist aus historischer Perspektive erstaunlich. Immerhin hat die Arbeitslosenforschung schon früh darauf hingewiesen, daß sich regional konzentrierte Arbeitslosigkeit bei geringen Unterstützungsleistungen durch Nachfrageausfälle selbst verstärken kann (Jahoda/Lazarsfeld/Zeisel 1933: 55f.), und auch aus der Theorie der Arbeitslosenversicherung ist lange bekannt, daß Arbeitslosigkeits-Risiken nicht unabhängig voneinander sind, sondern Kettenreaktionen auslösen können (Schmid/Reissert/Bruche 1987: 111f.); um solche Kettenreaktionen auf lokaler oder regionaler Ebene durch einen überregionalen Risikoausgleich zu verhindern (oder mindestens zu begrenzen), wurden in Deutschland - ähnlich wie in anderen Ländern - schon zu Beginn dieses Jahrhunderts vor der Einrichtung der allgemeinen Arbeitslosenversicherung zentralstaatliche Mitfinanzierungsregelungen für die kommunale Erwerbslosenfürsorge eingeführt (Wilke/Götz 1980: 14ff.; Schmid/Reissert/Bruche 1987: 116ff.). Nach langer Zeit hat nun erst wieder die - vor allem durch Arbeitslosigkeit verursachte - Zunahme der Sozialhilfebelastung von Ländern und Kommunen auf das Thema aufmerksam gemacht; zusammen mit der 1988 vorgelegten Initiative von sechs Bundesländern, die vom Bund die Übernahme von Sozialhilfebelastungen der Länder und Gemeinden verlangt ("Albrecht-Initiative"), hat sie gezeigt, welche regionalen Stabilisierungswirkungen einem dezentral finanzierten sozialen Sicherungssystem versagt bleiben und wie groß diese Umverteilungseffekte bei zentraler Finanzierung wären (Bundesrat 1988). Gleichzeitig haben nun auch die regionalen Umverteilungseffekte anderer Sozialversicherungszweige (Renten- und Krankenversicherung) zunehmende Beachtung gefunden (Blum 1987; Goeschel 1987).

Die folgenden Abschnitte versuchen die skizzierte Forschungslücke zu schließen. Sie beschränken sich dabei nicht auf die Arbeitslosenversicherung im engen Sinn (d.h. auf die Lohnersatzleistungen und ihre Finanzierung), sondern betrachten - entsprechend der oben (1.) ausgeführten Definition - die gesamte Arbeitsmarktpolitik. Die Untersuchung stellt sich damit u.a. die Frage, ob die Arbeitsmarktpolitik durch ihre Ausgaben und Einnahmen als regionaler Stabilisator zugunsten der Problemregionen wirkt, obwohl diese Regionen - wie oben festgestellt - bei der aktiven Arbeitsmarktpolitik und beim Arbeitslosengeld tendenziell unterdurchschnittliche Ausgaben je Arbeitslosen erhalten. Da die Arbeitsmarktpolitik im wesentlichen aus zwei verschiedenen Quellen finanziert wird (s.o. 1.), ist auch die folgende Analyse zweigeteilt. Sie untersucht zunächst die regionale Umverteilung, die sich durch die beitragsfinanzierten Ausgaben der Bundesanstalt für Arbeit ergibt (3.2), und dann die Umverteilung, die durch die Arbeitslosenhilfe und ihre Finanzierung aus dem Bundeshaushalt entsteht (3.3). Wegen ihrer sehr geringen Bedeutung im Untersuchungszeitraum bleiben diejenigen Leistungen der aktiven Arbeitsmarktpolitik, die aus dem Bundeshaushalt finanziert werden, unberücksichtigt; dasselbe gilt für die aus einer speziellen Arbeitgeberumlage finanzierte Produktive Winterbauförderung.

3.2 Regionaler Stabilisierungseffekt der Bundesanstalt für Arbeit

In Tabelle 4 sind die Ausgaben und die Beitragseinnahmen der BA in den einzelnen Landesarbeitsamtsbezirken einander gegenübergestellt. Spalte 1 enthält die jahresdurchschnittlichen Ausgaben für das Arbeitslosengeld und alle beitragsfinanzierten Maßnahmen der aktiven Arbeitsmarktpolitik im Zeitraum 1983-1987, Spalte 3 die dafür in den einzelnen Bezirken aufgebrachten Beitragseinnahmen der Bundesanstalt. Ihre Gegenüberstellung zeigt in Spalte 6 einen erheblichen regionalen Umverteilungsprozeß[12]: Auf der Ebene der Landesarbeitsamtsbezirke bewirken die Einnahmen und Ausgaben der Bundesanstalt für Arbeit regionale Umschichtungen von 2,5 Mrd. DM jährlich. (Angesichts der großen regionalen Unterschiede innerhalb der Landesarbeitsamtsbezirke wären die erkennbaren Umschichtungen bei einer Betrachtung kleinerer regionaler Einheiten mit Sicherheit noch wesentlich größer; vgl. Bosch 1983: 468). Das Umverteilungsvolumen zwischen den Landesarbeitsamtsbezirken ist - wie die Tabelle in Spalte 10 zum Vergleich zeigt - etwa ebenso groß wie das Mittelvolumen, das im horizontalen Länderfinanzausgleich zwischen den entsprechenden Regionen bewegt wird. Der Unterschied zwischen beiden Umverteilungsprozessen besteht in der Tatsache, daß es sich im einen Fall um einen internen Prozeß in einem zentralen Haushalt, im anderen Fall um Zahlungen zwischen selbständigen öffentlichen Haushaltsträgern (Bundesländern) handelt. Hieraus ergeben sich trotz gleicher regionalwirtschaftlicher Bedeutung große Unterschiede in der politischen Sichtbarkeit und Konflikthaftigkeit: Während der Länderfinanzausgleich deutlich sichtbar und politisch heftig umstritten ist, vollzieht sich der regionale Umverteilungsprozeß durch die Bundesanstalt für Arbeit praktisch "geräuschlos".

Wie die Tabelle in den Spalten 5 bis 8 zeigt, sind Baden-Württemberg, Hessen, Südbayern und Berlin "Nettozahler" der beitragsfinanzierten Arbeitsmarktpolitik; hier liegen die Ausgaben unter dem Beitragsaufkommen. Niedersachsen/Bremen, Schleswig-Holstein/Hamburg, Nordbayern und Rheinland-Pfalz/Saarland sind "Nettoempfänger". In Nordrhein-Westfalen gleichen sich Ausgaben und Beitragseinnahmen fast genau aus. Dieses Umverteilungsmuster entspricht - wenn man die Bundesländer in den Landesarbeitsamtsbezirken entsprechend zusammenfaßt - fast genau der Konstellation von "Geber- und Nehmerländern" im Länderfinanzausgleich (Spalte 10), und es entspricht auch weitgehend den unterschiedlichen regionalen Arbeitsmarktproblemen: Die Bezirke mit der niedrigsten Arbeitslo-

Tab. 4: Regionale Verteilungseffekte der Beitragsfinanzierten Ausgaben der Bundesanstalt für Arbeit 1983-1987 (je Jahr)

LAA-Bezirk	Durchschnittliche Ausgaben je Jahr		Beitragsaufkommen zur Finanzierung der Ausgaben		Verhältnis Ausgaben: Beiträge (1)' : (3)	Regionale Ausgabe-Einnahme-Salden Nettozufluß (+)/Nettoabfluß (-)			Zum Vergleich: Arbeitslosenquote ($\varnothing$ 1983-1987)	Zum Vergleich: Zahlungen im Länderfinanzausgleich ($\varnothing$ 1983-1987)
	Mio. DM	%	Mio. DM	%		Mio. DM	(1) - (3) in % des regionalen BIP	DM/Einwohner	%	Mio. DM
	(1)	(2)	(3)	(4)	(5)	(6)	(7)	(8)	(9)	(10)
Schleswig-H./Hamburg	2.560,9	8,6	2.135,0	7,1	1,20	+ 425,9	(+) 0,3	+ 101	11,3	+ 287,7*
Niedersachsen/Bremen	4.670,6	15,6	3.307,6	11,0	1,41	+ 1.363,0	(+) 0,7	+ 173	11,9	+ 1.239,2*
Nordrhein-Westfalen	8.254,7	27,6	8.252,8	27,6	1,00	+ 1,9	0	0	10,8	+ 46,3
Hessen	2.338,2	7,8	2.932,5	9,8	0,80	- 594,3	(-) 0,3	- 107	7,1	- 723,2
Rheinland-Pf./Saarland	2.303,3	7,7	1.997,0	6,7	1,15	+ 306,3	(+) 0,2	+ 66	9,4	+ 695,2*
Baden-Württemberg	3.518,3	11,8	5.072,8	16,9	0,69	- 1.554,5	(-) 0,5	- 168	5,4	- 1.595,8
Nordbayern	2.550,5	8,5	2.144,9	7,2	1,19	+ 405,6	(+) 0,3	+ 85	8,4	+ 50,4
Südbayern	2.740,1	9,2	3.038,4	10,2	0,90	- 298,3	(-) 0,2	- 48	6,7	
Berlin	998,7	3,3	1.054,3	3,5	0,95	- 55,6	(-) 0,1	- 30	10,3	-
Bund	29.935,3	100,0	29.935,3	100,0	1,00	0	-	-	9,1	0
Umverteilungsvolumen						± 2.502,7				± 2.318,9

* Zusammengefaßte Werte der Zahlungen an die entsprechenden Bundesländer (bei Schleswig-Holstein/Hamburg saldierter Wert aus 560,6 Mio. DM an Schleswig-Holstein und 272,9 Mio. DM von Hamburg). Auf der Ebene aller einzelnen Bundesländer beträgt das durchschnittliche jährliche Umverteilungsvolumen des Länderfinanzausgleichs im Untersuchungszeitraum ± 2.591,9 Mio. DM.

Zu Quellenangaben und Erläuterungen vgl. Anhang.

sigkeit (Baden-Württemberg, Hessen, Südbayern; vgl. Spalte 9) tragen zur Kaufkraftstabilisierung in den Bezirken mit der höchsten Arbeitslosigkeit (Niedersachsen/Bremen, Schleswig-Holstein/Hamburg) bei. Diese Übereinstimmung zwischen "Nettozahler-" bzw. "Nettoempfängerposition" und Arbeitsmarktlage der einzelnen Regionen (die in einem Korrelationskoeffizienten von 0,81 zwischen den Spalten 8 und 9 der Tabelle zum Ausdruck kommt) wird an den Extremfällen Baden-Württemberg und Niedersachsen/Bremen besonders deutlich: Baden-Württemberg, die Region mit der niedrigsten Arbeitslosigkeit, ist bei der beitragsfinanzierten Arbeitsmarktpolitik (ebenso wie beim Länderfinanzausgleich) größter "Nettozahler"; der "Nettoabfluß" aus dem Land, das nur rund zwei Drittel seines Beitragsaufkommens in Form von Leistungen "zurückerhält" (Spalte 5), macht ein halbes Prozent des regionalen Bruttoinlandsprodukts aus (Spalte 7). Für Niedersachsen/Bremen, den Bezirk mit der höchsten Arbeitslosigkeit und größten "Nettoempfänger" der Arbeitsmarktpolitik, macht der "Nettozufluß" 0,7 % des Bruttoinlandsprodukts aus; die Ausgaben in der Region sind fast eineinhalb mal so hoch wie ihr Beitragsaufkommen.

Zwischen diesen Extremfällen gibt es allerdings auch drei Regionen, die sich in das beschriebene Muster nicht genau einfügen: In Nordrhein-Westfalen und Berlin sind die Ausgaben trotz der überdurchschnittlichen Arbeitslosigkeit nicht höher als das Beitragsaufkommen; Nordbayern ist umgekehrt trotz seiner unterdurchschnittlichen Arbeitslosenquote ein "Nettoempfänger" der Arbeitsmarktpolitik. Ausschlaggebend für die Position Nordrhein-Westfalens und Berlins ist offenbar die Tatsache, daß beide Bezirke sowohl beim Arbeitslosengeld als auch bei der aktiven Arbeitsmarktpolitik mit Abstand die niedrigsten Ausgaben je Arbeitslosen erhalten (s.o. Tabelle 2). Für beide Bezirke wirkt sich also das "Begünstigungsprinzip" bei der regionalen Ausgabenverteilung auf ihre Position im regionalen Umverteilungsprozeß aus. Von diesen Ausnahmen abgesehen läßt sich jedoch grundsätzlich feststellen, daß die beitragsfinanzierte Arbeitsmarktpolitik der BA insgesamt als regionaler Stabilisator zugunsten der Problemregionen wirkt, obwohl diese Regionen - wie oben festgestellt - sowohl bei der aktiven Arbeitsmarktpolitik als auch beim Arbeitslosengeld im Verhältnis zu ihrer Arbeitslosenzahl nur unterdurchschnittliche Leistungen erhalten. Der Stabilisierungseffekt kommt vor allem durch die hohen Arbeitslosenzahlen der Problemregionen zustande, die trotz der unterdurchschnittlichen Ausgaben je Arbeitslosen zu überdurchschnittlichen Gesamtausgaben führen; außerdem ist das Beitragsaufkommen in den Problemregionen relativ niedrig. Bei einer problemgerechteren Ausgabenverteilung - vor allem der aktiven Arbeitsmarktpolitik - wäre der regionale Stabilisierungseffekt allerdings noch deutlich höher. Vor allem Nordrhein-Westfalen und Berlin würden ihre Positionen im regionalen Umverteilungsprozeß bei einer problembezogeneren Ausgabenverteilung wesentlich verbessern.

3.3 Regionaler Stabilisierungseffekt der Arbeitslosenhilfe

Analog zu Tabelle 4 enthält Tabelle 5 eine regionalisierte Gegenüberstellung der Ausgaben des Bundeshaushalts für die Arbeitslosenhilfe und der dafür benötigten Einnahmen. Bei den Einnahmen wird unterstellt, daß der Bundeshaushalt vollständig durch Steuern finanziert wird und daß die Beiträge der einzelnen Regionen zum Steueraufkommen des Bundes anteilig zur Finanzierung der Arbeitslosenhilfe verwendet werden (vgl. im übrigen die genaueren Erläuterungen im Anhang).

Obwohl das bundesweite Ausgabevolumen der Arbeitslosenhilfe mit 8,6 Mrd. DM wesentlich geringer ist als das beitragsfinanzierte Ausgabevolumen der BA (29,9 Mrd. DM), zeigt die Tabelle, daß der regionale Stabilisierungseffekt der Arbeitslosenhilfe nicht viel kleiner ist als der Umverteilungseffekt, der durch die beitragsfinanzierten Ausgaben der BA zustandekommt: Auf der Ebene der Landesarbeitsamtsbezirke bewirken die Ausgaben und Einnahmen für die Arbeitslosenhilfe regionale Umschichtungen von knapp 1,8 Mrd. DM im Jahr (Spalte 6; vgl. demgegenüber 2,5 Mrd. DM in Tabelle 4). Setzt man das Umverteilungsvolumen ins Verhältnis zum bundesweiten Ausgabevolumen, so ist der relative Umverteilungseffekt bei der Arbeitslosenhilfe sogar erheblich größer als bei den beitragsfinanzierten BA-Ausgaben: Bei der Arbeitslosenhilfe sind 21 % des Ausgabevolumens umverteilungswirksam, bei den BA-Ausgaben nur 8 %. Dieser Unterschied macht sich auch darin bemerkbar, daß das Verhältnis von regionalen Ausgaben zu regionalen Einnahmen (Spalte 5) bei der Arbeitslosenhilfe eine wesentlich größere Streuung aufweist als bei den BA-Ausgaben: Bei der Arbeitslosenhilfe reicht die Spanne von 0,41 (Baden-Württemberg) bis 1,64 (Niedersachsen/Bremen), bei den BA-Ausgaben (bei denen dieselben Regionen die Extremfälle bilden) dagegen nur von 0,69 bis 1,41.

Ursachen für den größeren relativen Umverteilungseffekt der Arbeitslosenhilfe (im Vergleich zu den beitragsfinanzierten Ausgaben der BA) sind vor allem auf der Ausgabeseite erkennbar: Die Ausgaben der Arbeitslosenhilfe sind wesentlich ungleichmäßiger auf die Regionen verteilt als die BA-Ausgaben. Auf die Bezirke mit sehr hoher Arbeitslosigkeit (Niedersachsen/Bremen, Schleswig-Holstein/Hamburg, Nordrhein-Westfalen, Berlin) entfallen bei der Arbeitslosenhilfe wesentlich größere Anteile der Ausgaben als bei den beitragsfinanzierten Leistungen der BA (vgl. Spalte 2 der Tabellen 4 und 5); umgekehrt erhalten die Bezirke mit relativ niedriger Arbeitslosigkeit bei der Arbeitslosenhilfe wesentlich kleinere Ausgabenanteile als bei den beitragsfinanzierten Leistungen. Dieses Verteilungsmuster, das bereits oben in Tabelle 2 (Zeilen 1.8, 1.9, 2.2) erkennbar war und dort mit institutionellen Faktoren und mit dem Zusammenhang zwischen Niveau und individueller Dauer der Arbeitslosigkeit erklärt worden ist, führt dazu, daß der regionale Umverteilungseffekt bei der Arbeitslosenhilfe den unterschiedlichen regionalen Arbeitsmarktproblemen noch genauer

Tab. 5: Regionale Umverteilungseffekte der Arbeitslosenhilfe und ihrer Finanzierung 1983-1987 (je Jahr)

LAA-Bezirk	Durchschnittliche Ausgaben je Jahr		Steueraufkommen zur Finanzierung der Ausgaben		Verhältnis Ausgaben: Steuereinnahmen (1) : (3)	Regionale Ausgabe-Einnahme-Salden Nettozufluß (+)/Nettoabfluß (−)			Zum Vergleich: Arbeitslosenquote (ϕ 1983-1987)
	Mio. DM	%	Mio. DM	%		Mio. DM	(1) − (3) in % des regionalen BIP	DM/Einwohner	%
	(1)	(2)	(3)	(4)	(5)	(6)	(7)	(8)	(9)
Schleswig-H./Hamburg	892,2	10,3	647,7	7,5	1,38	+ 244,5	(+) 0,2	+ 58	11,3
Niedersachsen/Bremen	1.627,8	18,9	990,3	11,5	1,64	+ 637,5	(+) 0,3	+ 81	11,9
Nordrhein-Westfalen	3.094,2	35,8	2.383,2	27,6	1,30	+ 711,0	(+) 0,1	+ 43	10,8
Hessen	540,1	6,3	851,9	9,9	0,63	− 311,8	(−) 0,2	− 56	7,1
Rheinland-Pf./Saarland	678,0	7,9	571,3	6,6	1,19	+ 106,7	(+) 0,1	+ 23	9,4
Baden-Württemberg	578,2	6,7	1.427,2	16,5	0,41	− 849,0	(−) 0,3	− 92	5,4
Nordbayern	448,8	5,2	606,3	7,0	0,74	− 157,5	(−) 0,1	− 33	8,4
Südbayern	454,9	5,3	907,6	10,5	0,50	− 452,7	(−) 0,2	− 73	6,7
Berlin	317,6	3,7	246,5	2,9	1,29	+ 71,1	(+) 0,1	+ 38	10,3
Bund	8.631,8	100,0	8.631,8	100,0	1,00	0	−	−	9,1
Umverteilungsvolumen						±1.770,9			

Zu Quellenangaben und Erläuterungen vgl. Anhang.

entspricht als bei den BA-Ausgaben: Alle Regionen mit überdurchschnittlicher Arbeitslosigkeit sind "Nettoempfänger" der Arbeitslosenhilfe - also im Unterschied zu den BA-Ausgaben auch Nordrhein-Westfalen und Berlin -, alle Regionen mit unterdurchschnittlicher Arbeitslosigkeit sind "Nettozahler". Auch das unterschiedliche regionale Volumen der "Nettozuflüsse" bzw. "-abflüsse" entspricht genau den unterschiedlichen regionalen Arbeitslosenquoten (der Korrelationskoeffizient zwischen den Spalten 8 und 9 von Tabelle 5 beträgt 0,99). Die Arbeitslosenhilfe wirkt also noch eindeutiger als regionaler Stabilisator zugunsten der Problemregionen als die beitragsfinanzierte Arbeitsmarktpolitik der BA.

Überraschenderweise kommt die Tatsache, daß der regionale Umverteilungseffekt bei der Arbeitslosenhilfe (im Verhältnis zum Ausgabevolumen) größer und (im Vergleich zur Arbeitslosenquote) problemgerechter ist als bei den BA-Ausgaben, nur durch die Ausgabeseite zustande - nicht durch die Einnahmeseite. Man hätte vermuten können, daß der Unterschied auch durch die unterschiedlichen Einnahmequellen verursacht wird, weil die (progressiven) Steuern, mit denen die Arbeitslosenhilfe finanziert wird, aus den Regionen mit relativ günstiger Wirtschafts- und Arbeitsmarktlage möglicherweise mehr Ressourcen abziehen als die (proportionalen) Arbeitslosenversicherungsbeiträge (vgl. so für Großbritannien Disney 1984: 250f.; Reissert 1985: 103ff.). Diese Vermutung findet jedoch keine Bestätigung: Der Anteil der Problemregionen an der Finanzierung des Bundeshaushalts ist nicht durchweg kleiner als ihr Anteil am Beitragsaufkommen der BA, und der Anteil der Regionen mit relativ günstiger Arbeitsmarktlage ist nicht durchweg größer (vgl. Spalte 4 der Tabellen 4 und 5). Niedersachsen/Bremen und Schleswig-Holstein/Hamburg tragen - entgegen der Vermutung - sogar einen größeren Anteil zum Steueraufkommen des Bundes bei als zum Beitragsaufkommen der BA; für Baden-Württemberg und Nordbayern ist umgekehrt der Anteil am Beitragsaufkommen größer als der Anteil am Steueraufkommen. Für diesen zunächst unerwarteten Befund gibt es - neben möglichen Verzerrungen bei der regionalen Zurechnung der Einnahmen (vgl. Anhang) - eine plausible Erklärung: Die Steuereinnahmen des Bundes stammen - entgegen der Annahme, die in der ursprünglichen Vermutung enthalten war - in ihrer Mehrheit nicht aus direkten, progressiven Steuern, sondern überwiegend (zu 54 %) aus indirekten Steuern. Da diese Steuern - im Gegensatz zu Arbeitslosenversicherungsbeiträgen und direkten Steuern - auch Arbeitslose belasten, ist es doch nicht so erstaunlich, daß Regionen mit hoher Arbeitslosigkeit einen größeren Anteil zur Finanzierung des Bundeshaushalts beitragen als zur Finanzierung der Bundesanstalt für Arbeit.

3.4 Bedeutung der regionalen Kaufkraftstabilisierung

Mit ihren Ausgaben und Einnahmen führt die Arbeitsmarktpolitik einschließlich der Arbeitslosenhilfe dazu, daß zwischen den Landesarbeitsamtsbezirken jährlich ein Finanzvolumen von rund 4 Mrd. DM umverteilt wird. Diese Umverteilung wirkt weitgehend als regionaler Stabilisator zugunsten der Regionen mit sehr hoher Arbeitslosigkeit; ihr "Nettoeffekt" macht in einzelnen Regionen bis zu einem Prozent des Bruttoinlandsprodukts aus (vgl. Niedersachsen/Bremen).

Welche Bedeutung dieser regionale Stabilisierungseffekt der Arbeitsmarktpolitik insgesamt besitzt, wird besonders deutlich, wenn man ihn mit den regionalen Wirkungen von zwei sozialen Sicherungssystemen für Arbeitslose vergleicht, die nicht auf regionalen Risikoausgleich angelegt sind: der deutschen Sozialhilfe und der US-amerikanischen Arbeitslosenversicherung. In beiden Systemen liegt die Finanzierungsverantwortung bei regionalen Körperschaften - für die Sozialhilfe bei Ländern und Kommunen, für die amerikanische Arbeitslosenversicherung bei den einzelnen Bundesstaaten (Prinz 1983: 435f.; Schmid/Reissert/Bruche 1987: 64ff., 122ff.). Regionale Belastungen (durch Arbeitslosigkeit) müssen deshalb ausschließlich von den betroffenen Regionen getragen werden, ohne daß ein Ausgleich erfolgt. In der Bundesrepublik führt diese regionale Konzentration der Lasten dazu, daß Kommunen mit hoher Arbeitslosigkeit angesichts ihrer Sozialhilfebelastungen die kommunalen Investitionsausgaben überdurchschnittlich einschränken und damit die regionale Arbeitslosigkeit verstärken (Hotz 1987; Bures 1987). In den USA führt sie dazu, daß die finanzielle Situation der einzelstaatlichen Arbeitslosenversicherungen ganz unterschiedlich ist: In Einzelstaaten mit günstiger Arbeitsmarktlage sind niedrige Beitragssätze und ausgeglichene Finanzen die Regel, in Staaten mit ungünstiger Arbeitsmarktlage dagegen hohe Beitragssätze und Defizite (Ende 1983 betrugen die Schulden der Arbeitslosenversicherungen allein in vier Staaten mit hoher Arbeitslosigkeit 9,3 Mrd. $; Vroman 1986). Da Arbeitslosenversicherungsbeiträge in den USA fast ausschließlich von den Arbeitgebern erhoben werden, wirken sich die entstandenen Beitragsunterschiede möglicherweise auch auf das Ansiedlungs- und Einstellungsverhalten der Arbeitgeber aus und verstärken so die regionalen Disparitäten auf dem Arbeitsmarkt (Hamermesh 1977: 79ff.).

Zum Vergleich mit dem regionalen Stabilisierungseffekt der Arbeitsmarktpolitik enthält Tabelle 6 eine Modellrechnung, die den möglichen regionalen Umverteilungseffekt der Sozialhilfe bei einer Änderung ihres Finanzierungssystems zeigt. In der Rechnung wird unterstellt, daß die Sozialhilfeaufwendungen - abweichend vom bestehenden System (Prinz 1983) - nicht allein von Ländern und Gemeinden getragen, sondern zur Hälfte vom Bund mitfinanziert werden und daß der Bund zum Ausgleich einen höheren Anteil vom Umsatzsteueraufkommen erhält. Diese Modellannahme ähnelt der oben erwähnten Reforminitiative einiger Bundesländer ("Albrecht-Initiative"; Bundesrat 1988), sie unterscheidet sich jedoch hinsichtlich der unterstellten Kompensationsregelung für den Bundeshaushalt: Während die Länderinitiative für den Bund nur einen teilweisen Ausgleich seiner erhöhten Aufwendungen vorsieht, wird hier unterstellt, daß die Beteiligung an der Sozialhilfe für den Bundeshaushalt vollständig durch einen höheren Umsatzsteueranteil kompensiert wird. Die geänderte Finanzierung führt in der hier vorgestellten Version also nur zur Umverteilung zwischen Ländern und Kommunen ohne finanzielle Beteiligung des Bundes 13), während die Länderinitiative auf Kosten des Bundes eine finanzielle Besserstellung aller Länder impliziert (Bundesrat 1988: 1f.).

Tab. 6: Regionaler Umverteilungseffekt einer Änderung des Finanzierungssystems der Sozialhilfe: Übernahme von 50 % der Sozialhilfeaufwendungen durch den Bund bei eintsprechender Erhöhung des Bundesanteils (und Senkung des Länderanteils) an der Umsatzsteuer (Modellrechnung)

Bundesland	Entlastung der Bundesländer und Kommunen durch Beteiligung des Bundes an den Sozialhilfeaufwendungen	Belastung der Bundesländer und Kommunen durch entspr. Senkung des Länderanteils an der Umsatzsteuer	Umverteilungseffekt durch Änderung: Nettobelastung (+)/Nettoentlastung (-) (2) - (1)			Zum Vergleich: Arbeitslosenquote 1986
	Mio. DM	Mio. DM	Mio. DM	in % des regionalen BIP	DM/Einwohner	%
	(1)	(2)	(3)	(4)	(5)	(6)
Schleswig-Holstein	435,7	387,7	- 48,0	(-) 0,1	- 18	10,9
Hamburg	525,9	233,8	- 292,1	(-) 0,3	- 185	13,0
Niedersachsen	1.169,0	1.067,6	- 101,4	(-) 0,1	- 14	11,5
Bremen	193,5	97,6	- 95,9	(-) 0,4	- 146	15,5
Nordrhein-Westfalen	2.851,4	2.473,0	- 378,4	(-) 0,1	- 23	10,9
Hessen	760,3	820,8	+ 60,5	(+) 0,0	+ 11	6,8
Rheinland-Pfalz	411,5	535,8	+ 124,3	(+) 0,1	+ 34	8,3
Baden-Württemberg	955,0	1.379,3	+ 424,3	(+) 0,1	+ 46	5,1
Bayern	984,2	1.631,4	+ 647,2	(+) 0,2	+ 59	7,0
Saarland	161,8	154,8	- 7,0	(-) 0,0	- 7	13,3
Berlin	611,2	277,3	- 333,9	(-) 0,5	- 179	10,5
Summe:	9.059,2	9.059,2	0	-	-	9,0
Umverteilungsvolumen:			± 1.256,5			

Zu Quellenangaben und Erläuterungen vgl. Anhang.

Wie die Tabelle zeigt, würde die Änderung des Finanzierungssystems der Sozialhilfe auf der Ebene der Bundesländer zu regionalen Umschichtungen von knapp 1,3 Mrd. DM im Jahr führen. Die Stadtstaaten und die norddeutschen Flächenländer sowie das Saarland würden von der Neuregelung profitieren, die süddeutschen Länder wären "Nettozahler". Die Tabelle macht damit zweierlei deutlich: Sie zeigt zum einen, welche regionale Stabilisierungswirkung einem dezentral finanzierten sozialen Sicherungssystem versagt bleibt. Gleichzeitig läßt sie noch einmal erkennen, wie bedeutsam der regionale Stabilisierungseffekt der Arbeitsmarktpolitik im Vergleich ist: Sein regionales Umverteilungsvolumen ist rund dreimal so groß wie das der politisch umstrittenen Sozialhilferegelung.

4. Schlußfolgerungen

Abschließend bleibt zu fragen, wodurch der beträchtliche regionale Stabilisierungseffekt der Arbeitsmarktpolitik noch verstärkt werden könnte. Die Antwort fällt angesichts der Untersuchungsergebnisse auf den ersten Blick leicht: durch einen problemgerechteren regionalen Einsatz der aktiven Arbeitsmarktpolitik, der die Begünstigung von Regionen mit relativ niedriger Arbeitslosigkeit vermeidet und die Selektivität zugunsten der Problemregionen stärkt. Schwerer fällt die Antwort auf die Frage, wie diese Abkehr vom "Begünstigungsprinzip" erreicht werden kann. Angesichts der Faktoren, die oben für das "Begünstigungsprinzip" verantwortlich gemacht worden sind (s.o. 2.3), ist vor allem an institutionelle Reformen zu denken, die allerdings einen tiefen Eingriff in das organisatorische und finanzielle Gefüge der Arbeitsmarktpolitik bedeuten würden (vgl. im einzelnen Schmid/Reissert/Bruche 1987: 325ff.): Durch eine stärkere finanzielle Trennung von aktiver Arbeitsmarktpolitik und Lohnersatzleistungen und eine stärkere Mitfinanzierung der aktiven Arbeitsmarktpolitik aus allgemeinen Steuermitteln des Bundeshaushalts könnte die Bedeutung des Äquivalenzprinzips für die aktive Politik geschwächt werden; die Chancen für eine selektivere Politik, die unabhängiger von erworbenen Ansprüchen operiert und die bisher an die legitimatorischen Grenzen eines Versicherungssystems stößt, würden dadurch gestärkt. Eine automatische Koppelung administrativer Ressourcen der Arbeitsverwaltung an den (regionalen) "Problemdruck" - wie sie in Schweden praktiziert wird - würde außerdem die Umsetzbarkeit einer regional selektiven Politik ermöglichen.

Anhang: Quellenangaben und Erläuterungen zu den Tabellen

Tabelle 1:

Quellen: Schmid 1980: 50 (für Angaben bis 1978), Regionaldatenbank Arbeitsmarkt des WZB (Reissert/Schmid 1985: 62 f.) und eigene Berechnungen (für Angaben ab 1979).

Zum Berechnungsmodus vgl. Schmid 1980: 46 ff., 264. Als jährliche Arbeitslosenquote wurde der Durchschnittswert der Monate März, Juni, September und Dezember verwendet.

Tabelle 2:

Quellen: ANBA-Jahreszahlen 1983 ff. und Regionaldatenbank Arbeitsmarkt des WZB (Reissert/Schmid 1985: 62 f., 89-92).

Tabelle 3:

- Spalte 1: Anteil der Beschäftigten des Baugewerbes an allen sozialversicherungspflichtigen Beschäftigten am 30.6.1985.

- Spalte 2: Beschäftigtenanteil derjenigen Wirtschaftszweige, deren Anteil an allen Kurzarbeitern 1986 bundesweit um mehr als 100 % über ihrem Anteil an allen Beschäftigten (am 30.6. 1986) lag (05-08, 14-18, 40-42, 45-52, 59-61: Bergbau, Steine, Erden, Keramik, Glas, Metallerzeugung, Holz, Leder, Schuhe, Textil, Bekleidung, Bau). Vgl. ANBA-Jahreszahlen 1986: 228 f.

- Spalte 3: Wachstumsrate der sozialversicherungspflichtigen Beschäftigung zwischen dem 30.6.1983 und dem 30.6.1987.

- Spalten 4/5: Angaben für Ende September 1985. Arbeitslose mit laufenden Anträgen auf Unterstützungsleistungen sind in den Quoten nicht enthalten.

- Spalte 6: Personal-, Sach- und Investitionsausgaben der Landesarbeitsämter und Arbeitsämter (Kapitel 6 des BA-Haushalts) 1983-1987 je Arbeitslosen in Prozent des Bundesdurchschnitts. Diese Ausgaben (jährlich 3-4 Mrd. DM) bestehen zu rund drei Vierteln aus Personalausgaben und zu ca. einem Fünftel aus sächlichen Verwaltungsausgaben (vgl. BA-Haushaltspläne).

- Spalte 7: Vgl. Tabelle 2, Zeile 1.8.

- Spalte 8: Vgl. Tabelle 2, Zeile 4.

Quelle, soweit nicht anders angegeben: ANBA-Jahreszahlen 1983 ff. und Regionaldatenbank Arbeitsmarkt des WZB (Reissert/Schmid 1985: 35-41, 51-58, 89-92).

Tabelle 4:

- Spalte 1: Ausgaben der BA gemäß Tabelle 2, Zeilen 1.1-1.9, mit Ausnahme der umlagefinanzierten Produktiven Winterbauförderung, jedoch einschließlich der Personal-, Sach- und Investitionsausgaben der Landesarbeitsämter und Arbeitsämter (vgl. Tabelle 3, Spalte 6). Durchschnittliche Angaben je Jahr für den Zeitraum 1983-1987.

- Spalte 3: Die von der BA veröffentlichten Beitragseinnahmen nach Landesarbeitsamtsbezirken (vgl. z.B. ANBA-Jahreszahlen 1986: 260) sind hier nicht verwendet worden, da sie offensichtlich die regionale Traglast der Beiträge nicht richtig wiedergeben (vgl. u.a. ebd. die kaum erklärbaren Sprünge zwischen den Daten einzelner Jahre und die Verzerrungen, die durch die teilweise Zentralisierung des Beitragseinzugs nach § 176 AFG entstehen). Zum Vergleich mit dem regionalen Ausgabeneinsatz ist aber eine Zurechnung der Beiträge nach der regionalen Traglast notwendig (vgl. Zimmermann/Stegmann 1981: 195 ff.; Biehl/Ullrich/Wolf 1988: 63 ff.; Rüsch 1988: 131 ff.). Deshalb wurde hier die regionale Verteilung der Beiträge nach dem beitragspflichtigen Bruttoarbeitsentgelt der sozialversicherungspflichtig Beschäftigten in den Regionen im Jahr 1984 ermittelt; dies entspricht einer Regionalisierung des Beitragsaufkommens nach dem Beschäftigungsort der Beitragszahler (Da von den sozialversicherungspflichtigen Beschäftigten rund 2 % aufgrund ihrer Arbeitszeit zwar renten- und krankenversichert, aber nicht arbeitslosenversichert sind, können hier Ungenauigkeiten enthalten sein, die aber in den regionalen Beitragsanteilen höchstens 0,02 Prozentpunkte ausmachen und deshalb zu vernachlässigen sind. Auch dadurch, daß einige arbeitsmarktpolitische Maßnahmen am Wohnort der Arbeitnehmer eingesetzt werden, während das Beitragsaufkommen nach dem Beschäftigungsort regionalisiert ist, kann die Gegenüberstellung von Ausgaben und Einnahmen kleine Unstimmigkeiten enthalten, die aber angesichts des Zuschnitts der hier betrachteten Regionen kaum von Bedeutung sein dürften; vgl. Biehl/Ullrich/Wolf 1988: 73 f.). Die noch unveröffentlichten regionalisierten Daten zum beitragspflichtigen Bruttoarbeitsentgelt für 1984 (neuere Angaben waren noch nicht verfügbar) wurden freundlicherweise vom Statistischen Bundesamt (Herrn Dr. Becker) zur Verfügung gestellt. Zu früheren Angaben vgl. Becker 1985: 941.

- Spalte 7: Basis ist das regionale Bruttoinlandsprodukt 1985. Quellen: Statistische Landesämter 1986: 105; Bayerisches Landesamt 1987: 45, 81.

- Spalte 8: Basis ist die regionale Bevölkerungszahl am 30.6.1985. Quellen: Statistisches Bundesamt 1985b: 192; Bayerisches Landesamt 1987: 12, 48.

- Spalte 10: Quelle: BMF 1988: 104 f.; BMF 1989.

Tabelle 5:

- Spalte 1: Durchschnittliche Ausgaben der Arbeitslosenhilfe (Tabelle 2, Zeile 2.2) je Jahr im Zeitraum 1983-1987.

- Spalte 3: Die Steuereinnahmen des Bundes wurden - analog zu Spalte 3 der Tabelle 4 - soweit möglich nach der regionalen Traglast den einzelnen Regionen zugeordnet. Dabei wurden - weitgehend analog zu anderen Inzidenzuntersuchungen (Zimmermann/Stegmann 1981: 195 ff.; Rüsch 1988: 131 ff.) - bei den einzelnen Steuerarten folgende Zuordnungskriterien verwendet: bei der Lohnsteuer, der veranlagten Einkommensteuer und der Gewerbesteuerumlage das örtliche Aufkommen, bei der Körperschaftssteuer und der Kapitalertragssteuer das zerlegte örtliche Aufkommen (Zimmermann/ Stegmann 1981: 207 f., 216 f.; Renner 1982: 380), bei der Umsatzsteuer und den speziellen Verbrauchssteuern (mit Ausnahme von 75 % der Mineralölsteuer) der regionale Konsum der privaten Haushalte 1983, bei 75 % der Mineralölsteuer der regionale PKW-Besatz am 1.7.1985 (Zimmermann/Stegmann 1981: 217 f., 222 f.). Datenquellen: Statistisches Bundesamt 1985a: 426 f., 1986a: 283, 1987a: 434 f.; Statistische Landesämter 1986: 194-205; BMF 1988: 168 f.; Bayerisches Landesamt 1987: 12, 36, 42, 44, 80. Da für 1987 noch keine Angaben vorlagen, wurden nur die Steuereinnahmen der Jahre 1983-1986 zugrunde gelegt.

- Spalten 7/8: Vgl. Angaben zu Tabelle 4.

Tabelle 6:

- Spalte 1: 50 % der "Reinausgaben" der Sozialhilfe 1986 (Deininger 1987: 876).

- Spalte 2: Die Senkung des Länderanteils an der Umsatzsteuer um 9,06 Mrd. DM entspricht für 1986 einer Abtretung von 8,15 Prozentpunkten dieses Anteils (BMF 1988: 175). Gemäß § 2 des Gesetzes über den Finanzausgleich zwischen Bund und Ländern werden die einzelnen Länder im Verhältnis ihrer Bevölkerungszahlen von dieser Senkung betroffen (vgl. Renner 1982: 347 ff., 368 ff.). Berechnung dementsprechend nach Statistisches Bundesamt 1986b: 212 (Bevölkerungszahlen für den 30.6.1986).

- Spalte 4: Basis ist das regionale Bruttoinlandsprodukt 1985 (Statistische Landesämter 1986: 105).

- Spalte 5: Basis ist die Bevölkerungszahl am 30.6.1986 (Statistisches Bundesamt 1986b: 212).

- Spalte 6: Quelle: ANBA-Jahreszahlen 1987: 38 f.

Literaturverzeichnis

Albers, W.: Automatische Stabilisierungswirkung. In: H.C. Recktenwald (Hrsg.), Finanzpolitik, Köln/Berlin 1969, S. 280-303.

Albers, W.: Standortwirkungen der staatswirtschaftlichen Tätigkeit. In: W. Albers et al. (Hrsg.), Handbuch der Wirtschaftswissenschaft, Bd. 7, Stuttgart 1977, S. 212-223.

ANBA: Amtliche Nachrichten der Bundesanstalt für Arbeit, verschiedene Jahrgänge, Nürnberg 1983 ff.

ARL (Akademie für Raumforschung und Landesplanung) (Hrsg.): Analyse regionaler Arbeitsmarktprobleme, FuS 168, Hannover 1988.

Bach, H.U.; Brinkmann, C; Kohler, H.; Reyher, L.; Spitznagel, E.: Der Arbeitsmarkt in der Bundesrepublik Deutschland in den Jahren 1985 und 1986. In: Mitteilungen aus der Arbeitsmarkt- und Berufsforschung 18, Nr. 4, 1985, S. 409-415.

Bach, H.U.; Brinkmann, C.; Cramer, U.; Kohler, H.; Reyher, L.; Spitznagel, E.: Zur Arbeitsmarktentwicklung 1987/88: Entwicklungstendenzen und Strukturen. In: Mitteilungen aus der Arbeitsmarkt- und Berufsforschung 20, Nr. 3, 1987, S. 265-274.

Bayerisches Landesamt für Statistik und Datenverarbeitung: Kreisdaten, Ausgabe 1987, München 1987.

Becker, B.: Sozialversicherungspflichtig Beschäftigte nach Beschäftigungsdauer und Bruttoarbeitsentgelt. In: Wirtschaft und Statistik, Nr. 12, 1985, S. 932-941.

Biehl, D.; Ullrich, H.; Wolf, W.: Regionalisierung raumwirksamer Einnahmen und Ausgaben von Bund, Ländern und Gemeinden, Hannover 1988.

Blum, U.: Raumwirkungen des Budgets der Gesetzlichen Rentenversicherung, Karlsruhe 1986.

BMF (Bundesministerium der Finanzen): Finanzbericht, jährlich, Bonn 1984 ff.

Bosch, G.: Arbeitsmarktbeitrag - Eine gerechtere Verteilung der Lasten in der Arbeitsmarktpolitik. In: WSI-Mitteilungen 35, Nr. 8, 1983, S. 461-469.

Bosch, G.; Gabriel, H.; Seifert, H.; Welsch, J.: Beschäftigungspolitik in der Region, Köln 1987.

Bruche, G.; Reissert, B.: Die Finanzierung der Arbeitsmarktpolitik - System, Effektivität, Reformansätze, Frankfurt/New York 1985.

Bundesrat: Entwurf eines Gesetzes zur Änderung des Bundessozialhilfegesetzes und des Gesetzes über den Finanzausgleich zwischen Bund und Ländern, Gesetzesantrag der Länder Bremen, Hamburg, Niedersachsen, Nordrhein-Westfalen, Saarland und Schleswig-Holstein, Bundesratsdrucksache 124/88, Bonn 1988.

Bundesregierung: Raumordnungsbericht 1986, Bundestagsdrucksache 10/6027, Bonn 1986.

Bures, A.: Zu den Auswirkungen der Arbeitslosigkeit auf die Ausgabenstrukturen bei Kreisen und Kommunen, Diplomarbeit Universität Trier, Fach Geographie, Trier 1987.

Deeke, A.; Seifert, H.: Lokale Arbeitsmarktpolitik - Zum Problem von Handlungsspielräumen und Gestaltungsmöglichkeiten. In: WSI-Mitteilungen 34, Nr. 3, 1981, S. 165-179.

Deininger, D.: Sozialhilfeaufwand 1986. In: Wirtschaft und Statistik, Nr. 11, 1987, S. 872-877.

Disney, R.: The Regional Impact of Unemployment Insurance in the United Kingdom. In: Oxford Bulletin of Economics and Statistics 46, 1984, S. 241-254.

Garlichs, D.; Maier, F.; Semlinger, K. (Hrsg.): Regionalisierte Arbeitsmarkt- und Beschäftigungspolitik, Frankfurt/New York 1983.

Goeschel, A.: Sozialtransfers als Ausgleich oder Verstärkung von Regionaldisparitäten. In: Sozialer Fortschritt 36, Nr. 11, 1987, S. 263-267.

Haller, H.: Finanzwirtschaftliche Stabilisierungspolitik. In: F. Neumark (Hrsg.), Handbuch der Finanzwissenschaft, Bd. 3, Tübingen 1981, S. 359-513.

Hamermesh, D.S.: Jobless Pay and the Economy, Baltimore 1977.

Hardes, H.-D.: Ausgaben für operative Leistungen der Arbeitsmarktpolitik. In: H. Winterstein (Hrsg.), Selbstverwaltung als ordnungspolitisches Problem des Sozialstaates, Schriften des Vereins für Socialpolitik, N.F., Bd. 133/I, Berlin 1983, S. 45-87.

Hofbauer, H.; Nagel, E.: Zur Entwicklung der beruflichen Weiterbildung für Arbeitslose bis Mitte 1987 - Verhältnisse in den einzelnen Arbeitsamtsbezirken, Ms. Nürnberg 1987 (IAB-Kurzbericht, erscheint in: Berichte aus der Arbeitsmarkt- und Berufsforschung 42.9).

Holla, M. (unter Mitwirkung von D. Sakowsky): Regionale Wirkungen von Arbeitsförderungsmaßnahmen, Schriftenreihe des Bundesministers für Raumordnung, Bauwesen und Städtebau, Bonn 1978.

Hotz, D.: Arbeitslosigkeit, Sozialhilfeausgaben und kommunales Investitionsverhalten. In: Informationen zur Raumentwicklung, Nr. 9/10, 1987, S. 593-610.

Jahoda, M.; Lazarsfeld, P.; Zeisel, H.: Die Arbeitslosen von Marienthal, Frankfurt/M. 1975 (1933).

Kern, H.; Schumann, M.: Das Ende der Arbeitsteilung? Rationalisierung in der industriellen Produktion, München 1984.

Lerch, W.: Arbeitsmarktpolitik aus der Perspektive der Bundesländer. In: Sozialer Fortschritt 35, Nr. 10, 1986, S. 222-229.

Meisel, H.: Arbeitsmarkt und Arbeitsmarktpolitik in der Bundesrepublik Deutschland und in Baden-Württemberg. In: A.E. Ott (Hrsg.), Die Wirtschaft des Landes Baden-Württemberg, Stuttgart 1983, S. 62-71.

Musgrave, R.A.: Finanztheorie, Tübingen 1974.

OECD: Manpower and Social Affairs Committee, Recommendation on an Active Manpower Policy, Paris 1964.

Peters, A.B.; Schmid, G.: Aggregierte Wirkungsanalyse des arbeitsmarktpolitischen Programms der Bundesregierung für Regionen mit besonderen Beschäftigungsproblemen - Zwischenbericht, Discussion Paper IIM/LMP 82-1, Wissenschaftszentrum Berlin, 1982.

Prinz, A.: Die Finanzierung der Sozialhilfe im Finanzverbund zwischen Bund, Ländern und Gemeinden. In: Finanzarchiv, N.F., 41, Nr. 3, 1983, S. 431-451.

Reissert, B.: Die Finanzierung der Arbeitsmarktpolitik: Großbritannien, Discussion Paper IIM/LMP 84-21c, Wissenschaftszentrum Berlin, 1985.

Reissert, B.; Schmid, G.: Regionaldatenbank Arbeitsmarkt am IIMV/Arbeitsmarktpolitik - Handbuch, Discussion Paper IIM/LMP 85-2, Wissenschaftszentrum Berlin, 1985.

Renner, P.: Finanzausgleich unter den Ländern und Bundesergänzungszuweisungen. In: Der Bundesminister der Finanzen (Hrsg.), Die Finanzbeziehungen zwischen Bund, Ländern und Gemeinden, Bonn 1982, S. 327-384.

Rüsch, G.: Die regionale Aufbringungs-/Zuteilungsrechnung, Baden-Baden 1988.

Scharpf, F.W.; Garlichs, D.; Maier, F.; Maier, H.: Implementationsprobleme offensiver Arbeitsmarktpolitik - Das Sonderprogramm der Bundesregierung für Regionen mit besonderen Beschäftigungsproblemen, Frankfurt/New York 1982.

Schmid, G.: Strukturierte Arbeitslosigkeit und Arbeitsmarktpolitik, Königstein/Ts. 1980.

Schmid, G.: Zur Effizienz der Arbeitsmarktpolitik: ein Plädoyer für einen Schritt zurück und zwei Schritte vor, Discussion Paper IIM/LMP 82-3, Wissenschaftszentrum Berlin, 1982.

Schmid, G.: Handlungsspielräume der Arbeitsämter beim Einsatz aktiver Arbeitsmarktpolitik. In: F.W. Scharpf, M. Brockmann (Hrsg.), Institutionelle Bedingungen der Arbeitsmarkt- und Beschäftigungspolitik, Frankfurt/New York 1983, S. 135-165.

Schmid, G.; Reissert, B.; Bruche, G.: Arbeitslosenversicherung und aktive Arbeitsmarktpolitik, Finanzierungssysteme im internationalen Vergleich, Berlin 1987.

Schmid, G.; Semlinger, K.: Instrumente gezielter Arbeitsmarktpolitik - Kurzarbeit, Einarbeitungszuschüsse, Eingliederungsbeihilfen, Königstein/Ts. 1980.

Seifert, H.: Chancen für regionale Beschäftigungspolitik bei globaler Zurückhaltung - Zum Zusammenhang zwischen globaler und regionaler Beschäftigungspolitik. In: W. Fricke, H. Seifert, J. Welsch (Hrsg.), Mehr Arbeit der Region, Bonn 1986, S. 13-27.

Seifert, H.: Arbeitsbeschaffungsmaßnahmen - Beschäftigungspolitische Lückenbüßer für Krisenregionen? In: Sozialer Fortschritt 37, Nr. 6, 1988, S. 121-128.

Statistisches Bundesamt: Statistisches Jahrbuch für die Bundesrepublik Deutschland, 1985a-1987a, Stuttgart/Mainz.

Statistisches Bundesamt: Gebiet und Bevölkerung, Fachserie 1, Reihe 1, 1985b, 1986b, Stuttgart/Mainz.

Statistische Landesämter: Entstehung, Verteilung und Verwendung des Sozialprodukts in den Ländern der Bundesrepublik Deutschland, Revidierte Ergebnisse 1970 bis 1985, Gemeinschaftsveröffentlichung der Statistischen Landesämter "Volkswirtschaftliche Gesamtrechnungen der Länder", Heft 15, Stuttgart 1986.

Vroman, W.: The Funding Crisis in State Unemployment Insurance, Kalamazoo, Michigan, 1986.

Wilke, G.; Götz, G.: Die Finanzen der Bundesanstalt für Arbeit, Stuttgart 1980.

Zimmermann, H.: Öffentliche Ausgaben und regionale Wirtschaftsentwicklung, Tübingen 1970.

Zimmermann, H.: Regionale Inzidenz öffentlicher Finanzströme, Baden-Baden 1981.

Zimmermann, H.; Stegmann, H.: Öffentliche Finanzströme und regionalpolitische Fördergebiete, Bonn 1981.

Anmerkungen

1) Von den Gesamtausgaben der Bundesanstalt für Arbeit und den von der BA verwalteten arbeitsmarktpolitischen Bundesausgaben bleiben nach dieser Definition vor allem die unmittelbaren Personal- und Sachaufwendungen der Bundesanstalt für Verwaltung, Programmdurchführung, Arbeitsvermittlung und Berufsberatung unberücksichtigt. Sie werden später (im Abschnitt 2.3) in die Analyse einbezogen. Unberücksichtigt bleibt auch das Konkursausfallgeld.

2) Auf niedrigerer Aggregationsstufe sind (wenn man von den Bundesländern absieht, vgl. Lerch in diesem Band) nur Analysen zur regionalen Verteilung der Programmteilnehmer - nicht jedoch der Programmausgaben - möglich. Vgl. Schmid 1980: 218ff.; Schmid/Semlinger 1980: 131ff.; Deeke/Seifert 1981: 169ff.; Peters/Schmid 1982: 107ff.; Schmid 1983: 146ff.; Bosch et al. 1987: 245f.; Seifert 1988: 122ff.

3) In den Jahren 1981 und 1982 deckten Bundeszuschüsse in Höhe von 8,2 bzw. 7,0 Mrd. DM 29 bzw. 21 % der BA-Ausgaben ab. 1983 war noch ein geringer Bundeszuschuß (knapp 1,6 Mrd. DM) erforderlich (Bruche/Reissert 1985: 54). In

den Jahren 1984 bis 1987 reichten Beiträge (und Rücklagen) zur Deckung der Ausgaben aus. 1988 und 1989 werden wieder Bundeszuschüsse erforderlich.

4) Als Indikator für den regionalen "Problemdruck" und arbeitsmarktpolitischen Handlungsbedarf ist die Arbeitslosenquote - genau genommen - nicht unproblematisch, da sie bereits durch arbeitsmarktpolitische Maßnahmen und ihre entlastenden Wirkungen für den Arbeitsmarkt beeinflußt ist. Ein geeigneterer Indikator wäre die "potentielle Arbeitslosenquote", in die neben der Arbeitslosenzahl auch die Zahl derjenigen Personen eingehen müßte, die ohne arbeitsmarktpolitische Maßnahmen zusätzlich arbeitslos wären (Arbeitsmarktentlastungseffekt). Diese Zahl ist jedoch für einzelne Regionen nur sehr schwer zu ermitteln. Ihre Einbeziehung würde die Ergebnisse der Tabelle allerdings auch nicht wesentlich verändern, da der Arbeitsmarktentlastungseffekt der aktiven Arbeitsmarktpolitik im Verhältnis zur Arbeitslosenzahl gering ist: Nach Berechnungen der BA führten die wichtigsten arbeitsmarktpolitischen Maßnahmen in den Jahren 1983-1987 zu einer durchschnittlichen Reduzierung der Arbeitslosenzahl um 346 000 (Bach et al. 1985: 414; Bach et al. 1987: 273); die Arbeitslosenquote wäre demnach ohne arbeitsmarktpolitische Maßnahmen nur um 1,4 Prozentpunkte (15 %) höher gewesen. Angesichts dieser relativ geringen Differenz zwischen der offiziellen Arbeitslosenquote und der "potentiellen Arbeitslosenquote" (die, wie Tabelle 2 andeutet, zwischen den Landesarbeitsamtsbezirken offenbar auch nicht dramatisch variiert) erscheint die Verwendung der tatsächlichen Arbeitslosenquote als grober Indikator für den regionalen "Problemdruck" trotz der geschilderten Problematik gerechtfertigt. (In Schweden würde dies angesichts des hohen Einflusses der Arbeitsmarktpolitik auf die Arbeitslosenquote dagegen nicht gelten; vgl. Schmid/Reissert/Bruche 1987: 359). Bei genaueren Analysen wäre dieser Indikator durch Merkmale zur Struktur der Arbeitslosigkeit, zur Beschäftigungs- und Einkommenssituation u.ä. zu ergänzen.

5) Angesichts dieser Ergebnisse ist es politisch nicht erstaunlich, daß die Bundesregierung in ihrem Raumordnungsbericht 1986 zwar die regionale Verteilung der Arbeitsbeschaffungsmaßnahmen detailliert darstellt, bei den beruflichen Weiterbildungsmaßnahmen dagegen auf eine regionalisierte Darstellung verzichtet und nur bemerkt, die BA müsse "darum bemüht bleiben, daß die beruflichen Qualifizierungsmaßnahmen ... verstärkt auf die Erfordernisse des regionalen Arbeitsmarktes ausgerichtet werden" (Bundesregierung 1986: 64f.).

6) Von diesem Muster weichen die beiden bayerischen Bezirke etwas ab. In ihnen sind die Ausgaben für Arbeitslosengeld deutlich höher und die Ausgaben für Arbeitslosenhilfe deutlich niedriger, als man es aus dem Zusammenhang zwischen Niveau und individueller Dauer der Arbeitslosigkeit erwarten würde. Ausschlaggebend dafür ist offenbar die Tatsache, daß das Ausmaß der saisonalen Arbeitslosigkeit (bei der in der Regel Ansprüche auf Arbeitslosengeld bestehen) in Bayern viel größer ist als im übrigen Bundesgebiet. (Im Jahr 1985 betrug das Verhältnis der jeweils höchsten zur jeweils niedrigsten monatlichen Arbeitslosenzahl in Nordbayern 1,7, in Südbayern 1,6, in den übrigen Landesarbeitsamtsbezirken zwischen 1,1 und 1,3; vgl. ANBA-Jahreszahlen 1986: 36f.).

7) Obwohl sich damit die Position der Problemregionen in der Verteilung der Weiterbildungsausgaben leicht verbessert hat, liegen die Ausgaben je Arbeitslosen hier auch weiterhin unter dem Bundesdurchschnitt. Die geringfügige Abschwächung des "Begünstigungseffekts" bei diesem Ausgabenbereich wird darin deutlich, daß der Korrelationskoeffizient in Tabelle 2, Zeile 1.1, Spalte 12

von -0,65 für die Jahre 1983/84 auf -0,54 für den Gesamtzeitraum 1983-1987 zurückgegangen ist.

8) In Tabelle 3, Spalte 4, müßte statt der tatsächlichen Arbeitslosengeldempfängerquote eigentlich die "potentielle Arbeitslosengeldempfängerquote" verwendet werden, in der auch die Zahl derjenigen Personen berücksichtigt ist, die ohne arbeitsmarktpolitische Maßnahmen zusätzlich Arbeitslosengeld beziehen würden. Sie ist jedoch kaum zu ermitteln und würde - wie in Anmerkung 4 erläutert - kaum andere Ergebnisse erbringen.

9) Nicht erklärt ist hiermit, warum trotz sehr hoher Arbeitslosigkeit der Einsatz von ABM in Nordrhein-Westfalen dennoch unter dem Durchschnitt bleibt. Ausschlaggebend sind hier offenbar weitere institutionelle Bedingungen (vgl. Seifert 1988; Bosch et al. 1987: 248ff.; Bruche/Reissert 1985: 98ff.): die Finanzschwäche der Ruhrgebietsstädte, die die Finanzierung des Eigenanteils der ABM-Träger verhindert, gewerkschaftliche Widerstände gegen ABM im Ruhrgebiet, wenig originelle ABM-Konzepte der Kommunen u.a.

10) Hieran ändert auch die Tatsache nichts, daß die Bundesanstalt ihre Verwaltungsressourcen allmählich in die Problemregionen umverteilt. Zwischen 1983 und 1987 sind zwar für Schleswig/Holstein/Hamburg, Niedersachsen/Bremen und Nordbayern die Anteile an den Verwaltungsausgaben der BA (um bis zu 1,4 Prozentpunkte) gestiegen, sie liegen hier aber auch 1987 noch unter den jeweiligen Anteilen an den Arbeitslosen.

11) Zur mangelnden Eignung der dort verwendeten Einnahmedaten vgl. die Erläuterungen zu Tabelle 4, Spalte 3, im Anhang. Zum Forschungsstand vgl. Albers 1977: 222f.; Zimmermann 1981: 44ff.; Biehl/Ullrich/Wolf 1988: 58, 74. Vgl. allerdings für Großbritannien Disney 1984; Reissert 1985: 102ff.

12) Zur Diskussion um derartige Saldierungen vgl. Albers 1977: 222f.; Zimmermann 1981: 84; Zimmermann/Stegmann 1981: 7; Biehl/Ullrich/Wolf 1988: 71f.; Rüsch 1988: 101ff.

13) Dies gilt jedenfalls im Entstehungsjahr der Reform. In späteren Jahren kann sich aufgrund unterschiedlicher Dynamiken der Sozialhilfeausgaben und des Umsatzsteueraufkommens auch hier eine zusätzliche Belastung des Bundes ergeben.

ARBEITSMARKTPOLITIK:
MÖGLICHKEITEN UND GRENZEN DER BUNDESLÄNDER

von
Wolfgang Lerch, Saarbrücken

Gliederung

1. Die Stellung der Bundesländer in der arbeitsmarktpolitischen Diskussion

2. Die rechtliche Position der Bundesländer

3. Die bundesweite Arbeitsmarktpolitik aus Länderperspektive

    3.1 Die Bundesanstalt für Arbeit (BA)

       3.1.1 Die Ländermitwirkung in der Selbstverwaltung der BA
       3.1.2 Die Ausgaben der BA zur aktiven Arbeitsmarktpolitik nach Bundesländern

    3.2 Die Arbeitsmarktpolitik des Bundes

       3.2.1 Die Rolle der Länder bei der Umsetzung
       3.2.2 Die Ausgaben des Bundes nach Bundesländern

4. Arbeitsmarktpolitische Aktivitäten der Bundesländer

    4.1 Ausbildungs-, sozial- und wirtschaftspolitische Orientierung

    4.2 Konferenz der Länderarbeitsminister

5. Zusammenfassung

Anmerkungen

1. Die Stellung der Bundesländer in der arbeitsmarktpolitischen Diskussion

Der räumlichen Dimension des Politikbereichs "Arbeitsmarktpolitik" wurde in der politischen und wissenschaftlichen Diskussion lange Zeit kaum Beachtung geschenkt. Regionale Aspekte ergaben sich erst durch eine Ende der 70er Jahre aufkommende Regionalisierungsdiskussion[1], in der sowohl eine stärkere Regionalorientierung z.B. der Instrumente des Arbeitsförderungsgesetzes (= regional differenzierte Arbeitsmarktpolitik) als auch eine Verstärkung der arbeitsmarktpolitischen Aktivitäten in der Region selbst (= regional implementierte Arbeitsmarktpolitik[2]) eine Rolle spielte. Räumliche Bezugsgrößen waren dabei vornehmlich die Arbeitsamtsbezirke und - in geringerem Maße - die Kommunen. Dies basierte auf der - zumeist impliziten - Festlegung, das Arbeitsförderungsgesetz (AFG) sei die alleinige gesetzliche Grundlage, bzw. die Bundesanstalt für Arbeit (BA) sei die einzige Umsetzungsinstanz für Arbeitsmarktpolitik. Die Rolle der Bundesländer wurde in dieser Diskussion kaum thematisiert.

Die geringe Beachtung der Bundesländer in der arbeitsmarktpolitischen Diskussion erscheint angesichts ihrer Stellung jedoch nicht angebracht:

- Sie nehmen hinsichtlich der politischen Verantwortung für die Arbeitsmarktsituation ihrer Region zwischen dem global zuständigen Bund und den Kommunen mit ihrer eng begrenzten örtlichen Zuständigkeit eine wichtige Mittelposition ein. Dies wird nicht nur in den Themen der Landtagswahlkämpfe deutlich.

- An den fiskalischen Kosten der Arbeitslosigkeit sind die Länder mit über einem Zehntel beteiligt. 1987 waren dies rund 6,35 Milliarden DM[3].

- Die rechtlichen Rahmenbedingungen und die Umsetzung der Bundes-Arbeitsmarktpolitik können sie beeinflussen (z.B. über Bundesrat bzw. Selbstverwaltung der BA).

- Schließlich haben die Bundesländer auch auf arbeitsmarktpolitischem Gebiet einen eigenen Handlungsspielraum, d.h. sie können eigenständige Aktivitäten entfalten.

Das Thema "Arbeitsmarktpolitik der Bundesländer" war lange Zeit wenig ergiebig. Einige Bundesländer hatten sich angesichts der dominierenden finanziellen und organisatorischen Stellung von Bund und BA bis Mitte der 70er Jahre beinahe völlig aus der Arbeitsmarktpolitik zurückgezogen. Sie stellten - so die Einschätzung des für die Arbeitsmarktpolitik in Bayern zuständigen Beamten im Jahre 1975 - die "länderspezifische Arbeitsmarktforschung in den Mittelpunkt ihrer arbeitsmarktpolitischen Tätigkeit"[4].

Im Zusammenhang mit der Beschäftigungskrise hat sich seit 1974 die Einschätzung des landespolitischen Handlungsspielraums im Bereich Arbeitsmarktpolitik in allen Bundesländern jedoch wesentlich verändert. Damit soll nicht die nach wie vor bestehende Dominanz der BA in diesem Politikfeld in Frage gestellt werden. Jedoch weisen nicht nur die Untersuchungen von Scharpf u.a. zur Politikverflechtung in verschiedenen Politikbereichen darauf hin, daß den Bundesländern im föderativen Staatsaufbau der Bundesrepublik auch dann eine wichtige Rolle zukommen kann, wenn ihre formalen Einflußmöglichkeiten eher bescheiden sind[5].

Im folgenden soll versucht werden, den Politikbereich "Arbeitsmarktpolitik" aus der Perspektive der Bundesländer näher zu untersuchen. Dies beginnt mit einem kurzen Überblick über die verfassungsrechtliche Stellung der Bundesländer in diesem Politikbereich (Abschnitt 2). Anschließend wird die formale Mitwirkung der Bundesländer und die regionale Verteilung der Ausgaben zur aktiven Arbeitsmarktpolitik durch die Bundesanstalt für Arbeit und den Bund untersucht (Abschnitt 3). Besondere Aufmerksamkeit wird den originären arbeitsmarktpolitischen Aktivitäten der Bundesländer und den sich mit den Problemschwerpunkten wandelnden Orientierungen geschenkt (Abschnitt 4).

Die erforderliche Begriffsabgrenzung von "Arbeitsmarktpolitik" erweist sich als schwierig: Weder im politischen noch im wissenschaftlichen Raum gibt es eine einvernehmliche Definition[6]. Häufig erfolgt die Festlegung ausschließlich durch Bezugnahme auf die Instrumente des AFG[7]. Insbesondere wenn regionale Aspekte untersucht werden sollen, scheint diese Ausschließlichkeit jedoch nicht gerechtfertigt, zumal auch andere Gesetze (z.B. Vorruhestandsgesetz) ausdrücklich "arbeitsmarktpolitisch" begründet werden. In pragmatischer Vorgehensweise werden hier unter "Arbeitsmarktpolitik" die unmittelbar arbeitsmarktbezogenen Aktivitäten verstanden, die - unabhängig vom institutionellen Träger - allgemein oder auf spezifische Zielgruppen abstellen. Nicht berücksichtigt werden somit Maßnahmen, die der (allgemeinen, regionalen oder sektoralen) Wirtschaftspolitik zuzuordnen sind oder schwerpunktmäßig bildungspolitisch begründet werden. Einen Grenzfall stellt die Ausbildungsplatzförderung dar, die hier wegen ihrer hohen Bedeutung als Maßnahme zur Bekämpfung der Jugendarbeitslosigkeit einbezogen wird.

2. Die rechtliche Position der Bundesländer

Nach dem Grundgesetz besteht eine verfassungsmäßige Rechtsvermutung zugunsten der Länderzuständigkeit (Artikel 30 und 70), d.h. die Gesetzgebungs- und Ausführungskompetenz liegt grundsätzlich bei den Bundesländern, wenn keine anderen Regelungen in der Verfassung vorgesehen sind. Die Vielzahl der Ausnahmen führt dazu, dieses Grundelement des föderativen Staatsaufbaus leicht zu übersehen und damit den Handlungsspielraum der Bundesländer zu unterschätzen.

Für die Arbeitsmarktpolitik sind insbesondere folgende Abweichungen von der originären Zuständigkeit der Länder relevant:

a) Nach Artikel 74 Nr. 12 GG steht dem Bund die konkurrierende Gesetzgebung u.a. für "die Arbeitsvermittlung sowie die Sozialversicherung einschließlich der Arbeitslosenversicherung" zu. Diese Formulierung ist an den noch aus der Weimarer Zeit stammenden AFG-Vorgänger, dem "Gesetz über Arbeitsvermittlung und Arbeitslosenversicherung (AVAVG)", angelehnt. Unstrittig ist, daß die mit dem AFG 1969 kodifizierte Rechtsentwicklung ebenfalls durch das Grundgesetz abgedeckt ist. Die Gesetzgebungs- und Ausführungskompetenz der Länder in der Arbeitsmarktpolitik ist also insoweit eingeschränkt, wie der Bund von seinen Möglichkeiten Gebrauch gemacht hat (insbesondere: Arbeitsförderungsgesetz). In bestehende Lücken können jedoch Landesgesetze eintreten. Von dieser Möglichkeit machen die Bundesländer in unterschiedlichem Maße Gebrauch zum einen durch AFG-komplementäre Aktivitäten und zum anderen durch Maßnahmen für nicht nach dem AFG geförderte Arbeitslose (s. unten).

Nach Artikel 87 Abs. 2 GG werden die "sozialen Versicherungsträger" als bundesunmittelbare Körperschaften des öffentlichen Rechts geführt, sofern sich ihr Zuständigkeitsbereich über das Gebiet eines Landes hinaus erstreckt. Die Bundesanstalt für Arbeit gliedert sich nach Absprache mit den obersten Landesbehörden (§ 189, Abs. 2 AFG) in neun Landesarbeitsämter (LAA), davon drei zuständig für jeweils zwei Bundesländer, und 142 Arbeitsamtsbezirke (AA-Bezirke), die (mit geringen Abweichungen in Bremen) länderscharf zusammengefaßt werden können. Damit besitzt der Bund - im Unterschied etwa zur regionalen Wirtschaftspolitik - ein bis in kleine regionale Einheiten differenziertes Vollzugsorgan.

Für die Bundesländer besteht die Möglichkeit, über den Bundesrat eigene Vorlagen zur Änderung von Bundesgesetzen (hier: AFG) einzubringen. Die Bundesregierung sah bereits in ihrem AFG-Entwurf die Zustimmungsnotwendigkeit durch den Bundesrat[8]. Das AFG wurde dann trotz ungeklärter verfassungsrechtlicher Einzelfragen mit der Eingangsformel für Zustimmungsgesetze ("Der Bundestag hat mit Zustimmung des Bundesrates das folgende Gesetz beschlossen") verabschiedet. Die mittlerweile acht Änderungsgesetze wurden gleichwohl in fünf Fällen trotz gegenteiliger Stellungnahmen des Bundesrates als bloße Einspruchsgesetze vom Bundestag beschlossen.

Die verfassungsrechtlichen Fragen über die Kompetenz der Länderkammer bezüglich des AFG sind somit bis heute noch nicht abschließend geklärt[9]. Daß dies nicht ohne politische Brisanz ist, hat z.B. die hitzige Diskussion Anfang 1986 um die Änderung des § 116 AFG (Unparteilichkeit bei Arbeitskämpfen) gezeigt, in der auch einige CDU-regierte Länder (z.B. Berlin) zunächst eine von der Bundesregierung deutlich abweichende Haltung vertraten, so daß die Mehrheit im Bundesrat nicht von vornherein als gesichert angesehen werden konnte. Schließlich wurde der Neufassung im Bundesrat doch mehrheitlich zugestimmt.

b) Neben dem AFG spielt seit Mitte der 70er Jahre die Ausbildungsplatzförderung als arbeitsmarktpolitisches Instrument im Kampf gegen die Jugendarbeitslosigkeit eine wichtige Rolle. Hier besteht Einvernehmen darüber, daß Zuschüsse zu betrieblichen Ausbildungskosten in die Kompetenz der Bundesländer fallen[10]. Die Förderung überbetrieblicher Ausbildungsstätten erfolgt zum einen über eigenständige Länderprogramme und zum anderen durch den Bund in Abstimmung mit den Ländern. Dies geschieht aufgrund

- von Beschlüssen der Bund-Länder-Kommission für Bildungsplanung nach Artikel 91 b GG (Beispiel: Schwerpunktprogramm "Überbetriebliche Ausbildungsstätten" seit 1973),

- von Verwaltungsvereinbarungen nach Artikel 104 a Abs. 4 GG (Beispiel: Stufenplan zu Schwerpunkten der beruflichen Bildung von 1976),

- der Gemeinschaftsaufgabe "Verbesserung der regionalen Wirtschaftsstruktur" nach Artikel 91 a GG (seit 1974 können Einrichtungen der beruflichen Bildung als wirtschaftsnahe Infrastruktur gefördert werden, ab 1977 wurden die Fördermöglichkeiten durch Doppelzählung von zusätzlichen Ausbildungsplätzen verbessert).

c) Auf der Grundlage von Artikel 74 Nr. 7 GG (Öffentliche Fürsorge) wurde 1974 mit Zustimmung des Bundesrates das "Gesetz zur Sicherung der Eingliederung Schwerbehinderter in Arbeit, Beruf und Gesellschaft (Schwerbehindertengesetz - SchwbG)" beschlossen, das u.a. auch die arbeitsmarktpolitische Aufgabenstellung des Ausgleichsfonds und der Hauptfürsorgestellen regelt (§ 28 SchwbG). Die 19 Hauptfürsorgestellen unterstehen den Länderministerien für Arbeit, Soziales und Gesundheit; der Ausgleichsfonds ist beim Bundesarbeitsministerium angesiedelt.

Unter dem länderspezifischen Aspekt der Arbeitsmarktpolitik ist von besonderer Bedeutung, wie die Aufgabenverteilung zwischen den landesrechtlichen Hauptfürsorgestellen und der Bundesanstalt für Arbeit geregelt ist. Nach dem Gesetz sind beide zur "engen Zusammenarbeit" verpflichtet (§ 27 SchwbG). Neben eindeutigen Zuständigkeiten (z.B. "nachgehende Hilfe" durch Hauptfürsorgestellen, Übergangsgeld durch BA) gab es bei den Eingliederungshilfen in das Arbeitsleben gewisse Überlappungen: Zum einen sah das AFG solche Instrumente vor. Zum anderen existierten seit November 1976 mit nur kurzzeitigen Unterbrechungen insgesamt vier "Sonderprogramme des Bundes und der Länder zum Abbau der Arbeitslosigkeit Schwerbehinderter und zur Förderung des Ausbildungsplatzangebotes für Schwerbehinderte" (Titel des 4. Schwerbehinderten-Sonderprogramms), in die immerhin 845 Mio. DM[11] aus der Ausgleichsabgabe geflossen sind. Daneben wurden durch landeseigene Sonderprogramme in Bayern, Berlin, Hamburg, Niedersachsen, Rheinland-Pfalz und Saarland weitere 65 Mio. DM zum Abbau der Arbeitslosigkeit von Schwerbehinderten eingesetzt.

Mitte 1986 wurden durch eine Änderung des Schwerbehindertengesetzes die Bund-Länder-Sonderprogramme in eine regelmäßige Aufgabe der BA übergeführt. Es bleibt abzuwarten, wie die Bundesländer auf diese Änderung des eigenen Gestaltungsspielraums auf einem wichtigen arbeitsmarktpolitischen Gebiet reagieren.

3. Die bundesweite Arbeitsmarktpolitik aus Länderperspektive

Nach der Darstellung der rechtlichen Position der Bundesländer soll in diesem Abschnitt die Durchführung der Arbeitsmarktpolitik durch die Bundesanstalt für Arbeit und den Bundeshaushalt aus der Länderperspektive betrachtet werden. Dabei werden sowohl ihre formalen Mitwirkungsmöglichkeiten als auch die finanziellen Auswirkungen untersucht.

3.1 Die Bundesanstalt für Arbeit (BA)

3.1.1 Die Ländermitwirkung in der Selbstverwaltung der BA

Wesentliches Merkmal der BA ist ihre Selbstverwaltung mit drittelparitätischer Besetzung durch Arbeitnehmer, Arbeitgeber und öffentliche Körperschaften. Trotz eines umfangreichen Aufgabenkataloges[12] wird immer wieder beklagt, daß die Rechte und Handlungsspielräume der Selbstverwaltung inhaltlich eher zurückgeschraubt werden. Wichtigster Schwachpunkt ist dabei die Genehmigungspflicht des BA-Haushalts durch die Bundesregierung (§ 216 Abs. 2 AFG). Entweder genügt ein entsprechender Hinweis der Bundesvertreter im Verwaltungsrat, den BA-Haushalt den Vorstellungen der Bundesregierung anzupassen oder die Genehmigung wird nur - wie z.B. die für 1986 und 1988[13] - mit Änderungsauflage erteilt.

Die formale Beteiligung der Bundesländer in der Selbstverwaltung ist wie folgt geregelt:

- Für den bundesweit zuständigen Verwaltungsrat (39 Mitglieder, davon 13 aus öffentlichen Körperschaften) benennt der Bundesrat 5 Mitglieder (z.Z. Bayern, Rheinland-Pfalz, Bremen, Schleswig-Holstein, Saarland[14]) bzw. 5 Stellvertreter (Nordrhein-Westfalen, Baden-Württemberg, Hamburg, Niedersachsen, Hessen). Vom Bund kommen ebenfalls 5 Mitglieder und aus dem kommunalen Bereich 3 Mitglieder. Das Zustandekommen von (Mehrheits-) Beschlüssen in diesem Gremium wird stark von der Festlegung der Blöcke Arbeitnehmer, Arbeitgeber und Bund geprägt. In zwischen den Tarifparteien strittigen Fällen genügt es für eine Mehrheit, wenn der Bund mit zwei zusätzlichen Stimmen aus dem Lager der Bundesländer oder der Kommunen eine der beiden Seiten unterstützt. Das Abstimmungsverhalten der Bundesländer ist dabei im vorhinein schwer abschätzbar, da es von der jeweiligen konkreten Teilnehmerzusammensetzung abhängt. Nehmen alle ordentlichen Mitglieder an der Sitzung teil, so ist z.Z. das Stimmenverhältnis "CDU/CSU-Länder" zu "SPD-Länder" 3:2. Bei anderer Teilnahme kann sich das Stimmenverhältnis aber auch auf 2:3 verschieben; in der vorangegangenen (siebten) Amtsperiode konnte es sogar zwischen 1:4 und 4:1 schwanken.

- Das nicht im Verwaltungsrat vertretene Bundesland (z.Z. Berlin) hält auf Vorschlag des Bundesrates einen Sitz im neunköpfigen Vorstand.

- Die Besetzung der öffentlichen Bank für die Verwaltungsausschüsse der Landesarbeitsämter erfolgt auf Vorschlag der obersten Landesbehörden, wobei neben den Vertretern der Länder auch Vertreter der Gemeinden/Gemeindeverbände zu berücksichtigen sind. Beispiel Landesarbeitsamt Rheinland-Pfalz/Saarland: 5 Ländervertreter (3 Rheinland-Pfalz, 2 Saarland) und 4 Kommunalvertreter (3 Rheinland-Pfalz, 1 Saarland).

- In den Verwaltungsausschüssen der Arbeitsämter kommen die Vertreter der öffentlichen Körperschaften ausschließlich aus den Gemeinden/Gemeindeverbänden; vorschlagsberechtigt ist die Gemeindeaufsichtsbehörde auf der Grundlage der Gemeindenvorschläge bzw. bei Nichteinigung die oberste Landesbehörde.

3.1.2 Die Ausgaben der BA zur aktiven Arbeitsmarktpolitik nach Bundesländern

Das Arbeitsförderungsgesetz umfaßt ein großes Repertoire an Instrumenten. Um Vergleiche z.B. zwischen dem Einsatz von Maßnahmen zur Arbeitsbeschaffung (AB-Maßnahmen) und den Hilfen zur Förderung der Arbeitsaufnahme vornehmen zu können, bedarf es einer gemeinsamen Recheneinheit. So spielt der finanzielle

Mitteleinsatz nicht nur unter fiskalischen Gesichtspunkten eine große Rolle, sondern auch, um einen ersten Schritt zur Bewertung der Arbeitsmarktpolitik vorzunehmen, wenngleich dabei wichtige Fragen (z.B. nach der Effizienz) ausgeklammert bleiben. Anhand der Abrechnungsergebnisse der BA soll im folgenden der Einsatz arbeitsmarktpolitischer Instrumente zwischen den Bundesländern verglichen und auf die Frage eingegangen werden, inwieweit dies problemadäquat zur Verminderung der Arbeitslosigkeit geschieht.

Im AFG kann zwischen Instrumenten der aktiven Arbeitsmarktpolitik und reaktiven Lohnersatzleistungen unterschieden werden. Hier soll die Verteilung der aktiven arbeitsmarktpolitischen Maßnahmen zur Verringerung der Arbeitslosigkeit und/oder zum Ausgleich von Strukturdiskrepanzen nach Bundesländern betrachtet werden. Innerhalb des AFG sind dies die individuelle und institutionelle Förderung der beruflichen Bildung, die Förderung der Arbeitsaufnahme, das Kurzarbeitergeld, die AB-Maßnahmen und die Leistungen nach dem Vorruhestandsgesetz[15]. Um den Finanzmitteleinsatz zeitlich und räumlich vergleichen zu können, wurden die eingesetzten Beträge jeweils auf die Zahl der (registrierten) Arbeitslosen bezogen[16].

Wird der Einsatz arbeitsmarktpolitischer Instrumente regional differenziert untersucht, so geschieht dies bislang fast ausschließlich auf der Ebene der durch die Verwaltungsabgrenzung der BA vorgegebenen Räume, d.h. LAA-Bezirke[17] oder AA-Bezirke[18]. Für eine Betrachtung speziell der Bundesländer-Ebene sprechen drei Gründe: Zum einen lassen die Bemühungen einzelner Bundesländer, die formal der BA zugeordneten Instrumente in eine eigene arbeitsmarktpolitische Konzeption einzubeziehen, eine Untersuchung auch in dieser institutionellen Abgrenzung interessant und für politische Handlungsempfehlungen relevant erscheinen. Zum zweiten stellt sich die Frage nach der Mittelverteilung auf Bundesländer auch dann, wenn von der Bundesregierung arbeitsmarktpolitische Programme bewußt regional differenziert eingesetzt werden. So wurde z.B. das 1979er-Sonderprogramm im Zusammenhang mit der dort anstehenden Landtagswahl gelegentlich als "NRW-Programm" bezeichnet (NRW-Mittelanteil 67,2 vH[19]). Schließlich wird von der Bundesanstalt selbst gelegentlich auf die Bundesländer-Dimension hingewiesen. So reagierte sie z.B. auf die Aufforderung der Bundesregierung, ihr Instrumentarium insbesondere für berufliche Qualifizierungsangebote im Rahmen des Finanzhilfe-Programms für Bremen, Hamburg, Niedersachsen und Schleswig-Holstein "voll einzusetzen"[20], mit dem Hinweis, "die arbeitsmarktpolitischen Hilfen für die von der Werftenkrise betroffenen Bundesländer sind von der Bundesanstalt für Arbeit in den letzten Jahren erheblich verstärkt worden"[21].

Der Steuerungsspielraum zur regionalen Verteilung der BA-Haushaltsmittel ist je nach Leistungsart unterschiedlich:

- Bei den gesetzlichen Pflichtleistungen ergibt sich rein formal die regionale Inanspruchnahme nach den jeweils vorliegenden Anträgen[22]. Allerdings wurde in verschiedenen wissenschaftlichen Untersuchungen aufgezeigt, daß die Inanspruchnahme in der Praxis regional erheblich streut und die Unterschiede nur etwa zur Hälfte mit "objektiven" Faktoren erklärt werden konnten[23]. Die vermuteten Ursachen für die große, statistisch unerklärte Restvarianz weisen auch auf landespolitische Handlungsmöglichkeiten hin (Beispiele: Infrastruktur überbetrieblicher Berufsbildungszentren, ABM-Landesförderprogramme, Landes-Aktivitäten in den Selbstverwaltungsorganen der BA, Umfeldverbesserungen für Arbeitsämter, Arbeitsmarktkonferenzen, Einflußnahmen bei Landessanierungshilfen).

- Bei den sogenannten Kann-Leistungen - d.h. es bestehen keine individuellen Rechtsansprüche z.B. zur Teilnahme an AB-Maßnahmen - erfolgt die regionale Verteilung von der Hauptstelle aus zunächst auf LAA-Ebene, die dann die Zuteilung in die einzelnen Arbeitsämter vornimmt[24]. Die LAA-Ausgabenfonds werden teilweise in Aushandlungsprozessen mit der Hauptstelle ermittelt, teilweise aber auch von dort vorgegeben. Eine Sonderregelung ist auf Drängen der Bundesländer im Verwaltungsrat für die Verteilung der hier besonders bedeutsamen ABM-Mittel eingeführt worden. In den ersten Jahren der Beschäftigungskrise wurden die Mittel nach den Bedarfsmeldungen der LAA verteilt; "Überbuchungen" hatten eine proportionale Kürzung aller Anmeldungen zur Folge. Seit Anfang der 80er Jahre legt ein sogenannter ABM-Ausschuß des Verwaltungsrates unter Mitwirkung der Bundesländer alljährlich einen Verteilungsschlüssel (Zielgruppenanteil gewichtet mit prognostizierter Arbeitslosenquote) fest. Durch Vorhalten einer Dispositionsmasse (1986 127,2 Mio. DM) und/oder Rückflüsse nicht in Anspruch genommener Zuteilungen entsteht jedoch ein gewisser Spielraum, der die Begehrlichkeit besonders ABM-aktiver Bundesländer immer wieder weckt. In 1983 wurde die Verteilung "auf Initiative des Hamburger Vertreters in den Selbstverwaltungsgremien erstmals ergänzt durch eine Sonderzuweisung an solche Bundesländer (Hamburg, Berlin, Hessen; W.L.), die ein ABM-Sonderprogramm aufgelegt haben"[25]. Mittlerweile besteht eine solche explizite Regelung nicht mehr. Entsprechende Bedarfsmeldungen ermöglichen aber auch jetzt bei ABM Mittelzuweisungen aus der Dispositionsreserve über den Anteil gemäß Indikator hinaus.

Tabelle 1 gibt einen Überblick über die 1987 zur Bekämpfung der Arbeitslosigkeit von der BA in den Bundesländern finanzierten arbeitsmarktpolitischen Maßnahmen. Mit 6,2 Milliarden DM entfällt auf die individuelle Förderung der

Tab. 1: Ausgaben für aktive Arbeitsmarktpolitik 1987 von Bundesanstalt für Arbeit, Bund und Bundesländern (in DM je Arbeitslosen)

	Schleswig-Holstein	Niedersachsen	Nordrhein-Westfalen	Hessen	Rheinland-Pfalz	Baden-Württemberg	Bayern	Saarland	Hamburg	Bremen	Berlin	insgesamt in Mio DM	Korrelationskoeffizient 4)
1. Bundesanstalt für Arbeit 1)	6.736	6.025	4.509	6.070	5.191	5.859	5.337	5.425	5.064	8.216	4.508	5.334 11.886,5	0,29
davon													
- individuelle Förderung der beruflichen Bildung	3.667	2.932	2.365	3.499	2.816	3.700	2.762	2.345	2.760	3.485	1.989	2.810 6.262,9	-0,26
- AB-Maßnahmen	1.904	2.146	1.271	1.334	1.359	792	1.293	2.014	1.579	3.750	1.792	1.501 3.344,7	0,78
- Kurzarbeitergeld	591	495	530	631	474	739	608	707	443	584	379	557 1.240,7	-0,34
- Förderung d.Arbeitsaufnahme	381	300	203	269	306	242	385	282	82	230	255	268 596,2	-0,43
- Vorruhestandsleistungen	120	129	123	263	220	381	268	61	127	144	71	178 397,5	-0,81
- institutionelle Förderung der beruflichen Bildung 2)	73	23	17	24	16	5	21	16	73	23	22	20 44,5	0,37
2. Bundesausgaben für Leistungen nach dem AFG u.ä.	210	99	76	79	42	45	86	91	132	178	38	86 191,8	0,56
davon													
- Bildungsbeihilfen	134	51	67	48	21	45	29	56	66	68	38	56 123,9	0,37
- AB-Maßnahmen	76	48	9	31	21	0	57	35	66	110	0	30 67,9	0,58
3. Länderausgaben 3) (1986)	427	58	600	148	42	337	108	925	1472	1709	3113	518 1153	.
davon (Nr.gem.Funktionsplan)													
- Hilfen für Berufsbildung, Fortbildung und Umschulung (Funktion 253)	279	0	269	51	8	206	38	189	0	0	825	165 368	.
- sonstige Anpassungsmaßnahmen und produktive Arbeitsförderung(u.a.AB-Maßnahmen) (Funktion 253)	148	58	331	97	33	131	70	736	1472	1709	2287	352 785	.

1) Zur Definition 'aktive Arbeitsmarktpolitik' vergl. Textfußnote 15).
2) Nach Landesarbeitsamts-Bezirken
3) Wegen der unterschiedlichen Verbuchungspraxis in den Bundesländern sind die Werte länderweise und mit den Zahlen in 1) und 2) nur beschränkt vergleichbar (vergl. Textfußnote 37).
4) Mit Arbeitslosenquote der Bundesländer
Quelle: zu 1. und 2.: Bundesanstalt für Arbeit, Arbeitsbericht 1987.
zu 3.: Statistisches Bundesamt, Arbeitsbericht; eigene Berechnungen.

beruflichen Bildung über die Hälfte der eingesetzten Mittel; mit deutlichem Abstand folgen die AB-Maßnahmen (3,3 Milliarden DM).

In der Grafik wird versucht, für die einzelnen arbeitsmarktpolitischen Instrumente den Zusammenhang zwischen Einsatzintensität und Problemdruck seit Beginn der Beschäftigungskrise systematisch darzustellen. Verwendet wird dazu als methodisch einfache Meßzahl der Korrelationskoeffizient zwischen der Ausgabenhöhe je Arbeitslosen und den Arbeitslosenquoten in den Bundesländern.

Korrelation der BA-Ausgaben für die Arbeitsmarktpolitik[1] mit den Arbeitslosenquoten der Bundesländer

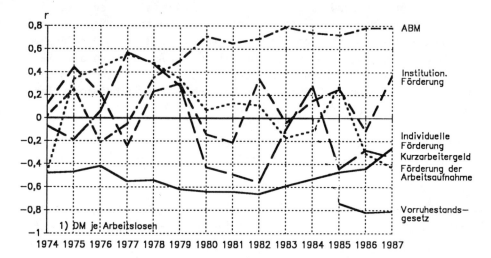

Quelle: Grunddaten Bundesanstalt für Arbeit; eigene Berechnungen.

Klar erkennbar besteht

- ein positiver Zusammenhang zwischen Arbeitslosigkeit und dem ABM-Mitteleinsatz seit Ende der 70er Jahre ("Konzentrationsprinzip"[26]), d.h. es wurden dort mehr ABM-Mittel eingesetzt, wo die Arbeitslosigkeit am höchsten war;

- ein negativer Zusammenhang zwischen Arbeitslosigkeit und den eingesetzten Mitteln zur individuellen Förderung der beruflichen Bildung ebenso wie bei den seit 1985 ausgezahlten Leistungen nach dem Vorruhestandsgesetz ("Begünstigungsprinzip"[27]), d.h. je niedriger die Arbeitslosigkeit, desto mehr Fördermittel zur beruflichen Bildung bzw. zur Vorruhestandsregelung wurden eingesetzt;

- kein zeitlich konstanter Zusammenhang bei den übrigen aktiven arbeitsmarktpolitischen Maßnahmen der BA.

Regionalpolitisch besonders bemerkenswert ist der anhaltend negative Korrelationskoeffizient beim finanziell bedeutendsten Instrument, der individuellen Förderung der beruflichen Bildung. "Eine solche Regionalstrategie ... läßt sich mit dem Verweis auf das Ziel des interregionalen Ausgleichs gemäß § 2 AFG kaum vereinbaren, weil eine solche Arbeitsmarktpolitik langfristig die Segmentation der regionalen Arbeitsmärkte verstärkend beeinflußt"[28]. Zur Frage, ob in Regionen mit ungünstiger Arbeitsmarktlage eine Steigerung der beruflichen Weiterbildungsmaßnahmen überhaupt möglich und arbeitsmarktpolitisch sinnvoll ist, hat die 1986 angelaufene Qualifizierungsoffensive der BA wichtige Erkenntnisse geliefert: Die Zunahme an zuvor arbeitslosen Teilnehmern konnte in den Bundesländern mit hoher Arbeitslosigkeit überproportional gesteigert werden[29]. Dabei ist die Ausschöpfung des Teilnehmerpotentials unter den Arbeitslosen in diesen Ländern nach wie vor unterdurchschnittlich[30]. In der Regionalisierungsdiskussion bedeutsam ist das Ergebnis, daß trotz der Zunahme im Rahmen der Qualifizierungsoffensive der Anteil der im Anschluß an die Maßnahmen arbeitslos Gebliebenen sich sogar verringert hat. "Dieses Ergebnis zeigt, daß berufliche Bildungsmaßnahmen auch bei ungünstiger Arbeitsmarktlage durchaus wirksam sein können"[31].

Für einen verstärkten Einsatz der individuellen Förderung der beruflichen Bildung in den Regionen mit hoher Arbeitslosigkeit bieten sich u.a. folgende Ansatzpunkte an:

- Eine bevorzugte Förderung von Ländern bzw. Regionen mit überdurchschnittlicher Arbeitslosigkeit im Bereich der institutionellen Förderung der beruflichen Bildung (1974 bis 1987 r= - 0,15), um die Bildungsinfrastruktur der in der Regel ebenfalls finanzschwachen Länder gezielt zu verbessern. Dies wäre allein schon aufgrund der ungünstigen Wirtschaftsstruktur, die einen geringeren Besatz an Arbeitsplätzen im Bereich der neuen Techniken und damit schlechteren Ausbildungs- und Fortbildungsmöglichkeiten mit sich bringt, sinnvoll.

- Eine weitere Möglichkeit besteht in der gezielten Verbesserung der Personalsituation in der Arbeitsverwaltung von Problemregionen. Durch intensivere Beratung könnte beispielsweise die Teilnahme von Arbeitslosen an FuU-Maßnahmen gesteigert werden.

- Schließlich könnte die unter dem Druck der Haushaltssituation der BA ergangene Anweisung zur weiteren Vorgehensweise im Rahmen der Qualifizierungsoffensive, "eine Konsolidierung bei der Förderung der beruflichen Fortbildung und Umschulung zu erreichen und eine weitere Steigerung zu vermeiden" und dabei "Initiativen zur Gewinnung von Teilnehmern ... der gegebenen Situation anzupassen"[32], regional differenziert werden.

3.2 Die Arbeitsmarktpolitik des Bundes

3.2.1 Die Rolle der Länder bei der Umsetzung

Nach § 3 Abs. 5 AFG kann die Bundesregierung der BA durch Rechtsverordnung weitere Aufgaben übertragen. Dazu gehört auch die Durchführung befristeter arbeitsmarktpolitischer Programme des Bundes. Insbesondere aufgrund dieser Vorschrift reklamierten die Bundesländer bei der Verabschiedung des AFG die Zustimmungsnotwendigkeit durch den Bundesrat[33].

Die Bundesanstalt für Arbeit sichert durch ihre Mittel- und Unterbehörden den Vollzug der Bundespolitik bis hin zu kleinräumigen Einheiten institutionell ab, ohne auf die jeweiligen Landesbehörden angewiesen zu sein. Insofern unterscheidet sich dieser Politikbereich wesentlich von den unter dem Stichwort "Politikverflechtung" diskutierten Gemeinschaftsaufgabe, Finanzhilfen und Bundesauftragsverwaltung.

Die Aktivitäten der Länder zur Umsetzung der Bundes-Arbeitsmarktpolitik bestehen weniger in einem koordinierten Verhalten der Bundesländer untereinander, sondern richten sich danach, inwieweit die angebotenen Instrumente jeweils in die eigene arbeitsmarktpolitische Strategie passen. Zwar ist bundesweit ein "Arbeitskreis der Arbeitsmarktreferenten" aus Bundes- und Länderarbeitsministerien institutionalisiert (1 bis 2 Tagestreffen pro Jahr), der aber z.B. an der Entwicklung des wichtigen "Arbeitsmarktpolitischen Programms der Bundesregierung für Regionen mit besonderen Beschäftigungsproblemen" von 1979 nicht beteiligt wurde und dieses Programm erst im nachhinein diskutierte, ohne die Programmbedingungen noch ändern zu können. Von den vier tangierten Bundesländern unterstützten das Saarland und Nordrhein-Westfalen das Sonderprogramm trotzdem aktiv, während Niedersachsen und vor allem Bayern eher zurückhaltend agierten[34].

3.2.2 Die Ausgaben des Bundes nach Bundesländern

Im Vergleich zu den oben untersuchten arbeitsmarktpolitischen Ausgaben der BA haben die Sondermittel des Bundes nur ein geringes quantitatives Gewicht. Bedeutung hatten sie vor allem in den Jahren 1976 bis 1979, in denen sie die BA-Mittel - insbesondere für AB-Maßnahmen - beachtlich verstärkten (Maximum 1977: 14,4 vH). Damit verbunden war die Möglichkeit, durch experimentelle Programme die qualitative Weiterentwicklung des AFG-Instrumentariums vorzubereiten[35]. Seit 1982 bewegen sich die Bundesmittel zur aktiven Arbeitsmarktpolitik in der Größenordnung von nur etwa 1 vH der entsprechenden BA-Mittel.

Nach Auslaufen des Sonderprogramms 1979 werden originäre Bundesmittel für AB-Maßnahmen nur im Rahmen der sogenannten "verstärkten Förderung" nach § 96 AFG gewährt[36]. Mit ihnen werden vorzugsweise wirtschaftsfördernde Maßnahmen unterstützt. Sie werden jedoch nur dann bewilligt, wenn das Bundesland, dem die Arbeit zugute kommt, sich in gleichem Umfang beteiligt.

Die Verteilung der verfügbaren Haushaltsmittel (1987: 67,9 Mio. DM) auf die Länder erfolgt nach Weisungen des Bundesministers für Arbeit und Sozialordnung durch den Präsidenten der BA (§ 96 Abs. 3 AFG). In der Vergangenheit wurden die Bundesmittel entsprechend der Anträge der Bundesländer bedient. Im Falle der - in den letzten Jahren üblichen - "Überbuchung" erfolgten prozentual gleiche Abschläge auf die Bedarfsmeldungen. Dieses auf die Initiative der Bundesländer abgestellte Verfahren ergab vor allem in den 80er Jahren auf geringem quantitativen Niveau einen positiven Zusammenhang zur Arbeitslosenquote. Der niedrige Wert des Korrelationskoeffizienten für den Gesamtzeitraum seit 1974 ($r = 0,37$; zum Vergleich: ABM-Mittel der BA $r = 0,67$) ist vor allem auf eine wenig problemgerechte Verteilung der Mittel aus den ABM-Sonderprogrammen in der zweiten Hälfte der 70er Jahre zurückzuführen (Extrembeispiel 1976 $r = -0,31$).

Insgesamt läßt sich für die Ausgaben des Bundes zur aktiven Arbeitsmarktpolitik, wenn auch ab 1982 auf sehr geringem Niveau, eine positive Korrelation zu den Arbeitsmarktproblemen in den Bundesländern nachweisen. Durch die achte Novelle des AFG hat sich der Bund ab 1988 jedoch ganz aus der aktiven Arbeitsmarktpolitik verabschiedet. Aus der Perspektive der Bundesländer ist dies zu bedauern, da damit im Bund-Länder-Verhältnis ein wichtiger regionalpolitischer Ansatzpunkt aufgegeben wurde.

4. Arbeitsmarktpolitische Aktivitäten der Bundesländer

In den letzten Jahren haben sich die arbeitsmarktpolitischen Aktivitäten der Bundesländer wesentlich verstärkt. Die ursprüngliche Resignation gegenüber der übermächtigen Bundesanstalt für Arbeit wurde zum einen von dem Bemühen abgelöst, Länderaspekte innerhalb der BA stärker zur Geltung zu bringen. Der Erfolg hielt sich in engen Grenzen (siehe oben). Bedeutsamer waren zum anderen die Versuche, im Politikbereich "Arbeitsmarktpolitik" einen eigenen landespolitischen Handlungsspielraum zu nutzen.

Hinweise auf das zunehmende Engagement der Länder bietet die Entwicklung der für Arbeitsmarktpolitik aufgewandten Finanzmittel (1974: 179 Mio. DM; 1986: 1 153 Mio. DM)[37] (vergl. auch Tabelle 1). Mit den insgesamt seit 1974 eingesetzten 7,4 Milliarden DM können und wollen die Bundesländer quantitativ nicht in Konkurrenz zur Bundesanstalt für Arbeit treten (zum Vergleich seit 1974

87,0 Milliarden DM für aktive Arbeitsmarktpolitik). Dies bedeutet aber nicht Verzicht auf qualitativ wichtige Ergänzungen.

4.1 Ausbildungs-, sozial- und wirtschaftspolitische Orientierung

Vor dem Hintergrund der politischen und rechtlichen Verantwortung lassen sich für die arbeitsmarktpolitischen Aktivitäten der Bundesländer seit Beginn der Beschäftigungskrise drei inhaltliche Schwerpunkte ausmachen, die auch einer gewissen zeitlichen Reihenfolge zuzuordnen sind:

Erste Phase: Ausbildungspolitische Orientierung

Seit Mitte der 70er Jahre sind die Bundesländer mit Maßnahmen gegen die Jugendarbeitslosigkeit aktiv. Hier lag zunächst in allen Bundesländern das quantitative Schwergewicht der arbeitsmarktpolitischen Aktivitäten. In erster Linie ging es dabei um betriebliche und überbetriebliche Maßnahmen zur Beseitigung des Ausbildungsplatzmangels[38]. Weitere Förderungen bezogen sich z.B. auf Berufsvorbereitung, Anschlußbeschäftigung nach der Ausbildung, autonome Jugendwerkstätten oder ausländische Jugendliche. Eine Zusammenarbeit mit den Arbeitsämtern erfolgte fallweise für die einzelnen Jugendlichen, nicht aber in bezug auf die Konzeption.

Die Ausbildungsplatzprogramme der Bundesländer werden mit der demographisch bedingten Abnahme der Ausbildungsplatzprobleme zukünftig wohl wieder an Bedeutung verlieren.

Zweite Phase: Sozialpolitische Orientierung

Der erneute Beschäftigungseinbruch 1980 steigerte die Arbeitslosenzahl ab 1983 auf über 2 Millionen. Handlungsbedarf für die Bundesländer entstand, weil sich die durch die Arbeitslosigkeit verursachte soziale Problemlage verschärfte und die finanziellen Spielräume vor allem in den von Arbeitslosigkeit betroffenen Regionen verringerten. Die beschäftigungspolitische Zurückhaltung auf Bundesebene, die Einschränkung der Leistungsgesetze im sozialen Sicherungssystem und das Verharren der Arbeitslosigkeit auf dem erreichten hohen Niveau verlagerten einen zunehmenden Teil der durch die Arbeitslosigkeit verursachten Kosten auf Länder und Gemeinden[39]. In der Folge legten die einzelnen Bundesländer, allerdings je nach Betroffenheit in sehr unterschiedlichem Ausmaß, zusätzliche (z.B. Sozialhilfeempfänger in sozialversicherungspflichtigen Beschäftigungsverhältnissen) und komplementäre (z.B. verstärkte Förderung nach § 96 AFG,

Sachmittelzuschüsse, ABM in eigener Regie) arbeitsmarktpolitische Programme zu den Maßnahmen der BA auf[40].

Diese Arbeitsmarktpolitik war vornehmlich sozialpolitisch motiviert, sollte aber auch zur finanziellen Entlastung der Länder und Gemeinden beitragen (z.B. durch Erwerb von Lohnersatzansprüchen gegenüber der Bundesanstalt). Das bundesweit bekannteste, gleichwohl quantitativ nicht das bedeutsamste Beispiel eines solchen Landesprogramms war das "Hamburger 100 Millionen-Programm" vom Oktober 1982. "Damit reklamiert der Senat faktisch - ohne formell zuständig zu sein - in Hamburg eine politische Mitverantwortung für den Einsatz der AFG-Instrumente wie ABM, FuU oder Lohnkostenzuschüsse"[41].

Eine quantitativ herausragende Rolle in der arbeitsmarktpolitischen Aktivität der Bundesländer spielt der Einsatz von AB-Maßnahmen. Tabelle 2 gibt einen Überblick nach Bundesländern (Stand Juni 1986). Deutlich erkennbar sind die unterschiedlichen ABM-Strategien der Bundesländer. So wird z.B. der unmittelbare ABM-Einsatz in der Landesverwaltung zwischen den Ländern sehr unterschiedlich gehandhabt. Feststellbar ist ein positiver Zusammenhang (r = 0,80; nur Flächenstaaten) zwischen der Höhe des unmittelbaren Landesanteils und der ABM-Intensität (gemessen an ABM-Beschäftigten je 100 abhängige Erwerbsperso-

Tab. 2: ABM-Beschäftigte nach Trägern

	ABM-Beschäftigte	davon Beschäftigte in vH bei			ABM-Intensität[1]
		Land	Gemeinden	sonst.	
Schleswig-Holstein	6.531	13,1	30,4	56,5	0,62
Niedersachsen	21.949	20,3	44,4	35,3	0,78
Nordrhein-Westfalen	26.281	4,6	46,3	49,1	0,39
Hessen	6.432	10,9	51,5	37,6	0,28
Rheinland-Pfalz	5.739	2,9	56,7	40,4	0,40
Baden-Württemberg	5.319	5,6	52,7	41,7	0,13
Bayern	15.891	2,4	47,6	50,0	0,35
Saarland	2.775	18,2	54,6	27,2	0,69
Hamburg	3.823	54,2	-	45,8	0,72
Bremen	5.230	32,6	-	67,4	1,98
Berlin	7.230	76,8	-	23,4	0,90
insgesamt	107.273	16,7	39,5	43,8	0,43

1) ABM-Beschäftigte je 100 abhängige Erwerbspersonen.

Quelle: Bundesanstalt für Arbeit, Statistisches Bundesamt; eigene Berechnungen.

nen), d.h. erwartungsgemäß ist der Einsatz des arbeitsmarktpolitischen Instruments "AB-Maßnahmen" stark abhängig von der Bereitschaft des Landes, selbst aktiv zu werden.

Auch zur Verbesserung der Bereitschaft bzw. Fähigkeit von Kommunen und sonstigen Trägern zum Einsatz von AB-Maßnahmen setzen die Bundesländer eigene Mittel ein (v.a. Aufstockung der Personalkostenzuschüsse, Sachmittelzuschüsse; vereinzelt auch sogen. Stammkräfteförderung). In einigen Bundesländern (z.B. Hamburg, Nordrhein-Westfalen, Bremen) werden explizit auch Landesprogramme aus anderen Politikbereichen (z.B. Städtebauförderung, Gemeinschaftsaufgabe "Verbesserung der regionalen Wirtschaftsstruktur") zur Unterstützung arbeitsmarktpolitischer Aktivitäten eingesetzt. Bislang sind solche koordinierten Programme jedoch relativ selten.

Dritte Phase: Wirtschaftspolitische Orientierung

Seit Mitte der 80er Jahre sind Bestrebungen erkennbar, die bislang vorwiegend sozialpolitisch orientierten Maßnahmen enger mit der - primär auf Wachstumseffekte zielenden - regionalen Wirtschaftspolitik zu verzahnen. Diskutiert wird dies unter dem Stichwort "Förderung des endogenen Entwicklungspotentials".
Ein Hinweis für diese Einschätzung dürfte sein, daß die Federführung für diese neuen arbeitsmarktpolitischen Instrumente in der Regel in den Wirtschaftsministerien liegt (z.B. Saarland, Hamburg, Baden-Württemberg) bzw. die Arbeitsmarktpolitik dort ganz eingegliedert wurde (Berlin).

Als quantitativ kleiner, in der öffentlichen Aufmerksamkeit jedoch weit oben angesiedelter Bereich ist die Förderung sogenannter "örtlicher Beschäftigungsinitiativen" anzusehen. Gemeint sind damit die nach einer Anlaufzeit wirtschaftlich tragfähigen Projekte aus dem sozio-kulturellen Milieu der "neuen sozialen Bewegungen". Bremen, Nordrhein-Westfalen, Hamburg, Saarland und - bis vor kurzem - Hessen versuchen, mit der Förderung solcher erwerbswirtschaftlich orientierter Initiativen die Bruchstellen zwischen klassischer Wirtschaftsförderung und sozial- bzw. gesellschaftspolitisch orientierter Arbeitsmarktpolitik auf einem sehr schwierigen Teilarbeitsmarkt (z.B. geisteswissenschaftlicher Hochschulabschluß, junge Erwachsene ohne formale Berufsqualifikation) kleiner werden zu lassen[42].

Den Schwerpunkt der Neuorientierung der Länder-Arbeitsmarktpolitik stellen jedoch die qualifikationspolitischen Maßnahmen dar[43]. Die Qualifizierungsoffensive der Bundesanstalt für Arbeit hat diese Entwicklung sicherlich begünstigt, jedoch keineswegs alleine hervorgerufen.

Die Maßnahmen orientieren sich wiederum zum einen am Instrumentarium des AFG (Komplementärfinanzierung). Einen zweiten Schwerpunkt bilden der Ausbau und die Verbesserung der materiellen Bildungsinfrastruktur. Die Bundesländer versuchen damit die Voraussetzungen zu beeinflussen, die zur Inanspruchnahme von AFG-Leistungen notwendig sind (z.B. Ausstattung mit Weiterbildungszentren).

Quantitativ - gemessen am Haushaltsvolumen - spielen die Ausgaben der Bundesländer für Qualifizierungsmaßnahmen nach wie vor eine untergeordnete Rolle. Die Gesamtausgaben dürften 1987 bei höchstens etwa 200 Millionen DM liegen (zum Vergleich: Bundesanstalt für Arbeit 1986 über 5 Milliarden DM).

Ein bewertender Vergleich zwischen den Bundesländern ist wegen der unterschiedlichen Lage am Arbeitsmarkt und dem hieraus folgenden unterschiedlichen Problemdruck nicht ohne weiteres möglich. Traditionell wird den Weiterbildungsmaßnahmen jedoch in Baden-Württemberg - z.B. Werkstattentwicklungsplan von 1975, Landesarbeitskreis Berufliche Bildung seit 1983 - eine große Bedeutung zugemessen. Dies hat sicher mit dazu beigetragen, daß Baden-Württemberg die Spitzenposition bei den BA-Mitteln zur individuellen Förderung der beruflichen Bildung innehat (siehe oben). Andere Bundesländer mit größeren Arbeitsmarktproblemen (z.B. Bremen, Nordrhein-Westfalen) konzentrieren ihre eigenen Finanzmittel - notwendigerweise - stärker auf bereits Arbeitslose.

Am ausgeprägtesten kommt die aktuelle Entwicklung in Berlin und im Saarland zum Ausdruck. Das Ende 1985 vom Senat für Wirtschaft und Arbeit (!, d. Verf.) vorgestellte "Gesamtprogramm des Senats zur Verbesserung der Qualifikationsbedingungen in der Berliner Wirtschaft"[44] besteht aus vier Teilen, die zeitlich gestaffelt umgesetzt werden:

1. Programm zur Förderung der Weiterbildung (Mittelansatz 1986 bis 1990 40,1 Mio. DM): z.B. Weiterbildungsdatenbank, Anschubfinanzierung für Weiterbildungsverbunde, Weiterbildungsberater, Trainingsarbeitsplätze, Weiterbildungszentren, Praktikertransfer.

2. Programm zur Erschließung neuer Berufs- und Beschäftigungsfelder (Mittelansatz 1987 bis 1992 41,2 Mio. DM): z.B. Ausbilder- und Lehrerqualifizierung, kulturelle Dienstleistungen (Kulturberufe, Design, Denkmalpflege), Medienqualifizierung, Umweltschutz, Finanzdienstleistungen.

3. Programm zur Einstellung und beruflichen Qualifizierung von Langzeitarbeitslosen und Personen mit geminderten Beschäftigungschancen (Mittelansatz 1988 bis 1993 189,5 Mio. DM): z.B. Zuschüsse für Betriebe (z.B. bei Vorruhestandsregelungen), Regiekosten und Investitionszuschüsse bei freien Trägern, Qualifizierungsbeihilfen für Arbeitslose ohne Anspruch auf Unterhaltsgeld, Consult-Umsetzungsgesellschaft.

4. Programm zur Qualifizierung von Arbeitslosen für neue Facharbeiterplätze (Vorarbeiten durch Vorlage des ersten Teilberichts eines entsprechenden Gutachtens des Deutschen Instituts für Wirtschaftsforschung, Berlin, und durch Auswertung des DIW-Gutachtens beim LAA sind eingeleitet).

Das - quantitativ wesentlich bescheidenere - saarländische "Zukunftsqualifizierungsprogramm" (Mittelansatz 1987 bis 1988 12 Mio. DM) konzentriert sich vor allem auf Sachinvestitionen in Bildungsstätten und Unternehmen. Ziel ist zum einen, durch Zusatzqualifikation Jugendliche schon während der Erstausbildung mit den modernen - und erst zum geringen Teil in den Ausbildungsplänen aufgenommenen - Anforderungen vertraut zu machen. Zum anderen soll die Zusammenarbeit von Betrieben mit überbetrieblichen Ausbildungsstätten - analog zum Erstausbildungssystem - hin zu einem dualen Weiterbildungskonzept gefördert werden.

4.2 Konferenz der Länderarbeitsminister

Neben den arbeitsmarktpolitischen Aktivitäten im eigenen Land existiert mit der "Konferenz der Minister und Senatoren für Arbeit und Soziales" (ASMK) ein Forum, auf dem die Bundesländer als Gruppe ihre arbeitsmarktpolitischen Vorstellungen im politischen Raum artikulieren können. Die Entwicklung auf dem Arbeits- und Ausbildungsstellenmarkt hat zur Folge, daß diese Thematik auf der Tagesordnung der Konferenzen einen breiten Raum einnimmt.

Wie schon oben bei der Zusammenarbeit mit dem Bund im "Arbeitskreis der Arbeitsmarktreferenten" aufgezeigt, kann von koordinierten oder gar gemeinsamen Aktivitäten der Bundesländer jedoch kaum gesprochen werden. Dies wird auch auf der ASMK deutlich. Sind Beschlüsse zu fassen, so orientiert sich das Abstimmungsverhalten eng an die bekannten Linien[45]: Von den insgesamt 43 Beschlußanträgen der Sitzungen des Jahres 1985 entsprachen zwar 27 der gemeinsamen Interessenlage der Länder und wurden demnach (fast) einstimmig verabschiedet. Inhaltlich beschränkten sich die angenommenen Anträge in der Regel auf Appelle und Bitten an die Bundesregierung (z.B. Änderungsvorschläge zum AFG); Eigenverpflichtungen der Bundesländer erfolgten nur sehr selten und dann in sehr allgemein gehaltener Form. Die anderen Anträge wurden je nach Herkunftsland in Kampfabstimmungen angenommen (6 aus CDU/CSU-Ländern) bzw. abgelehnt (10 aus SPD-Ländern).

5. Zusammenfassung

Der Beitrag untersucht die in der Bundesrepublik betriebene Arbeitsmarktpolitik aus der Perspektive der Bundesländer und versucht, Handlungsmöglichkeiten und Grenzen der Bundesländer aufzuzeigen. Anlaß für diese Betrachtungsweise ist die mit dem Andauern der Beschäftigungskrise zunehmende Beachtung, die die Bundesländer diesem Politikbereich schenken (müssen). Dabei geht es zum einen um die Mittelverteilung der Bundesanstalt für Arbeit bzw. des Bundes und die Möglichkeiten der Bundesländer, diese zu beeinflussen. Zum anderen wird der eigene arbeitsmarktpolitische Handlungsspielraum der Bundesländer im föderalen System in der Bundesrepublik untersucht.

Mit der Bundesanstalt für Arbeit besitzt die Bundes-Arbeitsmarktpolitik im Unterschied z.B. zur regionalen Wirtschaftspolitik ein bis in kleine regionale Einheiten differenziertes eigenes Vollzugsorgan. Einflußmöglichkeiten haben die Bundesländer vor allem auf zwei Wegen:

- Durch ihre Beteiligung in der Selbstverwaltung der BA - und hier insbesondere im Verwaltungsrat - können sie über regionale Verteilungskriterien mitentscheiden (Beispiel: AB-Maßnahmen).

- Durch eigene arbeitsmarktpolitische Aktivitäten können die Bundesländer eine verstärkte Inanspruchnahme auch der Instrumente versuchen, für die keine spezifisch regionalen Verteilungskriterien vorgesehen sind (Beispiel: Qualifizierungsprogramm des Berliner Senats, Zukunftsqualifizierungsprogramm des Saarlandes).

Bei den Ausgaben der BA ist erkennbar, daß

- ein positiver Zusammenhang zwischen Arbeitslosigkeit und den ABM-Mitteln besteht, d.h. es wurden dort mehr ABM-Mittel eingesetzt, wo die Arbeitslosigkeit am höchsten war;

- ein negativer Zusammenhang zwischen Arbeitslosigkeit und den eingesetzten Mitteln zur individuellen Förderung der beruflichen Bildung und beim Vorruhestandsgesetz besteht, d.h. je niedriger die Arbeitslosigkeit, desto mehr Fördermittel wurden eingesetzt;

- kein zeitlich konstanter Zusammenhang bei den übrigen aktiven arbeitsmarktpolitischen Instrumenten der BA im Verhältnis zur Arbeitslosigkeit besteht.

Durch die achte Novelle des AFG hat sich der Bund ab 1988 ganz aus der aktiven Arbeitsmarktpolitik verabschiedet. Aus der Perspektive der Bundesländer ist dies zu bedauern, da der Bund damit einen wichtigen regionalen Ansatzpunkt im Bund-Länder-Verhältnis aufgegeben hat.

Zwar hat der Bundesgesetzgeber insbesondere mit dem Arbeitsförderungsgesetz die arbeitsmarktpolitische Zuständigkeit für sich reklamiert. Lange Zeit resignierten die Bundesländer auch vor der Übermacht der BA. Erst in den letzten Jahren haben sie - wenn auch in unterschiedlichem Ausmaß - neben der regionalen Forcierung in der Inanspruchnahme von AFG-Instrumenten auch eigene arbeitsmarktpolitische Handlungsspielräume genutzt und mit nicht unbeträchtlichen finanziellen Mitteln ausgestattet. Die arbeitsmarktpolitischen Aktivitäten der Bundesländer lassen sich im Verlauf der Beschäftigungskrise grob in drei Phasen einteilen:

- Mit einer ausbildungspolitischen Orientierung reagierten alle Bundesländer ab Mitte der 70er Jahre auf die Jugendarbeitslosigkeit. Demographisch bedingt werden diese Bemühungen zukünftig eine sehr viel kleinere Rolle spielen.

- Mit dem Überschreiten der Zwei-Millionen-Grenze bei den Arbeitslosen wurde eine zunehmende sozialpolitische Orientierung der Länder-Arbeitsmarktpolitik notwendig. Dabei geht es zum einen um Ergänzungen zum AFG (z.B. Sachmittelzuschüsse), zum anderen auch um die Schließung von Lücken im AFG (z.B. Sozialhilfeempfänger). Entsprechend der Problemlage sind die Bundesländer unterschiedlich (finanziell) gefordert.

- Ab Mitte der 80er Jahre ist eine zunehmende wirtschaftspolitische Orientierung der Länder-Arbeitsmarktpolitik festzustellen. Am deutlichsten zeichnet sich dies im Qualifizierungsbereich ab.

Anmerkungen

1) Z.B. Garlichs, D., u.a.(Hrsg.), Regionale Arbeitsmarkt- und Beschäftigungspolitik, Frankfurt/New York 1983.

2) Zu den Begriffen vergl. Biehler, H., u.a., Arbeitsmarktstrukturen und -prozesse, Tübingen 1981, S. 198 ff.

3) IAB-Kurzbericht vom 6. Juni 1988: Die gesamtfiskalischen Kosten der Arbeitslosigkeit im Jahre 1987.

4) Kippes, L., Die arbeitsmarktpolitische Rolle der Länder in der BRD, in: Schmidt, G./Freiburghaus, D., Konferenz über aktive Arbeitsmarktpolitik in ausgewählten Ländern, Preprint I/75-67, Wissenschaftszentrum Berlin 1975, S. 379-392, hier S. 384.

5) Grundlegend: Scharpf, F.W./Reissert, B./Schnabel, F., Politikverflechtung: Theorie und Empirie des kooperativen Föderalismus in der Bundesrepublik, Kronberg 1976.

6) Für einen Überblick über mögliche Inhalte vergl. z.B. Mertens, D./ Kühl, J., Arbeitsmarktpolitik, in: Handwörterbuch der Wirtschaftswissenschaft, Stuttgart u.a. 1977, Bd.1, S. 279-292, hier S. 279 f.

7) Z.B. Bosch, G./Gabriel, H./Seifert, H./Welsch, J., Beschäftigungspolitik in der Region, Köln 1987, S. 217.

8) BT-Drucksache V/2291, S. 4.

9) Zu den verfassungsrechtlichen Problemen bei Änderungen von Zustimmungsgesetzen vergl. z.B. Maunz-Düring-Herzog, Kommentar zum Grundgesetz, Art. 77, Rdnr. 10.

10) Vergl. BT-Drucksache 10/3053 (Strukturprobleme in der Berufsausbildung), S. 17.

11) Diese und die folgenden Zahlen aus: Chronik zur Arbeitsmarktpolitik, in: MittAB, Heft 1/1987, S. 123.

12) Vergl. Hinweise des Vorstandes der Bundesanstalt für Arbeit zu den Aufgaben der Verwaltungsausschüsse bei den Landesarbeitsämtern und Arbeitsämtern - beschlossen am 11. Mai 1983.

13) Adamy, W., Haushalt '86 der Bundesanstalt für Arbeit, in: Soziale Sicherheit, 35. Jg. (1986), H.1., S. 22-25; Frankfurter Rundschau vom 17.12.1987.

14) Amtliche Nachrichten der Bundesanstalt für Arbeit, Heft 6/1986, S. 942-945.

15) Aus dem 'operativen Programm' der BA (2. und 3. Abschnitt des AFG) bleiben somit die vornehmlich von anderen Faktoren bestimmte Berufsberatung, die berufsfördernden Leistungen zur Rehabilitation und die Förderung der ganzjährigen Beschäftigung in der Bauwirtschaft außer Betracht.

16) Insbesondere bei der individuellen Förderung der beruflichen Bildung stellt sich die Frage, ob dies eine problemgerechte Bezugsgrundlage ist, da solche Fördermittel z.T. auch beschäftigte Arbeitnehmer in Anspruch nehmen können. Jedoch ist zu berücksichtigen, daß zum einen das Unterhaltsgeld an arbeitslose bzw. unmittelbar von Arbeitslosigkeit bedrohte Arbeitnehmer den weitaus größten Einzelposten (1974 - 1986: 53,3 vH) darstellt und zum anderen die Qualifizierung im Zeitverlauf zunehmend unter dem Gesichtspunkt "Verhütung von Arbeitslosigkeit" gesehen wird (erkennbar an dem von 16,2 vH (1974) auf 64,2 vH (1987) gestiegenen Anteil zuvor Arbeitsloser bei den Eintritten in Maßnahmen). Schließlich sprechen auch politische Willenserklärungen für die Sinnhaftigkeit der regionalen Arbeitslosenzahl als Bezugsgröße auch für die individuelle Förderung der beruflichen Bildung.

17) Z.B. Hardes, H.D., Ausgaben für operative Leistungen der Arbeitsmarktpolitik, in: Winterstein, H. (Hrsg.), Selbstverwaltung als ordnungspolitisches Problem des Sozialstaates, Schriften des Vereins für Sozialpolitik, N.F.Bd. 133/I, Berlin 1983, S. 45-87, hier S. 59-61.

18) Z.B. Bosch, G., u.a., a.a.O., S. 245 f.

19) Errechnet nach Peters, A./Schmid, G., Aggregierte Wirkungsanalyse des arbeitsmarktpolitischen Programms der Bundesregierung für Regionen mit besonderen Beschäftigungsproblemen, IIM/LMP 82-1, Wissenschaftszentrum Berlin 1982, Tab. 3-3. Die Mittel für den ABM-Schwerpunkt (373,8 Mio. DM) wurden im wesentlichen unmittelbar aus dem Haushalt der BA finanziert (Scharpf, F.W., Das Sonderprogramm im Überblick, in: Scharf, F.W. u.a., Implementationsprobleme offensiver Arbeitsmarktpolitik, Frankfurt/New York 1982, S. 13-44, hier S.34).

20) BMF-Nachrichten 33/86 vom 16.10.1986, S. 2.

21) Amtliche Nachrichten der Bundesanstalt für Arbeit, Heft 11/1986, S. 1470.

22) Eine regionale Differenzierung von Rechtsansprüchen ist nur bei Kurzarbeitergeld möglich (§ 67 Abs. 2 AFG). Die entsprechenden Verlängerungsverordnungen konzentrierten sich seit 1974 zunächst auf wenige Wirtschaftszweige und Arbeitsamtsbezirke, wurden aber zunehmend umfassend ausgestaltet (Hennig/Kühl/Heuer, AFG-Kommentar, § 67 Anmerkung 5).

23) Z.B. Deeke, A./Seifert, H., Lokale Arbeitsmarktpolitik, in: WSI-Mitteilungen Heft 3/1981, S. 165-179, hier: Zahl der FuU-Anträge 1978 (erklärte Varianz 58,2 vH (S. 171)); Schmid, G., Handlungsspielräume der Arbeitsämter beim Einsatz aktiver Arbeitsmarktpolitik, in: Scharpf, F./Brockmann, M. (Hrsg.), Institutionelle Bedingungen der Arbeitsmarkt- und Beschäftigungspolitik, Frankfurt/New York 1983, S. 135-165, hier: Eintritte in Maßnahmen der beruflichen Weiterbildung (erklärte Varianz 1979 47 vH (S. 157)); Schmid, G./Semlinger K., Instrumente gezielter Arbeitsmarktpolitik, Königstein 1980, hier: Kurzarbeit (erklärte Varianz 1976/77 54 vH (S. 143), 1978 49 vH (S. 149), Eingliederungsbeihilfen 1978 74 vH (S. 162)).

24) Vergl. hierzu Bruche, G./Reissert, B., Die Finanzierung der Arbeitsmarktpolitik, Frankfurt/New York 1985, S. 79.

25) Bürgerschaft der Freien und Hansestadt Hamburg, Drucksache 11/160 vom 8.2.1983, S. 1, und die dort in Anlage 1 dargestellten Zuteilungen.

26) Hardes, H.D., a.a.O., S. 58.

27) Ebenda, S. 59.

28) Ebenda.

29) R = 0,74; eigene Berechnung, Grunddaten der Teilnehmereintritte aus: IAB-Kurzbericht vom 9.12.87, Spalte 19. Die Umrechnung auf Länderebene erfolgte aufgrund der Arbeitslosenzahlen 1986.

30) R = 0,55; zur Berechnung vergl. Anmerkung 30) (Teilnehmerindex Spalte 20).

31) IAB-Kurzbericht 9.12.87, S. 2.

32) BA Dienstblatt-Runderlaß 70/87 vom 15.7.87, S. 1 f.

33) BT-Drucksache V/2291, S. 103 (Stellungnahme des Bundesrates zum AFG-Gesetzesentwurf).

34) Scharpf, F.W., a.a.O., S. 39.

35) Im einzelnen wurden folgende Programme bzw. arbeitsmarktpolitische Programmteile aufgelegt:
- "Programm zur Förderung von Beschäftigung und Wachstum bei Stabilität" vom 12.12.1974 (Lohnkostenzuschüsse, Mobilitätszulagen)
- "Programm zur Stärkung von Bau- und anderen Investitionen" vom 27.8.1975 (AB-Maßnahmen)
- "Arbeitsmarkt- und berufsbildungspolitisches Programm zur Bekämpfung der Jugendarbeitslosigkeit" vom 28.1.1976 (AB-Maßnahmen)
- "Arbeitsmarktpolitisches Programm" vom 10.11.1976 (neben AB-Maßnahmen auch Mobilitätshilfen und Lohnkostenzuschüsse)
- Programm zur Flankierung der Baumaßnahmen und des ZIP vom 26.5.1977 (AB-Maßnahmen)
- "Arbeitsmarktpolitisches Programm der Bundesregierung für Regionen mit besonderen Beschäftigungsproblemen" vom 16.5.1979 (Schwerpunkt 1: berufliche Qualifizierung, Schwerpunkt 2: Wiedereingliederung, Schwerpunkt 3: AB-Maßnahmen)
- "Mehrjähriges Programm zur Verbesserung der Ausbildungsplatzsituation und der Arbeitsmarktchancen Jugendlicher" vom 3.2.1982 (Bildungsbeihilfen).

36) Durch die 8. Novelle des AFG wird ab 1988 der bisherige Bundesanteil von der BA finanziert. Gegen den Rückzug des Bundes aus der "verstärkten Förderung" erhob der Bundesrat - erfolglos - "grundsätzliche Bedenken" (BT-Drucksache 11/890, S. 29 und 31).

37) In dem für Bundes- und Länderhaushalte einheitlichen Funktionsplan umfaßt die Nr. 25 "Arbeitsmarktpolitik und Arbeitsschutz". Nach Abzug der Unterfunktion 245 "Arbeitsschutz" erhält man somit die aufgewandten Mittel für Arbeitsmarktpolitik (wobei die Unterfunktion 251 "Arbeitslosenhilfe" für die Bundesländer nicht relevant ist). Unterschiedliche Zuordnungspraktiken der Bundesländer innerhalb des Funktionsplans (z.B. zu Funktion 155 "Betriebliche und überbetriebliche Aus- und Fortbildung") schränken jedoch die Vergleichbarkeit in zeitlicher Hinsicht, zwischen den Bundesländern und zu anderen Statistiken (z.B. Rechnungsergebnisse der BA) erheblich ein. Dies gilt für die

Haushaltspläne noch stärker als für die hier verwendeten, vom Statistischen Bundesamt bearbeiteten Rechnungsergebnisse.

38) Zur detaillierten empirischen Darstellung vergl. die Übersichten in den vom Bundesminister für Bildung und Wissenschaft herausgegebenen Berufsbildungsberichten seit 1979 (jeweils Anhangtabellen 9).

39) Nach Berechnung des Instituts für Arbeitsmarkt- und Berufsforschung stieg der Länderanteil an den fiskalischen Kosten zwischen 1983 und 1987 von 9,1 vH auf 10,7 vH, der der Gemeinden von 5,3 vH auf 7,3 vH. Vergl. Autorengemeinschaft, Der Arbeitsmarkt in der Bundesrepublik Deutschland im Jahre 1983, in: MittAB 1/1983, S. 5-16, hier S. 16, und IAB-Kurzbericht vom 6. Juni 1988, S. 4.

40) Zur detaillierten empirischen Darstellung vergl. Lerch, W., Arbeitsmarktpolitik der Bundesländer - Eine Synopse über Maßnahmen der Landesregierungen und Handlungsvorschläge der Oppositionsfraktionen, Stand Februar 1984, bzw. die Fortschreibung Stand Frühjahr 1986, Hrsg. Arbeitskammer des Saarlandes, Saarbrücken.

41) Fiedler, J., Handlungsfelder regionaler Arbeitsmarktpolitik: Das Beispiel Hamburg, in: Garlichs, D. u.a., a.a.O., S. 298-320, hier S. 305.

42) Ausführlicher z.B. Arbeitskammer des Saarlandes, Selbstverwaltungswirtschaft im Saarland - Bestandsaufnahme, Probleme, Förderungsmöglichkeiten, Gutachten im Auftrag des saarländischen Ministers für Wirtschaft, Saarbrücken, im März 1988.

43) Zur detaillierten empirischen Darstellung vergl. Lerch, W./Müller, W., Qualifizierungspolitik der Bundesländer - Ein Überblick über die Maßnahmen der Bundesländer, Stand Frühjahr 1987, Bundesinstitut für Berufsbildung (Hrsg.), Materialien und statistische Analysen zur beruflichen Bildung, Heft 77, Berlin 1988.

44) Senator für Wirtschaft und Arbeit: Programm zur Förderung der Weiterbildung in Berlin, Senatsvorlage Nr. 472 für die Sitzung vom 3. Dezember 1985.

45) Grundlage: Ergebnisprotokolle der 60. und 61. ASMK-Konferenz.

Neue Initiativen in der kommunalen Beschäftigungspolitik

von
Hartmut Seifert, Düsseldorf

Gliederung

1. Problemstellung

2. Formen kommunaler Beschäftigungspolitik

3. Merkmalsstrukturen und Funktionsprinzipien

    3.1 Konzeptionelle Aspekte
    3.2 Instrumentelle Aspekte
    3.3 Organisatorisch-institutionelle Aspekte

        3.3.1 Verstärkte Kooperation
        3.3.2 Erweiterung der Politikarena

4. Bewertung

Anmerkungen

1. Problemstellung

Auf der beschäftigungspolitischen Bühne hat sich in den letzten Jahren ein erstaunlicher Rollentausch abgespielt. Ohne eine einheitliche und zentrale Regieanweisung sind in zahleichen Kommunen vielfältige Formen von Beschäftigungsaktivitäten und -initiativen entstanden, die deren Rolle innerhalb des beschäftigungspolitischen Gesamtensembles erheblich aufgewertet haben. Angesichts der drückenden Probleme hartnäckig anhaltender Massenarbeitslosigkeit verstärken immer mehr Kommunen ihre beschäftigungspolitischen Bemühungen. Bei nur knappen finanziellen Mitteln wird versucht, konzeptionell neue Wege einzuschlagen, die verschiedenen herkömmlichen Instrumente in anderen Formen zu kombinieren und die organisatorischen sowie instrumentellen Bedingungen und Voraussetzungen kommunaler Beschäftigungspolitik weiterzuentwickeln. Man spricht in diesem Zusammenhang von "Kommunalisierung", "Heterogenisierung" und "Dezentrierung" von Beschäftigungs- bzw. Arbeitspolitik[1], von "kommunalem

Interventionismus"[2], von "Steuerung von unten" oder "Wirtschafts- bzw. Beschäftigungspolitik von unten"[3], oder man versucht, die Herausbildung dieses neuen kommunalpolitischen Feldes mit dem Begriff einer "neuen Politikarena"[4] zu erfassen.

Diese neuen Aktivitäten der Kommunen im Bereich der Beschäftigungspolitik haben verschiedene Gründe. Zum einen hat sich die Erkenntnis durchgesetzt, daß das interregional mobile Ansiedlungspotential äußerst klein geworden ist und Industrieansiedlungspolitik nur wenig Chancen zur Lösung der Beschäftigungsprobleme verspricht. Ein weiterer Grund wird in der beschäftigungspolitischen Erfolglosigkeit der Bundesregierung bei der Bekämpfung der Arbeitslosigkeit gesehen[5]. Ein dritter und entscheidender Grund für die Aufwertung kommunaler Beschäftigungspolitik liegt in der dramatisch angestiegenen finanziellen Belastung der Kommunen durch die anhaltende Massenarbeitslosigkeit. Dieser "Sprengsatz in den städtischen Verwaltungshaushalten"[6] schnürt in zunehmendem Maße die ohnehin knappen Mittel zur Eigenfinanzierung von Investitionen, aber auch für zusätzliche Kreditaufnahme ein und vermindert den beschäftigungspolitischen Handlungsspielraum gerade in denjenigen Regionen, in denen der Handlungsbedarf wegen massiver Strukturschwäche und aufgestauter Arbeitslosigkeit besonders groß ist[7]. Aus dieser beschäftigungs- und strukturpolitischen Zwickmühle versuchen sich die Kommunen durch eine beschäftigungspolitische Offensive zu befreien, indem sie Arbeitslose und Sozialhilfeempfänger zumindest zeitweise in sozialversicherungspflichtige Beschäftigung bringen, aus denen neue Ansprüche an zentralstaatlich finanzierte Transferleistungen entstehen. Diese Politik beruht aber nicht nur auf finanzökonomischen Überlegungen. Mit einer offensiven Beschäftigungspolitik versuchen die Kommunen zugleich den teilweisen Verfall der infrastrukturellen Ausstattung aufzuhalten, die Infrastruktur auf die durch Strukturwandel erzeugten neuen Bedarfe umzurüsten und die Standortattraktivität zu verbessern.

Die Herausbildung eines "neuen Politikfeldes gegen Arbeitslosigkeit und ihre sozialen Folgen auf lokaler Ebene"[8] vollzieht sich in recht heterogenen Formen und hat in den einzelnen Kommunen ein sehr unterschiedliches Reifestadium erreicht. Manche Initiativen sind über die konzeptionelle Phase nicht hinaus, andere stecken im Experimentierstadium, wobei die Überlebensfähigkeit nicht immer sichergestellt ist, und nur bei wenigen Ansätzen kann man bereits von Konsolidierung sprechen.

Angesichts dieses unterschiedlichen Reifegrades ist es verfrüht, die beschäftigungspolitische Relevanz kommunalpolitischer Initiativen zu bewerten. Das derzeitige Entwicklungsstadium reicht gerade aus, der Frage nachzugehen, was das eigentlich "Neue" an den verschiedenen Initiativen kommunaler Beschäftigungspolitik ist. Dabei geht es im vorliegenden Beitrag zunächst darum (Kap. 2), das Spektrum kommunaler Beschäftigungsinitiativen einzugrenzen und di·

wichtigsten Ausprägungsformen darzulegen. Anschließend soll aufgezeigt werden, welche konzeptionellen, instrumentellen und organisatorisch-institutionellen Grundmuster und -prinzipien diese Ansätze charakterisieren und von konventioneller kommunaler Beschäftigungspolitik abheben (Kap. 3). Abschließend wird versucht, einige Probleme zu thematisieren, die die Reichweite dieser Ansätze begrenzen (Kap. 4).

2. Formen kommunaler Beschäftigungspolitik

Als kommunale Beschäftigungspolitik lassen sich in einer sehr allgemeinen Definition sämtliche beschäftigungsrelevanten Aktivitäten bezeichnen, die kommunal implementierbar bzw. exekutierbar sind. Analytisch kann man zwei Grundvarianten unterscheiden[9]. Zum einen kann es sich um originär kommunale Handlungsfelder handeln, bei denen allein kommunale Instanzen die Politikinhalte programmieren und administrieren. Zum anderen können Administration und/oder Programmierung von Politik zentral erfolgen, wodurch kommunaler Einflußnahme Rahmenbedingungen für die lokalspezifische Implementierung gesetzt werden. In diesem Fall spricht man von einem "policy-mix" von zentralen und dezentralen Faktoren[10]. Obwohl eine so definierte kommunale Beschäftigungspolitik nicht als ein eigenständiges Fachressort existiert, das mit Kompetenzen ausgestattet ist und über eigene Ressourcen verfügt oder diejenigen anderer Ressorts mit koordiniert, beeinflussen verschiedene kommunale Entscheidungen sowohl Niveau als auch Struktur der lokalen Beschäftigung[11]. Zu den traditionellen und bislang dominierenden Handlungsfeldern mit beschäftigungspolitischer Relevanz gehören erstens die personalpolitischen Entscheidungen, die die Kommunen in ihrer Funktion als Arbeitgeber ausüben. Ein zweites Feld stellt die kommunale Investitionspolitik dar. Es umfaßt sowohl die Eigenmittel als auch den Einsatz von Bundes- und Ländermitteln (Zuweisungen usw.) einschließlich Sonderprogramme sowie die Einflußnahme auf die Investitionstätigkeit der kommunalen Eigenbetriebe. Einen dritten Bereich bilden die kommunale Gewerbe- und Wirtschaftsförderpolitik sowie die regionale Wirtschaftsförderung. Und viertens können die Kommunen im Rahmen der drittelparitätischen Selbstverwaltung Einfluß auf die auf dem Arbeitsförderungsgesetz basierende Arbeitsmarktpolitik der Arbeitsämter ausüben sowie als Träger von Maßnahmen auftreten.

Auf beschäftigungspolitische Ziele sind die Kommunen durch das Stabilitäts- und Wachstumsgesetz von 1967 verpflichtet. Sie tragen Mitverantwortung für das Erreichen des Vollbeschäftigungszieles (§ 16 Abs. 1). Gleichwohl haben die genannten kommunalpolitischen Handlungsfelder nur teilweise unter vorrangig beschäftigungspolitischen Zielen gestanden. Teilweise dominierten auch andere ressort- bzw. fachspezifische Ziele wie z.B. die Verbesserung der kommunalen Infrastruktur oder Ausgleichsziele beim Einkommen. Deshalb ist die Praxis noch ein gutes Stück davon entfernt, als daß man von einer eigenständigen kommunalen Beschäftigungspolitik sprechen könnte[12]. Demgegenüber stellen die neuen Beschäftigungsinitiativen eindeutig beschäftigungspolitische Ziele in den Vordergrund. In quantitativer Hinsicht geht es um die Erhaltung bedrohter und die Schaffung neuer Arbeitsverhältnisse. In qualitativer Hinsicht zielen die Aktivitäten auf eine Anpassung und Verbesserung der qualifikatorischen Fähigkeiten des lokalen Arbeitskräftepotentials an die durch Strukturwandel neudefinierten Anforderungen. Insgesamt wird versucht, möglichst umfassend die verschiedenen, kommunaler Steuerung zugänglichen Instrumente für ein breites Spektrum beschäftigungspolitischer Aktivitäten und Initiativen einzusetzen. Die wichtigsten Ansätze dabei sind[13]:

- Die Schaffung von "zweiten" Arbeitsmärkten im Rahmen von Arbeitsbeschaffungsmaßnahmen (ABM) sowie von Sonderprogrammen und -mitteln für die Beschäftigung von Sozialhilfeempfängern.

- Die Gründung von Beschäftigungsgesellschaften zur Rettung von Betrieben oder Betriebsteilen, die aufgrund des Strukturwandels von Stillegung bedroht sind.

- Förderung von Selbsthilfeprojekten im Sozial-, Gesundheits- und Technologiebereich.

- Aus- und Aufbau von Vermittlungs- und Beratungsaktivitäten im Technologiebereich, die Einrichtung von "Task Forces", Innovationsassistentenprogrammen usw.

- Gründung von Innovationsfonds, um die Innovationsbereitschaft technologiebasierter Unternehmen und entsprechende Neugründen zu fördern.

- Die Einrichtung von Gründer- und Technologieparks.

- Der Aufbau von Entwicklungszentren, einer Mischung aus Beschäftigungsgesellschaften und Einrichtungen des zweiten Arbeitsmarktes.

Das weitere Augenmerk konzentriert sich auf Aktivitäten, die von kommunalen Instanzen zumindest mitinitiiert und mitgestaltet werden. Ein zentrales Kriterium für die Eingrenzung des Untersuchungsgegenstandes ist die kommunale Steuerbarkeit. Ausgeblendet bleiben rein betriebliche Beschäftigungsinitiativen wie z.B. Arbeitskreise zur Entwicklung alternativer Produkte und Produktionsformen oder die sogenannten neuen Selbständigen oder lokale Beschäftigungsinitiativen, die von anderen lokalen Akteuren, wie z.B. Wohlfahrtseinrichtungen, Kirchen, Verbänden usw., durchgeführt werden. Allerdings gibt es zahlreiche Berührungspunkte mit kommunalen Beschäftigungsinitiativen und speziell mit Einrichtungen des zweiten Arbeitsmarktes. Insofern geraten diese

Initiativen ebenfalls in die Untersuchungsperspektive. Nicht berücksichtigt werden ferner die zahlreichen kommunalen Aktivitäten im Bereich der beruflichen Erstausbildung. Ihre Einbeziehung würde den Rahmen des vorliegenden Beitrags bei weitem übersteigen[14].

Die aufgelisteten Beschäftigungsinitiativen sind nicht als eine Typologie zu begreifen. Es fehlt noch an trennscharfen, analytisch-theoretisch fundierten Kriterien. Einen ersten Schritt in diese Richtung unternimmt die nachfolgende Analyse. Sie versucht anhand von drei Kriterien (konzeptioneller, instrumenteller und organisatorisch-institutioneller Aspekt) Unterschiede gegenüber dem Muster und der Funktionsweise konventioneller kommunaler Beschäftigungspolitik aufzuzeigen. Da die als neu bezeichneten Beschäftigungsinitiativen in aller Regel an konventioneller Beschäftigungspolitik anknüpfen und aus ihr hervorgegangen sind, bleiben die Grenzen häufig fließend. Es handelt sich eher um Ergänzungen, Modifizierungen oder Weiterentwicklungen und weniger um einen völlig neuen Politiktyp.

Häufig fällt eine Zuordnung einzelner Aktivitäten schwer, da es sich um Mischformen handelt. In der kommunalen Praxis können die verschiedenen Aktivitätsformen nebeneinander existieren, wobei der Grad der gegenseitigen Vernetzung sehr unterschiedlich sein kann. Von "einer kommunalen Beschäftigungspolitik aus einem Guß" kann noch längst nicht die Rede sein. In einzelnen Fällen sind die Beschäftigungsinitiativen nicht nur auf die verwaltungsmäßigen Grenzen einer Kommune beschränkt, sondern großräumiger an funktionsräumlichen Kriterien orientiert.

3. Merkmalstrukturen und Funktionsprinzipien

3.1 Konzeptionelle Aspekte

Ungeachtet aller Unterschiede weisen die verschiedenen neuen Beschäftigungsinitiativen ein paar charakteristische Gemeinsamkeiten auf, die zumindest eine grobe konzeptionelle Klassifizierung erlauben. Am ehesten lassen sie sich begrifflich mit der "Strategie endogener Entwicklung" erfassen. Hiermit ist, sieht man einmal von der Vielzahl unterschiedlicher Teilkonzepte ab, eine Politik gemeint, die darauf zielt, die Position einer Region dadurch zu stärken, "daß die Region selbst mehr Einfluß auf ihre Entwicklung nimmt und dabei ihre internen Potentiale besser nutzt"[15]. Ausgangspunkt dieses Strategiekonzepts sind die in einer Region vorhandenen Faktoren, die in dieser Region Aktivitäten zur Erzeugung von Wohlstand ermöglichen. Gezielte Politikinterventionen sollen Engpässe bei der Nutzung der regionalen Entwicklungsfaktoren beseitigen, latentes Potential wecken und die Bestände an Potentialfaktoren erweitern. Die das regionale Produktionspotential bestimmenden Faktoren lassen sich in drei Gruppen zusammenfassen[16]:

(1) Angebotspotential: Arbeitskräftepotential, Kapitalpotential, Infrastrukturpotential;
(2) Nachfragepotential: Marktpotential;
(3) Ökologisches Potential: Umwelt-, Flächen- und Landschaftspotential.

Diese dezentralen Potentiale zu stärken, ist Ziel der Strategie endogener Entwicklung. Damit ist aber nicht eine "fiskalische Entlastungsstrategie" für zentralstaatliche Ebenen gemeint, mit der sich diese möglichst "lautlos" aus ihren Ausgleichszielsetzungen verabschieden können, und auch keine "Konfliktverlagerung von oben nach unten"[17], wie sie tendenziell in den Vorstellungen des "Sachverständigenrates zur Begutachtung der gesamtwirtschaftlichen Entwicklung" angelegt ist. Dieser sieht die Hilfe des Staates nur als subsidiär an und weist den Regionen selbst die Hauptlast bei der Mobilisierung von Wachstumskräften zu[18]. Dabei sollen sich die überwiegend von den Kommunen zu leistenden Anstrengungen vorrangig auf die Verbesserung der Angebotsbedingungen konzentrieren. Demgegenüber sind die neuen Initiativen konzeptionell weitaus pragmatischer, sie mischen angebots- und nachfragepolitische Elemente, und sie kombinieren kommunale Eigenmittel mit regionsexternen Hilfen. In diesen Punkten zeigen sich Übereinstimmungen mit den konzeptionellen Empfehlungen des Beirats für Raumordnung[19].

In konzeptioneller Hinsicht unterscheiden sich die neuen Beschäftigungsinitiativen vor allem durch folgende Modifikationen und Weiterentwicklungen von traditioneller kommunaler Beschäftigungspolitik.

1. Eine konzeptionelle Weiterentwicklung kann darin gesehen werden, daß die neuen Initiativen sich nicht allein auf die Faktoren Kapital und Infrastruktur konzentrieren, sondern breiter angelegt sind, und ebenso das Arbeitskräfte- wie das Nachfrage- oder das ökologische Potential in die Förderpolitik einzubeziehen versuchen. Dabei läßt sich die Tendenz ausmachen, an möglichst vielen Engpaßfaktoren gleichzeitig anzusetzen und komplexe Strategiepakete zu entwickeln. Der komplexe Strategiecharakter ist häufig schon an den programmatischen Überschriften der kommunalen Beschäftigungsprogramme ablesbar, die verschiedentlich den Ausgleich von ökonomischer und ökologischer Erneuerung in den Mittelpunkt des Programms stellen.

Ein prägnantes Beispiel für die Erweiterung des Förderspektrums liefert das Modell des Zweiten Arbeitsmarktes in Bremen[20]. Verschiedene Projekte verfolgen den gleichzeitigen Ausbau von wirtschaftsnaher Infrastruktur (Verkehr, Gewerbeflächenerschließung, Auf- und Ausbau von Weiterbildungseinrichtungen), die Förderung von Existenzgründungen (Aufbau der Infrastruktur für Pilotprojekte, Werkhof für örtliche Beschäftigungsinitiativen), die Verbesserung des

Umwelt- und Naturschutzes (Gewässerschutz, Bodenschutz, Recycling von Werkstoffen, Abfallbeseitigung einschließlich der Entwicklung von Maschinen zur Abfallbeseitigung) wie auch die Anpassung der Qualifikationsstruktur der am Ort lebenden Arbeitskräfte. Auch wenn nicht alle Ansätze das gesamte Spektrum der Entwicklungsfaktoren einschließen, so ist doch das Bestreben unübersehbar, die Förderaktivitäten möglichst breit auszurichten und aufeinander abzustimmen. Hierzu gehört auch, das kommunale Marktpotential zu berücksichtigen und nicht nur Arbeitsplätze zu fördern, die für den Export aus der Region produzieren (Export-Basis-Konzept). Die Grenzziehung zur Strategie der Importsubstitution ist nicht immer eindeutig. Um die zuletzt genannte Variante handelt es sich wohl in Wiesbaden, wo die Stadt ihre Vergaberichtlinien für Baumaßnahmen mit dem Ziel modifiziert hat, verstärkt ortsansässige Betriebe bei der Auftragsvergabe zu berücksichtigen[21]. Vor allem die Stückelung der Aufträge in möglichst kleine Lose hat das ortsansässige Handwerk bei der Antragstellung konkurrenzfähig gemacht, so daß der Anteil der auswärtigen Firmen an der Verteilung des öffentlichen Auftragsvolumens zwischen 1981 und 1985 von 56,5 vH auf 40,4 vH zurückgegangen ist. Beispiele für zumindest eine partielle regionale Marktorientierung liefern die Errichtung eines "Dienstleistungszentrums" in Bielefeld, einer Mischung aus Technologieberatungsstelle, Patent- und Innovationszentrum und verschiedenen Bürodienstleistungen, ferner das "Entwicklungszentrum Dortmund", ein von der Stadt, dem DGB, dem Berufsförderungszentrum Essen und anderen Einrichtungen getragener Verein, der mit Hilfe verschiedener öffentlicher Mittel umweltorientierte Produkte für die Abfallwirtschaft erstellt, die zunächst auf dem kommunalen Markt Absatz finden. Ähnlich sind auch die Aktivitäten der "Planungs- und Entwicklungsgesellschaft für Umwelt und Entsorgung" in Oberhausen zu bewerten[22]. Sie entwickelt industrielle Anlagen und Verfahren innovativer Entsorgungstechnik, die zunächst auf dem regionalen Markt erprobt und eingeführt werden, bevor Exportmärkte erschlossen werden. Der kommunale Markt übernimmt eine Art Testfunktion.

2. Die Förderung des internen Strukturwandels von bedrohten Unternehmen ist eine weitere Besonderheit der neuen Beschäftigungsinitiativen. Ausgangspunkt ist das von der IG Metall vor allem für die altindustriellen Regionen mit großbetrieblichen Strukturen im Bereich der Werft- und der Stahlindustrie entwickelte Konzept der regionalen Beschäftigungsgesellschaft. Es soll einen möglichst großen Teil der von Stillegungen bedrohten Produktionspotentiale retten und für eine interne Umstrukturierung in Richtung alternativer Produkte umrüsten helfen[23].

Vorgesehen ist eine Art Auffanggesellschaft, die durch die Altunternehmen bzw. die Konzernmuttergesellschaften getragen werden soll. In abgewandelter Form zu diesem Konzept ist in Hamburg eine erste Entwicklungsgesellschaft für die Weiterbeschäftigung der Belegschaft einer stillgelegten Werft als eingetragener Verein unter maßgeblicher Beteiligung der Kommune gegründet worden. Geplant sind Produktionen im Bereich der Umwelttechnik, der Energieeinsparung sowie technische Lösungen im Bereich Arbeitsschutz und -sicherheit. Die finanzielle Basis bilden Mittel der Arbeitsmarktpolitik, kommunale Zuschüsse und eine Beteiligung der ehemaligen Muttergesellschaft.

3. Im Unterschied zur regionalen Strukturpolitik, deren Förderkonzept primär auf finanziellen Anreizen in Form von Investitionszulagen und -zuschüssen beruht, stellen die neuen Ansätze in stärkerem Maße reale Hilfen in Form von öffentlichen Sach- und Dienstleistungen zur Verfügung. Der Vorteil öffentlicher Sach- und/oder Dienstleistungsangebote gegenüber finanziellen Anreizen wird wegen ihrer stärkeren Zweckgebundenheit und der unmittelbaren Qualitätskontrolle vor allem in verringerten Mitnahmeeffekten gesehen[24]. Solche realen Hilfen können sehr unterschiedliche Formen annehmen und unterschiedliche Aufgaben erfüllen.

- Die wohl am häufigsten anzutreffende Form sind Gründer- und Technologiezentren[25], die jungen Unternehmen gemeinsam zu nutzende Infrastruktur (Büro- und Serviceleistungen) anbieten und dadurch die Nutzerkosten verringern, die außerdem durch Managementberatung und Kooperationen zu ingenieurwissenschaftlichen Einrichtungen Wissenstransfer herstellen und Informationskosten reduzieren[26].

- Eine neue Einrichtung stellen die verschiedenen lokalen, aber auch bundes- und landesweit operierenden Beratungsbüros dar, wie z.B. "Consult Saar", "GIB" (Gemeinnützige Gesellschaft zur Information und Beratung örtlicher Beschäftigungsinitiativen und Selbsthilfegruppen in NRW) oder "BBJ Consult", ein bundesweit tätiges Beratungsbüro, das vom Bundesminister für Arbeit und Sozialordnung getragen wird. Die Beratung dieser Institutionen zielt auf Existenzgründungen und -festigungen, indem neben Informationen über Förderprogramme und Fördermöglichkeiten, Fragen des Finanz-, Rechnungs- und Beschaffungswesens, der Absatzplanung, der Wahl der Rechtsform und des Einsatzes von neuer Technik "das gesamte Konzept der jeweiligen Initiative in die Beratung einbezogen wird mit dem Ziel, das Überleben am Markt möglichst langfristig zu sichern"[27].

Von privaten Unternehmensberatern unterscheiden sich die öffentlichen Beratungseinrichtungen nicht nur durch niedrigere Beratungssätze, sondern in erster Linie durch die spezifische inhaltliche Orientierung der Beratungstätigkeit. So versucht das ECOS (Entwicklungscentrum) in Osnabrück bei der Beratung von Existenzgründern oder umstrukturierenden Betrieben neben Rentabilitätskriterien auch soziale und ökologische Aspekte möglichst gleichrangig zu berücksichtigen. Ebenso können arbeitsmarktpolitische Kriterien eine ausgeprägte Rolle spielen. Z.B. ist BBJ Consult bestrebt, bei der Beratung von Beschäftigungsinitiativen gleichzeitig Ansätze experimenteller Arbeitsmarktpolitik zu verwirklichen und Projektideen und -strategien für die Zielgruppe der schwer vermittelbaren Arbeitslosen zu entwickeln. Schließlich hebt sich auch der Beratungsmodus dieser neuen Einrichtungen von konventionellen Beratungsaktivitäten ab. So werden bei der Entwicklung von Unternehmensplänen (umzustrukturierender Betriebe) sowohl Beschäftigte wie Gewerkschaften von vornherein in die Lösungskonzepte einbezogen.

- Um Innovations- und Informationstransfer geht es auch bei der Einrichtung sogenannter "Task Forces", Expertengruppen, die Betrieben beim Strukturwandel in neue Wachstumsfelder helfen sollen[28].

- In eine ähnliche Richtung zielt das Innovations-Programm in Berlin, das kleinen und mittleren Unternehmen, die Hochschulabsolventen (Ingenieure oder Wirtschaftswissenschaftler) beschäftigen, einen öffentlichen Lohnkostenzuschuß in Höhe von 40 vH für ein Jahr zahlt[29].

- Ein komplexes, mehrstufiges Experiment zur besseren Nutzung von in der Region latent vorhandenen Ressourcen stellt das "Entwicklungscentrum Osnabrück" (ECOS) dar[30]. Dieser von verschiedenen kommunalen Einrichtungen getragene Verein organisiert einen Produktideenpool, unterhält in Kooperation mit dem größten örtlichen Privatbetrieb eine Modell- und Versuchswerkstatt und betreibt ein Center für Unternehmensplanung. Hinzu kommt ein Bürgschaftsfonds, der Kleinexistenzgründungen fördert. Das Entwicklungscentrum versucht, Ideen der Produktentwicklung zu fördern und mit gesellschaftlichen regionalen Bedarfsfeldern zu verknüpfen, indem das in der Region vorhandene Expertenwissen aus betrieblichen Arbeitskreisen und aus Hochschulen zusammengeführt wird, Produktideen in Modelle und Prototypen umgesetzt und schließlich zur Marktreife entwickelt werden.

4. Schließlich wird auch mit neuen Formen von Wagnis-Kapital-Bildung experimentiert. Um die Innovationsbereitschaft technologiebasierter Unternehmen und entsprechende Neugründungen zu fördern, werden mit öffentlicher Hilfe Innovationsfonds eingerichtet, wie z.B. in Berlin, im Siegerland, im Raum Marburg oder in Osnabrück in Form des bereits erwähnten Bürgschaftsfonds. Solche Entwicklungsfonds versuchen zum einen Zielgruppen zu erreichen, die unter erschwerten Bedingungen (geringe Eigenkapitalausstattung, fehlendes kaufmännisches bzw. unternehmerisches Know-how usw.) Projekte und Unternehmen starten und die deshalb auf Schwierigkeiten beim Zugang zum Kapitalmarkt stoßen[31]. Spezielle Adressaten sind kooperative Neugründungen (Betriebe in Selbstverwaltung) und Belegschaftsinitiativen. Zu den zentralen Förderkriterien gehört die arbeitsmarktpolitische Orientierung der Projekte auf die besonderen Problemgruppen des regionalen Arbeitsmarktes.

3.2 Instrumentelle Aspekte

In instrumenteller Hinsicht ist die wohl markanteste Entwicklung darin zu sehen, verschiedene beschäftigungspolitisch relevante Instrumente stärker als bisher miteinander zu kombinieren und zu komplexen Projekten zusammenzuführen. Für eine tendenzielle Abkehr von isoliertem Instrumenteneinsatz sprechen vor allem zwei Gründe. Zum einen erscheint kombinierter Instrumenteneinsatz als eine nahezu zwangsläufige Folge der konzeptionellen Neuorientierung. Die Entwicklung umfassender Beschäftigungsansätze, die an mehreren Engpaßfaktoren in der regionalen Entwicklung ansetzen, mündet eher in Projekte, die verschiedenen Förderkriterien gleichzeitig entsprechen. Zum anderen hat die finanzökonomische Misere zahlreicher Kommunen die Suche nach mischfinanzierten Projeken belebt. Besonders die von hoher Dauerarbeitslosigkeit betroffenen Kommunen sind in den letzten Jahren in eine drückende Finanzierungsklemme geraten, die deren ohnehin knappen Spielraum für eine offensive Beschäftigungs- und Investitionspolitik weiter eingeschnürt und in zahlreichen Fällen sogar völlig aufgebraucht hat. Mit anhaltender Massenarbeitslosigkeit sind die Ausgaben für Sozialhilfe sprunghaft in die Höhe gegangen. Von 1980 bis 1988 sind sie um insgesamt über 85 vH gestiegen, während der Zuwachs der kommunalen Gesamtausgaben nur bei etwa 19 vH lag[32].

Mittlerweile haben die Kommunen für Sozialhilfe infolge von Arbeitslosigkeit jährliche Zusatzbelastungen von etwa 3 Mrd. DM aufzubringen. Dabei ist das regionale Verteilungsmuster von Sozialhilfeausgaben und Arbeitslosigkeit statistisch ebenso signifikant wie der inverse Zusammenhang von Sozialhilfeausgaben und kommunaler Investitionstätigkeit[33]. Dieser Befund überrascht nicht. Durch die sozialhilfebedingten Ausgabensteigerungen in den Verwaltungshaushalten verkleinert sich die Zuführung zu den Vermögenshaushalten. Dies schwächt die kommunale Investitionskraft, da "sowohl die Kreditaufnahmefähigkeit als auch die Fähigkeit, Eigenanteile beitrags- und zuweisungsfinanzierter Investitionsvorhaben zu finanzieren"[34], unmittelbar reduziert wird. In dem Maße, wie die Sozialhilfeausgaben steigen, geht beschäftigungspolitischer Handlungsspielraum verloren[35]. Dadurch sehen sich die von Arbeitslosigkeit besonders betroffenen Kommunen immer weniger in der Lage, ihre Standortattraktivität zu erhalten oder gar auszubauen, um bei dem verschärften Wettbewerb um Industrieansiedlungen mithalten zu können. Ihre Konkurrenzposition verschlechtert sich sogar eher noch.

Wie sich verschiedene beschäftigungspolitisch relevante Instrumente kombinieren lassen, verdeutlichen einige Beispiele mischfinanzierter ABM-Projekte aus Bremen. Ausgangspunkt ist hier wie auch anderswo die schwache Ausstattung mit finanziellen Eigenmitteln. Dieser Engpaß macht es kommunalen Trägern schwer, den für die Durchführung von ABM notwendigen Eigenanteil aufzubringen. Im Regelfall sieht das Arbeitsförderungsgesetz (AFG) nach § 94 Zuschüsse zwischen

60 vH und 80 vH der anfallenden Personalkosten vor. Nicht gefördert werden die bei der Maßnahmendurchführung anfallenden Sach- und Materialkosten sowie Personalkosten für den Einsatz von Stammarbeitskräften. Es verbleibt ein vom Träger zu leistender Eigenanteil, dessen Höhe zum einen vom jeweiligen Personalkostenzuschuß der Bundesanstalt für Arbeit und zum anderen vom Grad der Personal- bzw. Sachkostenintensität abhängt.

Vor diesem Hintergrund bleibt finanzschwachen Kommunen häufig nur die Wahl, entweder auf den Einsatz von ABM zu verzichten oder ABM auf Projekte mit hohem Personalkosten- bzw. niedrigem Sachmittelanteil zu konzentrieren[36]. Keine der beiden Alternativen ist beschäftigungspolitisch befriedigend, da im zweiten Fall der Einsatzbereich auf bestimmte, vorrangig im Bereich der sozialen Dienste und der kommunalen Administration liegende Tätigkeiten beschränkt bleibt, in denen Arbeitslose aus dem gewerblichen Bereich kaum berufsadäquat zu beschäftigen sind. ABM-Projekte, die dem Erhalt und Ausbau der kommunalen Infrastruktur oder dem Umweltschutz dienen und damit die kommunale Standortattraktivität erhöhen können, bleiben dagegen weitgehend ausgeschlossen, da sie in aller Regel einen höheren Sachmitteleinsatz erfordern. Solche Projekte sind von finanzschwachen Kommunen leichter durchzuführen, wenn es gelingt, verschiedene, sich ergänzende Programmmittel kumulativ zusammenzuführen. Möglichkeiten hierzu bietet die Kombination von Mitteln der Arbeitsbeschaffung und Mitteln der Gemeinschaftsaufgabe "Verbesserung der regionalen Wirtschaftsstruktur" (GRW) oder mit Mitteln der Städtebauförderung oder Mitteln aus dem EG-Sozialfonds. Durch die Mischung von z.B. ABM- und GRW-Mitteln lassen sich Lohnkosten- und Investitionsförderung ergänzen und sowohl die Kosten für die Nutzung des Faktors Kapital als auch des Faktors Arbeit senken. Wegen der jeweiligen förderspezifischen Kriterien kommen allerdings nur relativ wenige gemeinsame Projektinhalte in Frage. Ein zentraler Unterschied zwischen beiden Instrumenten besteht darin, daß GRW-Mittel vorrangig die Investitionstätigkeit der privaten Wirtschaft fördern sollen, während der Einsatz von ABM auf Arbeiten beschränkt ist, die im öffentlichen Interesse liegen. Obwohl auch im Infrastrukturbereich beide Förderinstrumente einige unterschiedliche Akzente setzen und die GRW die wirtschaftsnahe Infrastruktur betont, während die ABM-Förderung die soziale Infrastruktur in den Vordergrund stellt, findet man gemeinsame Schnittmengen für eine kombinierte Förderpolitik. Solche Projekte sind z.B. möglich bei der Erschließung von Gewerbeflächen oder der Wiedernutzbarmachung von brachliegendem Gelände für gewerbliche Bereiche, der Errichtung von Technologiezentren, von Bildungsstätten, von Anlagen für die Beseitigung bzw. Reinigung von Abwasser und Abfall oder der Erschließung von Gelände für den Fremdenverkehr sowie öffentlicher Einrichtungen des Fremdenverkehrs[37].

In Bremen sind derartige Mischfinanzierungen in verschiedenen Projekten erprobt worden. Ansonsten sind aus der Literatur hierzu keine weiteren Beispiele bekannt. Die bislang wenig verbreitete Praxis kann damit zusammenhängen, daß die jeweiligen Förderkriterien nur relativ kleine gemeinsame Schnittmengen zulassen und gleichzeitig einen hohen ämterübergreifenden Koordinationsaufwand erfordern, dem meist eingefahrene Ressortegoismen entgegenstehen.

Häufiger findet man die Kombination von ABM und Städtebauförderung. In Nordrhein-Westfalen kamen 1984 insgesamt 13 Projekte zustande, bei denen rd. 12 Mio. DM aus Mitteln der Städtebauförderung und 4,06 Mio. DM aus Mitteln der Bundesanstalt für Arbeit zusammenflossen[38]. Angesichts des hohen Sachmittelanteils ist fraglich, ob die Kommunen ohne die Mischfinanzierung in der Lage gewesen wären, entsprechende Eigenmittel aufzubringen und die Projekte für den Umbau alter Gebäude zu Begegnungsstätten, die Ausgestaltung von Freizeitanlagen oder die Schaffung verkehrsberuhigter Zonen durchzuführen.

In die Kategorie der mischfinanzierten Projekte fällt auch der kombinierte Einsatz von Landes- und Kommunalmitteln zur Schaffung von Arbeitsgelegenheiten für arbeitslose Sozialhilfeempfänger. Ein Beispiel ist das Programm "Arbeit statt Sozialhilfe" des Landes NRW[39] von 1984. Die Kreise und kreisfreien Städte erhalten als Träger der Sozialhilfe für maximal 2 Jahre rd. 1 040 DM pro Monat und Beschäftigten. Diese wiederum müssen mindestens die ersparte Sozialhilfe zur Finanzierung der neu geschaffenen Arbeitsverhältnisse einbringen. Schon die einjährige Beschäftigung eines arbeitslosen Sozialhilfeempfängers "rechnet" sich für die Kommunen, da selbst bei anschließender Arbeitslosigkeit für sie keine Kosten anfallen, sondern die Bundesanstalt für Arbeit und der Bund belastet werden[40]. Wegen des aus kommunaler Sicht attraktiven Selbstfinanzierungseffektes verwundert es nicht, wenn derartige Finanzierungsmodelle rasch Schule machen.

3.3 Organisatorisch-institutionelle Aspekte

In dem Maße, wie sich das Aktivitätsniveau kommunaler Beschäftigungspolitik ausweitet, wie komplexere inhaltliche Konzepte entwickelt und umgesetzt sowie kompliziertere Formen eines kombinierten Instrumenteneinsatzes gebildet werden, erweisen sich die bestehenden organisatorischen Formen und institutionellen Strukturen kommunaler Beschäftigungspolitik als unzureichend und überfordert. Kommunale Beschäftigungspolitik ist bislang auf verschiedene Politikbereiche aufgesplittert, die untereinander nur wenig vernetzt sind. Es fehlt auf der lokalen Ebene eine zentrale Steuerungsinstanz, die für Beschäftigungspolitik verantwortlich ist und mit Kompetenzen sowie eigenen Ressourcen ausgestattet ist. Zwar gehören Ämter für Wirtschaftsförderung zur kommunalen Grundausstattung; eine entsprechende Institution für die Beschäftigungsförderung ist dagegen noch die seltene Ausnahme. Wenn man aber kommunale Beschäftigungspolitik gerade wegen der auf verschiedene Politikbereiche verstreuten Zuständigkeiten vor allem als eine Koordinationsleistung ansieht[41], dann bietet eine bessere, auf beschäftigungspolitische Ziele abgestimmte Koordination die Chance, mehr Finanzmittel zu bewegen, diese effizienter einzusetzen und umfassendere Problemlösungen zu finden[42].

Durch das zunehmende Mißverhältnis von neuen beschäftigungspolitischen Aktivitäten und der für die Initiierung, Organisierung und Durchführung einer umfassenden Beschäftigungspolitik unzureichenden organisatorischen und institutionellen Grundausstattung der Kommunen ist Bewegung in die infrastrukturellen Voraussetzungen kommunaler Beschäftigungspolitik gekommen. Vor allem zwei Entwicklungstendenzen fallen auf: Zum einen lassen sich neue Formen der Kooperation innerhalb der kommunalen Ämter aber auch ämterübergreifend beobachten. Zum anderen werden neue Akteure in den Prozeß der Politiksteuerung einbezogen; es entstehen neue Verhandlungssysteme, die den Interessenausgleich zwischen den beteiligten Akteuren bewirken sollen.

3.3.1 Verstärkte Kooperation

Im Bereich der kommunalen Beschäftigungspolitik zeichnet sich ein höherer Grad an Kooperation vor allem in zweierlei Weise ab.

1) Als Formen informeller Kooperation kann man Arbeitskreise sowie Gesprächs- und Informationsrunden zwischen verschiedenen beschäftigungspolitischen Akteuren und Institutionen bezeichnen. Sie entstehen meist spontan, sind nichtdauerhaft eingerichtet, sondern beschränken sich auf die Durchführung einzelner Aktivitäten, folgen keinem festen Reglement und verfügen auch nicht über administrative sondern über fachliche Kompetenzen. "Ihre Funktionsfähigkeit ist an relative Konfliktfreiheit gebunden, weil die Beteiligung (Ein-/Unterordnen) freiwillig ist"[43]. Ihre Haupttätigkeit liegt im Vorfeld administrativer Entscheidungsprozesse. Es werden Ideen gesammelt, unterschiedliche Interessen und Ziele ausgetauscht und abgestimmt, Grundlinien für Konzepte entwickelt und Entscheidungen des politisch-administrativen Systems vorbereitet. Die Stärke informeller Kooperation dürfte vor allem darin liegen, daß sich auf diese Weise Akteure bzw. Institutionen zusammenbringen lassen, deren Kooperation ansonsten durch hierarchische und kompetenzmäßig festgelegte Strukturen behindert ist. Informelle Kooperation ist häufig die Vorstufe zu formalisierten Einrichtungen, die im Zuge von Erfahrungs- und Lernprozessen nachfolgen.

2) Formalisierte Kooperationsformen sind Ergebnisse politischer Entscheidungen und setzen die Bereitschaft zu einem kompetenzmäßigen Neuarrangement voraus. Gegenüber informeller Kooperation haben sie den Vorteil, permanent verfügbar zu sein, administrativ kompetent zu sein und gleichzeitig das fachspezifische Kompetenzspektrum zu erweitern sowie Bearbeitungsroutinen

zu entwickeln. Da keineswegs gewährleistet ist, daß sich der Nutzen aus Koordination gleichmäßig auf alle Teilnehmer verteilt, müssen Anreize zur Koordination bestehen. So können umfassende, mehreren Zielen dienende Beschäftigungsprogramme (z.B. Umwelt-, Infrastruktur- und Beschäftigungsziele) verschiedene Partialinteressen befriedigen. Aber auch zunehmender Problemdruck von außen, der sich zunächst diffus gegen das gesamte politisch-administrative System richtet, kann Koordination fördern. Außerdem können Kapazitätsengpässe in den Verwaltungen Anlaß sein, neue Arbeits- und Organisationsbezüge zu schaffen, die kompetenzmäßig genauer auf die neuen Aufgaben zugeschnitten sind.

Beschäftigungspolitische Initiativen sind häufig von informellen Arbeitskreisen initiiert und von bestehenden Verwaltungseinrichtungen "nebenbei" betreut und abgewickelt worden. Bei dauerhaft ausgeweiteten Beschäftigungsaktivitäten reichen die vorhandenen administrativen Kapazitäten meist nicht aus. Es werden Steuerungs- und Planungsgruppen eingerichtet, die - wie in Berlin - unter Führung des Senators für Wirtschaft und Arbeit sowie unter Einbeziehung der beteiligten Senatsverwaltungen (Senatsverwaltung für Schulwesen, Berufsausbildung und Sport, Gesundheit und Soziales, Jugend und Familie) und des Landesarbeitsamtes für die Umsetzung bestimmter Programme zuständig sind[44]. Ähnliche Organisationsstrukturen entstehen auch anderswo. In Bremen ist beim Senator für Arbeit eine zentrale Koordinationsstelle eingerichtet, die ämterübergreifend für die Umsetzung von ABM-Programmen verantwortlich ist. Das Aufgabenspektrum reicht von der Planung und Initiierung von Projekten über die Akquisition und Beratung von Trägern bis zur Finanzplanung (einschließlich verschiedener Komplementärmittel) und Erschließung von Werkstattkapazitäten[45].

Einige Kommunen (z.B. Wiesbaden, Saarbrücken, Bielefeld) sind organisatorisch noch einen Schritt weiter gegangen und versuchen, die kompetenzmäßige Aufsplitterung kommunaler Beschäftigungspolitik durch die Einrichtung eines kommunalen Amtes für Wirtschaft und Beschäftigung aufzuheben. Es entsteht eine neue Querschnittskompetenz, die organisatorisch den Bereich der Wirtschaftsförderung mit der Arbeitsmarkt- sowie Investitionspolitik verkoppelt[46].

3.3.2 Erweiterung der Politikarena

Mit der Herausbildung neuer Kooperationsformen geht die Tendenz einher, bislang nicht beteiligte Akteure in den Prozeß der kommunalen Beschäftigungspolitik einzubeziehen. Dies sind in erster Linie Gewerkschaften, aber auch Kirchen, Wohlfahrtsverbände und Vertreter von Selbsthilfegruppen, Arbeitsloseninitiativen usw. Sie können sowohl informell als auch formell beteiligt werden.

1) Auf informeller Ebene bieten Arbeitsmarktkonferenzen sowie Stellungnahmen zu Arbeitsmarkt- bzw. Strukturberichten die Möglichkeit, auf Initiierung und Konzeptionierung kommunaler Beschäftigungspolitik Einfluß zu nehmen. Häufig gehen Arbeitsmarktkonferenzen und -berichte sogar auf Initiativen dieser im Feld der Beschäftigungspolitik "neuen" Akteure zurück, die über diesen Weg beschäftigungspolitische Aktivitäten der Kommunen anzustoßen versuchen[47].

2) Eine formelle Beteiligung nicht-kommunaler Akteure/Institutionen am Durchsetzungsprozeß kommunaler Beschäftigungspolitik findet man (neben der traditionellen Mitarbeit im Rahmen der drittelparitätischen Selbstverwaltungsorgane bei den Arbeitsämtern) z.B. in Form von Mitgliedschaften in Trägervereinen wie der "Werkstatt Hannover GmbH" der Stadt Hannover und des DGB-Landesbezirkes Niedersachsen[48] oder beim "Entwicklungszentrum Dortmund (EWZ)", an dem der DGB, verschiedene Einzelgewerkschaften, die Stadt Dortmund, Unternehmen und Einzelpersonen beteiligt sind und das Aktivitäten zur Verbesserung der Arbeits- und Lebensbedingungen der Arbeitnehmer entwickelt und in Projekte umsetzt[49].

Mit der Einbeziehung von außerstaatlichen Akteuren in die kommunale Politikdurchführung werden dezentrale, selbstregulierende Verhandlungssysteme und Regeln institutionalisiert, deren Vorteil darin gesehen wird, daß hierdurch der Interessenausgleich zwischen verschiedenen gesellschaftlichen Gruppen gefördert werden kann[50]. Diese als prozedurale Steuerung bezeichnete Methode verspricht eine höhere Steuerungskapazität (Effekt der Maßstabsvergrößerung), da für die Programmimplementierung die Ressourcen aller beteiligten Seiten zur Verfügung stehen und staatliche Politik sich so von Managementproblemen entlasten, die Kontrollkosten senken sowie die Obstruktionschancen dominanter Interessen mindern kann[51]. Allerdings läuft die Funktionsfähigkeit prozeduraler Steuerung stets Gefahr, durch folgende zwei Momente eingeschränkt zu werden. Zum einen bleibt der integrierende, die Optionen aller Beteiligten erweiternde Effekt davon abhängig, "wie vollständig partikularistische Entscheidungsvorbehalte in das Verhandlungssystem eingebracht werden"[52]. Zum anderen ist auch denkbar, daß sich selbstregulierende Verhandlungssysteme zum Zwecke der Konfliktpolarisierung genutzt und damit Entscheidungsprozesse blockiert werden, so daß der institutionalisierte Einigungszwang dieser Systeme leerläuft.

Diese beiden Gefahrenmomente scheinen bei den neuen Beschäftigungsinitiativen solange nicht virulent, wie erstens noch Engpässe in der kommunalen Steuerungskapazität existieren und Kommunen auf das Mitwirken externer Akteure angewiesen sind. Zweitens dürfte deren Beteiligung in dem Maße gesichert sein, wie die kommunalen Beschäftigungsaktivitäten möglichst breit angelegt sind und möglichst viele Zielsetzungen gleichzeitig abdecken. Dies hält die Zahl der Nutznießer groß und die Gefahr von Obstruktionen gering. Einen hohen Grad an Konsensfähigkeit versprechen Projekte, die simultan Probleme der Arbeitslosigkeit, der Umwelt und der kommunalen Infrastrukturausstattung angehen, insgesamt Aufgabenfelder mit einem breiten gesellschaftlichen Nutzen.

4. Bewertung

Wenn von neuen Ansätzen in der kommunalen Beschäftigungspolitik die Rede ist, interessiert zuallererst die Frage nach der Effizienz und nach der beschäftigungspolitischen Bedeutung und Tragweite. Gemessen am Informationsbedarf steht der derzeitige Erkenntnisstand in einem recht eigentümlichen Mißverhältnis. Es läßt sich weder überblicken, wie groß die Zahl kommunaler Beschäftigungsinitiativen insgesamt ist, noch ist bekannt, welche finanzielle Gesamtsumme dabei bewegt wird oder gar wie groß der dadurch ausgelöste Beschäftigungseffekt ist. Außerdem reichen die vorliegenden Informationen noch nicht aus, die unterschiedlichen Initiativen nach Raumtypen zu ordnen und raumtypische Strategien zu identifizieren. Auffallend ist jedoch die vorherrschend großstädtische Orientierung. Ferner ist das Zustandekommen kommunaler Beschäftigungsinitiativen nicht nur eine Angelegenheit arbeitsmarktpolitischer Problemregionen, sondern sie entstehen - wenn auch seltener - in Arbeitsamtsbezirken mit unterdurchschnittlichen Arbeitslosenquoten.

Eher sind dagegen Aussagen möglich, inwieweit einzelne Kommunen wachstums- und beschäftigungspolitisch von den neuen Initiativen profitieren. So dürfte es erstens vor allem der Kombination verschiedenartiger Förderinstrumente zuzuschreiben sein, wenn einzelne Kommunen das Gesamtniveau der eingeworbenen finanziellen Mittel für Beschäftigungspolitik kräftig ausweiten konnten. In Bremen z.B., wo man neue Wege im Bereich des zweiten Arbeitsmarktes erprobt hat, sind die dort eingesetzten Mittel von 85,2 Mio. DM im Jahre 1983 auf 210 Mio. DM 3 Jahre später geklettert. Zweitens ist zu beobachten, daß sich dort, wo im Bereich der Beschäftigungspolitik neue institutionelle und organisatorische Strukturen entstanden sind, eher umfassende regionale Entwicklungskonzepte erstellen und auf dieser Basis die Fördermittel gezielter in regionale Engpaßbereiche lenken lassen. Eine durch kombinierten Maßnahmeneinsatz auf verschiedene Potentialfaktoren abgestimmte Förderpolitik verspricht eine wirkungsvolle Verbesserung der Angebots- und Nachfragebedingungen. Drittens gewinnen die Kommunen durch Projekte, die weitgehend nach dem Selbstfinanzierungsprinzip funktionieren, beschäftigungspolitischen Handlungsspielraum, indem sie die konsumtiv für Lohnersatzleistungen und Sozialhilfe verausgabten Mittel für produktive Beschäftigungsförderung nutzen.

Allerdings sind auch einige Probleme zu sehen. So beruht erstens ein großer Teil der kommunalen Beschäftigungsinitiativen auf regionsexterner Finanzierung. Vor allem die Bundesanstalt für Arbeit ist mit ihren verschiedenen Förderinstrumenten zu einem zentralen Finanzier geworden. Dieser Umstand macht die Ansätze abhängig und anfällig gegenüber Änderungen im Haushalt und in den Programmkonditionen. Die Vergangenheit ist reich an Erfahrungen, wie der wiederholte Wechsel in der Haushaltspolitik der Bundesanstalt für Arbeit und die damit verbundenen Programmänderungen die lokalen Akteure vor Schwierigkeiten gestellt und teilweise zum Rückzug aus der Beschäftigungspolitik gezwungen haben[53].

Ein zweites Problem erwächst aus dem naturwüchsigen Entstehen der kommunalen Beschäftigungsinitiativen. Zum einen verläuft dieser Prozeß von Kommune zu Kommune in sehr unterschiedlichen Formen, und zum anderen ist das Engagement zwischen den Kommunen sehr unterschiedlich. In einigen Orten bilden sich neue organisatorische und institutionelle Programmstrukturen heraus, es entsteht eine Infrastruktur für kommunale Beschäftigungspolitik, und anderswo fehlt es an entsprechenden Aktivitäten. Bei (auf Bundes- oder Länderebene) zentralprogrammierter Beschäftigungspolitik mit gleichzeitig lokalen Steuerungsmöglichkeiten kann dies zu Problemen führen, da nicht sämtliche kommunalen/regionalen Einheiten über die gleiche Programminfrastruktur verfügen und damit nicht im gleichen Maße in der Lage sind, die Programme anzunehmen und programmadäquat umzusetzen. Dort, wo ausgebaute Implementationsstrukturen und eingespielte Implementationsroutinen existieren, kann es bei nichtquotierten Programmen zu Wettbewerbsvorteilen kommen. Es besteht die Gefahr, daß sich die Programmmittel weniger nach wachstums- und ausgleichspolitischen Zielen als vielmehr nach der ungleichen Programminfrastruktur im Raum verteilen.

Drittens sind die einzelnen Entwicklungskonzeptionen und -strategien der verschiedenen kommunalen Beschäftigungsinitiativen aufgrund ihrer naturwüchsigen Entstehungsweise interregional so gut wie nicht untereinander abgestimmt. Es fehlen ebenso Gesamtinformationen über die kommunalen Einzelaktivitäten, wie auch überregionale Aspekte nur unzureichend berücksichtigt werden.

Schließlich stellt sich die Frage nach dem Verhältnis von lokalen Beschäftigungsinitiativen und regionaler Wirtschaftsförderung. Da es sich bei den thematisierten Initiativen um einen sehr offen und heterogen gestalteten Politikbereich handelt, bei dem weder die räumliche Förderkulisse noch die jeweiligen Kompetenzen, Fördermittel und -kriterien verbindlich geregelt sind, fallen generalisierende Aussagen schwer. In der Tendenz läßt sich aber festhalten, daß der Koordinationsgrad zwischen beiden Bereichen gering ist. Abgestimmte Projekte sind die Ausnahme. Ein isoliertes Nebeneinander ohne systematischen Informationsaustausch ist eher die Regel. Sicherlich könnte die regionalpolitisch gewünschte Anreiz- und Lenkungsfunktion der GRW noch gesteigert werden, wenn die immer wieder geforderte Notwendigkeit einer engeren Zusammenarbeit und Abstimmung mit anderen raumwirksamen Politikbereichen in wachstums- und beschäftigungsfördernden Projekten zustande käme[54]. Mögliche Synergieeffekte bleiben ungenutzt, solange die teilweise komplementären Funktionen der verschiedenen Politikbereiche konzeptionell und instrumenell nicht aufeinander bezogen werden können. Dies betrifft vor allem das Beziehungsverhältnis von GRW und Arbeitsmarktpolitik (auf Basis des AFG), demjenigen Bereich, der häufig den Kern der lokalen Beschäftigungsinitiativen bildet. Die Fördervoraussetzungen der GRW sehen zwar vor, daß "alle Projekte, durch die neue Arbeitsplätze geschaffen oder gesichert werden, mit dem zuständigen Landesarbeitsamt abgestimmt sind"[55]. Nicht eingeschaltet ist aber die für kommunale Beschäftigungspolitik entscheidende Ebene der Arbeitsämter. Im örtlichen Bereich fehlt es an Möglichkeiten, autonom über den Einsatz von GRW-Mitteln zu entscheiden.

Die implementationsstrukturellen Beziehungen zwischen GRW und lokalen Beschäftigungsinitiativen leiden noch an einem zweiten Defizit. Bei der GRW hat es keine analoge Entwicklung zu den Beschäftigungsinitiativen gegeben, bei denen außerstaatliche Akteure in den Entscheidungsprozeß einbezogen und eingebunden wurden. Diesen beiden implementationsstrukturellen Besonderheiten ist es sicherlich zuzuschreiben, warum die kooperativen Beziehungen zwischen GRW und lokalen Beschäftigungsinitiativen noch wenig systematisch entwickelt sind.

Die hier angedeuteten Probleme sprechen jedoch nicht generell gegen eine Weiterentwicklung lokaler Beschäftigungsinitiativen. Im Gegenteil, es lassen sich fruchtbare Ansätze finden, wie sich kommunale und regionsexterne Mittel innovativ zu komplexen Förderpaketen schnüren lassen. Zahlreiche Erfahrungen liegen vor, wie sich Engpässe bei einzelnen Potentialfaktoren aufdecken und durch gezielte Programme beheben lassen, wie sich mögliche politische Blockaden ausräumen und eine möglichst breite Unterstützung der verschiedenen Akteure für eine effiziente Programmumsetzung gewinnen läßt und welche organisatorischen und institutionellen Voraussetzungen hierfür geeignet sind. Insofern treffen zentralstaatliche Investitions- und Wachstumsprogramme mittlerweile auf weitaus günstigere Bedingungen für eine gezielte und effiziente Umsetzung als in den 70er Jahren. Hier aber liegt offensichtlich ein zentraler Engpaß. Die Kommunen sind auf eine verbesserte Mittelausstattung angewiesen, wenn sie beschäftigungspolitisch mehr bewegen wollen. Gerade den strukturschwachen Kommunen mit hoher Arbeitslosigkeit fehlt es an Eigenmitteln. Es gibt verschiedene Vorschläge, wie finanzielle Hilfen aussehen können. Dies können investitions- und beschäftigungspolitische Sonderprogramme mit regionaler Schwerpunktsetzung oder Sonderzuweisungen für arbeitsmarktpolitische Problemregionen oder eine Übernahme von Sozialhilfeleistungen durch den Bund sein. Ein zweiter Engpaß sind die in vielen Orten noch fehlenden Beschäftigungsinitiativen bzw. die dort noch nicht oder nur unzureichend herausgebildeten organisatorischen und institutionellen Strukturen für lokal gesteuerte Beschäftigungspolitik. Wegweisende Perspektiven können die Einrichtung von ressortübergreifenden Ämtern für Beschäftigungs- und Wirtschaftsförderung, lokale Steuerungsgremien zur Entwicklung von Beschäftigungskonzepten und interkommunale Abstimmungsverfahren sein.

Anmerkungen

1) Vgl. Fuchs, G.; Rucht, D.; Treutner, E., Kommunale Arbeitspolitik im Umbruch; Das Beispiel München. In: Zeitschrift für Sozialreform, Heft 11-12/1987, S. 681.

2) Vgl. Wollmann, H., Grenzen und Chancen kommunaler Sozialstaatspolitik zur Bekämpfung der Arbeitslosigkeit und ihre Folgen. In: Maier, H.B.; Wollmann, H. (Hrsg.), Lokale Beschäftigungspolitik, Basel u.a. 1986, S. 534.

3) Vgl. Priewe, J., Regionalpolitik in der Krise. In: Jahrbuch für Sozialökonomie und Gesellschaftstheorie: "Staatliche Wirtschaftsregulierung in der Krise", Opladen 1986, S. 222; Naßmacher, H., Wirtschaftspolitik "von unten", Basel u.a. 1987.

4) Vgl. Blanke, B.; Heinelt, H., Arbeitslosigkeit und lokale Politik. In: Zeitschrift für Sozialreform, Heft 11-12/1987, S. 649f.

5) Vgl. Heinze, R.G.; Hilbert, J.; Voelzkow, H., Integrierte Umwelt- und Beschäftigungspolitik als Perspektive für alte Industrieregionen. In: Fricke, W. u.a. (Hrsg.), Jahrbuch Arbeit und Technik in Nordrhein-Westfalen 1987, S. 356.

6) Karrenberg, H.; Münstermann, E., Gemeindefinanzbericht 1988. In: Der Städtetag 2/1988, S. 91.

7) Vgl. Hotz, D., Arbeitslosigkeit, Sozialhilfeausgaben und kommunales Investitionsverhalten. In: IzR 9/10/1987.

8) Blanke, B.; Heinelt, H., Arbeitslosigkeit...., a.a.O., S. 648.

9) Vgl. Biehler, H. u.a., Arbeitsmarktstrukturen und -prozesse, Tübingen 1981, S. 191.

10) Vgl. Blanke, B.; Heinelt, H., Arbeitslosigkeit..., a.a.O., S. 643.

11) Vgl. Bosch, G.; Gabriel, H.; Seifert, H.; Welsch, J., Beschäftigungspolitik in der Region, Köln 1987.

12) Vgl. Lerch, W., Ansatzpunkte für den Ausbau kommunaler Arbeitsmarktpolitik. In: Sozialer Fortschritt, 1984, S. 271.

13) Vgl. Fuchs, G.; Rucht, D.; Treutner, E., Kommunale Arbeitspolitik..., a.a.O., S. 682f.

14) Vgl. hierzu im Überblick: Kaiser, M., Qualifizierung in Beschäftigungsinitiativen. In: MittAB 3/1987.

15) Stiens, G., Endogene Entwicklungsstrategien? In: IzR 1/2/1984, S. I.

16) Vgl. Thoss, R., Potentialfaktoren als Chance selbstverantworteter Entwicklung der Region. In: IzR 1/2/1984, S. 22.

17) Stiens, G., Endogene ...., a.a.O., S. III.

18) Vgl. Sachverständigenrat zur Begutachtung der gesamtwirtschaftlichen Entwicklung (SVR), Jahresgutachten 1984/85, Bundestags-Drucksache 10/2541, S. 200.

19) Vgl. Empfehlungen und Stellungnahmen des Beirats für Raumordnung, Schriftenreihe 06 "Raumordnung" des Bundesministers für Raumordnung, Bauwesen und Städtebau, Heft Nr. 06.061, Bonn 1987, S. 41ff.

20) Vgl. Bremische Bürgerschaft, Drucksache 11/978.

21) Vgl. Amt für Wirtschaft und Beschäftigung der Landeshauptstadt Wiesbaden, Kommunale Beschäftigungspolitik, S. 6f.

22) Vgl. Fraktion der SPD im Rat der Stadt Oberhausen, O. 2000-Initiative zur ökonomischen und ökologischen Entwicklung Oberhausen, hektograph. Manuskript, Oberhausen 1988.

23) Vgl. Kuda, R., Zukunft für Krisenregionen. In: Der Gewerkschafter 3/1988, S. 16f.

24) Vgl. Knigge, R., Die Erneuerung der Regionalpolitik - Kriterien für eine effiziente regionale Beschäftigungspolitik. In: Fricke, W.; Seifert, H., Welsch, J. (Hrsg.), Mehr Arbeit in die Region, Bonn 1986, S. 33.

25) Vgl. Mayer, M., Gründer- und Technologiezentren in der Bundesrepublik Deutschland. In: Dose, N.; Drexler, A. (Hrsg.), Technologieparks, Opladen 1988.

26) Vgl. Wolf, M.F.; Hensler, S.G., Informationsprobleme technologieorientierter Unternehmensgründer in Technologieparks: Bestandsaufnahme und Lösungsmöglichkeiten. In: Dose, N.; Drexler, A. (Hrsg.), Technologieparks, a.a.O.

27) Redders, M., Förderung örtlicher Beschäftigungsinitiativen in NRW. In: GIB (Hrsg.), Bottroper Dokumente 1/1987, S. 24f.

28) Vgl. Knigge, R., Die Erneuerung ..., a.a.O., S. 42.

29) Vgl. ebenda, S. 41f.

30) Vgl. Meemken, W., Qualifikation und Innovation. In: Gewerkschaftliche Bildungspolitik 2/1988, S. 63ff.

31) Vgl. Hoffmann, H.; Stauder, I., Konzeption, Ziele und Instrumente einer lokalen Beschäftigungspolitik, Hrsg.: Regionaler Entwicklungsfonds Marburg-Biedenkopf e.V., Marburg 1986.

32) Karrenberg, H.; Münstermann, E., Gemeindefinanzbericht 1988, a.a.O.

33) Vgl. Hotz, D., Arbeitslosigkeit, Sozialhilfeausgaben und kommunales Investitionsverhalten. In: JzR 9/10/1987, S. 598ff.

34) Ebenda, S. 599.

35) In Regionen mit wirtschaftsstrukturellen Problemen sind defizitäre Verwaltungshaushalte nicht nur als vorübergehendes Problem, sondern als Dauerzustand immer mehr die Regel als die Ausnahme. Vgl. Karrenberg, H., Die Finanzlage der strukturschwachen Städte. In: Wirtschaftsdienst 6/1988, S. 303f.

36) Vgl. Seifert, H., Arbeitsbeschaffungsmaßnahmen-Beschäftigungspolitische Lückenbüßer für Krisenregionen? In: Sozialer Fortschritt 6/1988.

37) Vgl. Siebzehnter Rahmenplan der Gemeinschaftsaufgabe "Verbesserung der regionalen Wirtschaftsstruktur", Bundestags-Drucksache 11/2362, S. 33f.

38) Vgl. Information der Landesregierung NRW vom 30. November 1984.

39) Vgl. Ministerium für Arbeit, Gesundheit und Soziales des Landes NRW, Arbeit statt Sozialhilfe, Düsseldorf 1986.

40) Modellrechnungen liefert: Reissert, B., Wie Münchhausen aus dem Sumpf? Finanzieren sich kommunale Beschäftigungsinitiativen für arbeitslose Sozialhilfeempfänger selbst? In: Die "Hilfe zur Arbeit" im Spannungsfeld von Sozialhilfe und lokalen Beschäftigungsinitiativen, Eigenverlag des Deutschen Vereins für öffentliche und private Fürsorge, Frankfurt/M. 1988.

41) Vgl. Sund, O., Kommunale Beschäftigungspolitik. In: Maier, H.E.; Wollmann, H. (Hrsg.), Lokale Beschäftigungspolitik, Basel u.a. 1986, S. 487.

42) Vgl. Kühl, J., Koordinationsaufgaben bei regionalisierter Arbeitsmarktpolitik. In: Garlichs, D.; Maier, F.; Semlinger, K. (Hrsg.), Regionalisierte Arbeitsmarkt- und Beschäftigungspolitik, Frankfurt/New York 1983, S. 241.

43) Blanke, B.; Heinelt, H., Arbeitslosigkeit..., a.a.O., S. 650.

44) Vgl. Abgeordnetenhaus von Berlin, Drucksache 10/1961, S. 4.

45) Vgl. Bremische Bürgerschaft, Drucksache 11/978, S. 13.

46) Vgl. Amt für Wirtschaft und Beschäftigung der Landeshauptstadt Wiesbaden, Kommunale Beschäftigungspolitik der Landeshauptstadt Wiesbaden, Wiesbaden 1988, S. 28.

47) Vgl. Seifert, H., Beschäftigungspolitischer Rollentausch? In: Gewerkschaftliche Monatshefte 5/1986, S. 299ff.

48) Vgl. Blanke, B.; Heinelt, H.; Macke, C.W., Kommunale Politik gegen Arbeitslosigkeit: Beispiel Hannover. In: Blanke, B.; Evers, A.; Wollmann, H. (Hrsg.), Die zweite Stadt. Neue Formen lokaler Arbeits- und Sozialpolitik, Opladen 1986, S. 160.

49) Vgl. Pollmeyer, B., Lokale Beschäftigungspolitik und gewerkschaftliche Interessenvertretung am Beispiel Dortmund. In: Fricke, W.; Seifert, H.; Welch, J. (Hrsg.), Mehr Arbeit ..., a.a.O.

50) Vgl. Schmid, G.; Semlinger, K., Instrumente gezielter Arbeitsmarktpolitik: Kurzarbeit, Einarbeitungszuschüsse, Eingliederungsbeihilfen, Königstein/Ts. 1980, S. 186.

51) Vgl. Offe, C., Berufsbildungsreform, eine Fallstudie über Reformpolitik, Frankfurt/M. 1975, S. 268ff.

52) Ebenda, S. 97.

53) Vgl. Seifert, H., Arbeitsmarktpolitik verstärkt unter angebotspolitischen Vorzeichen. In: WSI-Mitteilungen 10/1984.

54) Zuletzt in: Siebzehnter Rahmenplan der Gemeinschaftsaufgabe ..., a.a.O., S. 14f.

55) Ebenda, S. 28.

Regional angepasste Wirtschaftsförderung als Mittel zur Stimulierung und Sicherung der Arbeitsnachfrage des Verarbeitenden Gewerbes

von
Mathias Holst, Berlin, und Klaus Müller, Basel

Gliederung

1. Einleitung

2. Notwendigkeit und Konzeption einer verbesserten Ausgestaltung lokaler Förderstrukturen

    2.1 Bisherige und absehbare Tendenzen der räumlichen Wirtschaftsentwicklung
    2.2 Das Nebeneinander von öffentlichen und privaten Anpassungshilfen und Dienstleistungen
    2.3 Elemente einer Konzeption lokal angepaßter Wirtschaftsförderung

3. Vorgehen zur Präzisierung der vorgestellten Konzeption am Beispiel der Region Lippe

4. "Maßgeschneiderte" Handlungsempfehlungen zur Ausgestaltung der Wirtschaftsförderung in Lippe

    4.1 Steigerung der Innovationstätigkeit bei neuen Produkten und im Verfahrensbereich durch Beratungsangebote und Finanzierungshilfen
    4.2 Ausbau der Marketingberatungskapazitäten in Lippe
    4.3 Unterstützung des betrieblichen Managements innovationsrelevanter Produktionsfaktoren

        4.3.1 Abbau von Personal- und Qualifikationsengpässen
        4.3.2 Abbau von Informationsdefiziten und Finanzierungsengpässen

    4.4 Förderung der zwischenbetrieblichen Zusammenarbeit
    4.5 Förderung von Existenzgründungen
    4.6 Verbesserung der Erreichbarkeit
    4.7 Realisierung eines übergreifenden Beratungsnetzwerkes

5. Zusammenfassung und Fazit

Anmerkungen

1. Einleitung

Die folgenden Ausführungen basieren auf der im ersten Band des Arbeitskreises "Regionale Arbeitsmarktprobleme" der Akademie für Raumforschung und Landesplanung vorgelegten mikroanalytischen Diagnose der regionalen Arbeitsnachfrage des Verarbeitenden Gewerbes am Beispiel der Region Lippe[1].

Ausgangspunkt dieses ersten Beitrages war die Tatsache, daß das Verständnis regionaler Arbeitsmarktprobleme letztlich auf eine Identifizierung der im regionalen Einzelfall wirksamen Konstellation von Determinanten der Arbeitslosigkeit angewiesen ist und daß sich daraus die Notwendigkeit detaillierter Strukturanalysen für einzelne Regionen aus gleichsam mikroskopischer Perspektive ergibt. Es wurde gezeigt, wie entsprechende regionale Einzeluntersuchungen methodisch angelegt werden können und welche inhaltlichen einzelregionalen Ergebnisse sich mit diesem methodischen Vorgehen am Beispiel des Landkreises Lippe in Nordrhein-Westfalen gewinnen ließen.

Wie sich aus einer solchen Diagnose "maßgeschneiderte" Handlungsempfehlungen ableiten lassen und wie diese konkret am Beispiel der Region Lippe aussehen, wird im folgenden dargelegt. Zuvor erscheint es jedoch notwendig, eine stärkere vertikale und horizontale Koordination raumwirksamer Politiken auf lokaler bzw. regionaler Ebene sowie ihre inhaltliche Ausrichtung zu begründen und zu beschreiben.

Handlungsleitend für eine solche regional angepaßte, d.h. dezentralisierte und von lokalen Institutionen betriebene Wirtschaftsförderung ist unsere bereits im ersten Beitrag geäußerte zentrale These, daß Unternehmer die wesentlichen Akteure auf der Nachfrageseite eines regionalen Arbeitsmarktes sind und sie sich verändernden technisch-ökonomischen Rahmenbedingungen mit unterschiedlichen (Re-)Aktionen anpassen, um ihre Wettbewerbsfähigkeit zu sichern bzw. zu steigern. Diese (Re-)Aktionen sind in ihrer Summe über alle Unternehmen einer Region damit die wichtigste Determinante der regionalen Arbeitsnachfrage, insbesondere wenn man - wie hier - auf das Verarbeitende Gewerbe abstellt[2].

Besonders wirkungsvoll im Hinblick auf die Sicherung bzw. Steigerung der Arbeitsnachfrage des Verarbeitenden Gewerbes ist eine regional angepaßte Wirtschaftsförderung dann, wenn sie die regional vertretenen Betriebe beim Ausbau ihrer Stärken und beim Abbau ihrer Schwächen im Hinblick auf die Fähigkeit, im Wettbewerb auf nationalen und internationalen Märkten zu bestehen, unterstützt. Wir gehen davon aus, daß die Beschäftigungsentwicklung zumindest mittel- bis langfristig desto günstiger ausfallen wird, je höher die Wettbewerbsfähigkeit ist. In diesem Sinne erwarten wir, daß die Beschäftigtenentwicklung in Regionen mit in diesem Sinne relativ effizienten Förderstrukturen ceteris paribus günstiger als in Regionen mit weniger effizientem Politikeinsatz ausfallen wird[3].

Dies wird im folgenden zunächst präzisiert. Im Anschluß an diese mehr konzeptionellen Ausführungen wird kurz das methodische Vorgehen zur Umsetzung eines regional angepaßten Wirtschaftsförderungsansatzes erläutert, bevor eine solche Konzeption am Beispiel der Region Lippe dargestellt wird.

2. Notwendigkeit und Konzeption einer verbesserten Ausgestaltung lokaler Förderstrukturen

2.1 Bisherige und absehbare Tendenzen der räumlichen Wirtschaftsentwicklung

In der Bundesrepublik Deutschland bestehen seit langem großräumige Disparitäten in bezug auf wirtschaftliche Leistungsfähigkeit und Wohlstand. Es ist unstrittig, daß sich diese Disparitäten in den letzten zwei Jahrzehnten nicht oder nur unwesentlich verringert haben. Dies trifft vor allem dann zu, wenn die zentral gelegenen hochverdichteten Regionen den peripher gelegenen und relativ dünn besiedelten Regionen gegenübergestellt werden. Die regionale Entwicklungsproblematik hat sich jedoch insofern verschoben, als in den letzten Jahren auch innerhalb der Verdichtungsregionen zunehmend auseinanderdriftende Entwicklungen zu beobachten sind (Schlagwort: Süd-Nord-Gefälle). Hier schlagen sich unseres Erachtens zunehmend sektorale Anpassungsprobleme in regionalen Strukurproblemen nieder.

Daß sich der Anpassungsdruck infolge des weltwirtschaftlichen Strukturwandels für das Verarbeitende Gewerbe in der Bundesrepublik zunehmend erhöht, war bereits eine zentrale These unseres o.g. ersten Beitrages[4]. Die Anpassungsnotwendigkeit bzw. -fähigkeit eines einzelnen Unternehmens bzw. im Falle von Mehrstandortunternehmen und aus regionaler Perspektive eines einzelnen Betriebs wird dabei wesentlich von seiner Branchenzugehörigkeit, seiner Betriebsgröße sowie seinem Kontrollstatus und den Eigenschaften seines Standorts beeinflußt[5]. Die Abbildung 1 verdeutlicht diesen Zusammenhang und zeigt gleichzeitig denkbare erfolgversprechende Anpassungsreaktionen auf.

Die jeweilige Anpassung (oder eben auch Nicht-Anpassung) beeinflußt die jeweilige betriebliche Wettbewerbsfähigkeit und damit auch die Beschäftigtenentwicklung. Die Maßnahmen, die die einzelnen Unternehmen bzw. Betriebe in Angriff nehmen, werden auch regional differieren - allein schon wegen unterschiedlicher Betriebsgrößen, Branchenzugehörigkeiten und unterschiedlicher Eingebundenheit in Kontrollverflechtungen sowie wegen der entsprechenden regionalen Wirtschaftsstrukturen. Standörtliche Einflüsse werden ebenfalls unterschiedliche Anpassungsreaktionen verursachen.

Abb. 1: Wirkungskette zur Erklärung der Beschäftigtenentwicklung auf Betriebs- bzw. Unternehmensebene

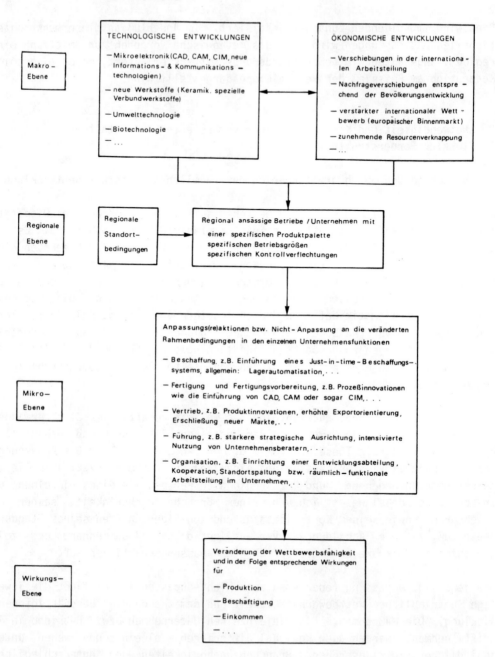

Quelle: Vgl. Holst, M.: External Control and Innovation Activities in Manufacturing Industry, in: Papers of the 27th European Congress of the Regional Science Association, Vol. 4, Athen 1987, S.152.

In der Folge muß davon ausgegangen werden, daß die absehbare räumliche Wirtschaftsentwicklung die Unterschiede zwischen den Regionen kaum nivellieren wird. Gleichzeitig ist zu erwarten, "daß sich die regionalpolitische Problemlage in den kommenden Jahren schwieriger und differenzierter als bisher darstellt"[6]. Dies betonen nicht zuletzt auch einzelne Beiträge im ersten Band des Arbeitskreises "Regionale Arbeitsmarktprobleme"[7], und dementsprechend hat dieser Sachverhalt nicht unwesentlich die Notwendigkeit von Strukturanalysen auf mikroanalytischer Ebene mitbegründet[8].

2.2 Das Nebeneinander von öffentlichen und privaten Anpassungshilfen und Dienstleistungen

Den Unternehmen des Verarbeitenden Gewerbes in der Bundesrepublik steht bei der Bewältigung der beschriebenen Anpassungsprobleme eine relativ ausgefeilte und umfassende, aber gleichermaßen unübersichtliche Palette von öffentlichen bzw. halböffentlichen Fördermaßnahmen und privaten Dienstleistungen zur Verfügung.

Kernstück der regionalen Wirtschaftspolitik ist die Gemeinschaftsaufgabe "Verbesserung der regionalen Wirtschaftsstruktur", die von Bund und Ländern gemeinsam finanziert und getragen wird. Sie wird in den einzelnen Bundesländern durch Maßnahmen der Länderförderung ergänzt. Das Instrumentarium reicht von Investitionsförderungen über Infrastrukturförderung bis hin zur Subvention von besonders humankapitalintensiven Arbeitsplätzen.

Daneben werden vom Bund und von den Ländern zahlreiche sektorale Programme angeboten, die sich primär auf die Bewältigung spezifischer - eben sektoraler - Anpassungsprobleme konzentrieren, aber gleichzeitig natürlich räumliche Wirkungen hervorrufen. Zu denken wäre hier neben der Arbeitsmarktpolitik an Programme aus den Bereichen der Forschungs- und Technologie- sowie der Bildungs- und Wissenschaftsministerien (man denke an Forschungs- und Technologieförderung, Hochschulausbau, Wissenschaftspolitik etc.), aber auch an Maßnahmen der Bundespost (etwa Ausbau der Netzinfrastruktur für die neuen Informations- und Kommunikationstechnologien) oder an verkehrsbezogene Maßnahmen (z.B. Ausbau des Schienenschnellverkehrssystems).

Dieses Nebeneinander von regionaler und sektoraler Strukturpolitik ist immer wieder kritisiert worden. So wurde die Modifikation der Gemeinschaftsaufgabe in Richtung auf eine stärker innovationsbezogene und sektorale Ausrichtung gefordert. Dies schlägt sich etwa in der Forderung nach einer "innovationsorientierten Regionalpolitik"[9] oder in der Forderung nach Anerkennung von altindustrialisierten Regionen als besonderem Problemtyp der Gemeinschaftsaufgabe nieder.[10] Die Gemeinschaftsaufgabe ist diesen und ähnlichen Forderungen partiell nachgekommen (z.B. Einführung von Personalkostenzuschüssen für Hochqualifizierte im 10. Rahmenplan, Förderung von Einrichtungen der Telekommunikationsinfrastruktur im 14. Rahmenplan sowie Schaffung eines Sonderprogramms Bremen im 13. Rahmenplan[11]), jedoch scheint sie aufgrund ihrer Organisation und ihrer Abstimmungsregeln kaum in der Lage, den besonderen Anforderungen der veränderten technisch-ökonomischen Rahmenbedingungen zu entsprechen. Konnte sich die regionale Wirtschaftspolitik (bzw. die Industriestrukturpolitik generell) bis Anfang der siebziger Jahre darauf beschränken, das sich mehr oder weniger selbst tragende Wachstum zu steuern, so sind beim aktuellen Mangel an Wachstumsdynamik vor allem jene innovativen Kräfte zu stärken, die zu einer Stimulation der industriellen Wettbewerbsfähigkeit und damit der Wachstumsdynamik beitragen. Damit ist eine gewisse Abkehr von Finanztransfers und eine verstärkte Ausrichtung auf Realtransfers notwendig: Maßnahmen des Informations-, Know-How- und Personaltransfers, der Aus- und Weiterbildung, der Beratung sowie etwa die Subventionierung Potential steigernder Aktivitäten (z.B. Ausbau von F&E-Abteilungen) sind zur Bewältigung der erwähnten Anpassungsprobleme von besonderer Bedeutung.[12] Anders ausgedrückt: Waren es bis Anfang der 70er Jahre vor allem Kostenunterschiede, die es regionalpolitisch auszugleichen galt, so sind es heute eher Unterschiede im Know-How, in der Informationsverarbeitung oder in der Qualifikation des Personals.

Die regionale Wirtschaftspolitik und insbesondere die Gemeinschaftsaufgabe "Verbesserung der regionalen Wirtschaftsstruktur" haben sich nicht zuletzt auch wegen der organisatorischen und programmatischen Abgrenzung von den stärker sektoral ausgerichteten Politiken noch nicht ausreichend angepaßt. Die Gemeinschaftsaufgabe wird in diesem Zusammenhang als "organisatorisch blockiert" bezeichnet[13].

Daneben wird die Integration der Sektorpolitiken in ein umfassendes System der Regionalpolitik derart gefordert, daß die räumlichen Wirkungen dieser Fachpolitiken in die Gemeinschaftsaufgabe einzubeziehen sind und von daher die Koordination aller regional wirksamen Maßnahmen von Bund und Ländern erreicht wird. Bislang steht einer solchen Konzeption einer umfassenden Regionalpolitik allerdings "das Vorherrschen der von der Aufteilung in Fachressorts ausgehenden sektoralen und vertikalen Perspektive der staatlichen Politik entgegen, die zu einer Vernachlässigung der querschnittsorientierten und der regionalen Perspektive führt"[14].

Die Forderung nach einer solchermaßen umfassenden Regionalpolitik wird schließlich mit der Forderung nach einer Dezentralisierung verbunden. Die regionale bzw. lokale Ebene ist danach zu stärken; Ziel ist eine Regionalpolitik "von den Regionen" statt "für die Regionen"[15]. Dies wird für notwendig erachtet,

- um den entsprechend der o.g. aktuell wirksamen bzw. absehbaren Tendenzen der Veränderung der technisch-ökonomischen Rahmenbedingungen differenzierteren regionalpolitischen Problemlagen besser gerecht werden zu können (vor Ort sind die Engpaßfaktoren präziser zu ermitteln),

- um die komparativen Vorteile der Regionen in regional unterschiedliche Entwicklungskonzepte umzusetzen,
- um die Innovationsfähigkeit und Kreativität der regionalen Akteure (im umfassenden Sinne Schumpeters[16]) anzuregen
- und schließlich, um langfristig eine stärkere Identifizierung der Bevölkerung mit "ihrer Region" zu erreichen[17].

So sinnvoll eine solche Konzeption von Regionalpolitik u.E. auch ist, so ist sie doch mit einigen Problemen bzw. Risiken verbunden:

- Erforderlich wäre ein einheitlicher Wettbewerbsrahmen der Regionen. Bund und Länder dürfen sich nicht aus ihrer Verantwortung ziehen, da das Konzept tendenziell regionale Egoismen bzw. regionalen Partikularismus verstärkt.

- Es besteht die Gefahr, daß neue regionale Disparitäten entstehen, die durch regionale Unterschiede in der Fähigkeit zur Entwicklung der regionalen Potentiale entstehen können.

- Die Realisierung dieses Konzeptes erzeugt einen erhöhten Verwaltungsaufwand: die Initiativen einzelner Regionen müssen abgestimmt und koordiniert werden. Wahrscheinlich ist sogar eine Änderung der Verfassung notwendig[18].

Vor dem Hintergrund insbesondere des zuletzt genannten Problems kann man kurz- bis mittelfristig, wahrscheinlich sogar auf längere Sicht nicht mit der Realisierung einer solchen Konzeption rechnen.

Neben die staatlichen Angebote der regionalen Wirtschaftspolitik und der diversen Sektorpolitiken tritt auf der lokalen Ebene ein umfangreiches Angebot an kommunalen bzw. halbstaatlichen Dienstleistungen. Zu nennen wären etwa die kommunale Wirtschaftsförderung, Angebote der Industrie- und Handelskammern, aus dem gewerkschaftlichen Umfeld sowie der Kirchen (z.B. im Bereich der beruflichen Weiterbildung). Darüber hinaus bemühen sich zahlreiche Anbieter sogenannter unternehmensorientierter privater Dienstleistungen um die Anpassungsprobleme der industriellen Unternehmen: die Palette zieht sich praktisch durch alle betrieblichen Funktionsbereiche hindurch - angefangen bei den mehr traditionellen Consultingbereichen wie Recht, Steuern, Finanzen, Organisation, Führung, Managementfortbildung bis zu "neuen" Dienstleistungen wie EDV- und Softwareberatung, Marketing- und Innovationsberatung, Kooperationsbörsen, Risikokapitalangebote und Applikationsberatungen von Investitionsgüterherstellern. Teils sind diese privatwirtschaftlichen Anbieter nur überregional, teils auch regional vertreten. Insgesamt gesehen kann man wohl davon ausgehen, daß es zur Bewältigung der meisten geläufigen Entwicklungsprobleme von Unternehmen in fast allen Regionen ein Angebot gibt[19]. Mängel dürfte es vor allem in den regionalpolitischen Problemregionen des ländlich peripheren Typs bei den "modernen" Consultingbereichen und Anpassungshilfen wie Innovations- und Informationsberatung, F&E-Förderung, Risikokapitalbereitstellung und Kooperationsberatung geben.

Sicherlich gibt es bei den z.B. in regionalpolitischen Problemregionen typischerweise anzutreffenden kleinen und mittleren Unternehmen auch Akzeptanzprobleme für solche Förderangebote: Deren Kosten scheinen teilweise so hoch, daß der daraus zu erzielende Nutzen sich für sie nicht rechtfertigen läßt. Nicht selten sieht man aber auch Beratung in diesen Bereichen als Zeichen der Schwäche an, da damit potentiell eine Einmischung von außen in die genuin unternehmerischen Bereiche (wie z.B. die Produktentwicklung) gesehen wird. Schließlich besteht sicherlich bei zahlreichen Unternehmen gerade der unteren Betriebsgrößenklassen das Problem der Unkenntnis der konkreten Förderangebote[20].

Auf der anderen Seite ist davon auszugehen, daß es den zahlreichen Förderangeboten an Koordination und zusätzlich häufig an Implementationsaktivitäten mangelt. Natürlich kann das privatwirtschaftliche Angebot an entsprechenden Dienstleistungen nur über den Markt koordiniert werden, dies gilt aber nicht für die öffentlichen Hilfsangebote. Sorgt man hier lokal für Abhilfe und findet Wege zu einer adressatengerechteren Implementation der zahlreichen Programme und Angebote, dürfte die Effizienz der Fördermaßnahmen und in der Folge die Wettbewerbsfähigkeit der Unternehmen vor Ort und damit ihre Beschäftigtenentwicklung stabilisiert bzw. sogar positiv beeinflußt werden.

Als Fazit aus den bisherigen Ausführungen kann damit festgehalten werden:

- Bisherige und absehbare Tendenzen der räumlichen Wirtschaftsentwicklung deuten auf den Fortbestand regionaler Disparitäten im Hinblick auf Wohlstand und Leistungsfähigkeit hin. Es ist sogar zu erwarten, daß die regionalen Problemlagen im Zuge der Veränderung der makroökonomischen Rahmenbedingungen differenzierter und schwieriger werden. Von daher besteht weiterhin die Notwendigkeit staatlicher Anpassungshilfen. Im Lichte der besonderen Problemsituation erscheint allerdings eine Verlagerung von Finanz- zu Realtransfers als sinnvoll.

- In den Teilräumen der Bundesrepublik hat sich ein Finanz- und Realtransferdschungel entwickelt, dessen Unübersichtlichkeit u.a. den Beruf des Subventionsberaters kreiert hat. Es besteht insbesondere die Notwendigkeit der

Koordination der nicht-privatwirtschaftlichen Angebote und ergänzend dazu ihrer aktiveren "Verwaltung".

- Das in diesem Sinne u.E. sehr begrüßenswerte Konzept einer grundlegenden Reform der regionalen Strukturpolitik mit den zentralen Elementen "umfassende Koordination aller räumlich wirksamen Maßnahmen" und "Dezentralisierung" erscheint aus den verschiedenen genannten Gründen auf absehbare Zeit kaum realisierbar.

Damit ist der Hintergrund der hier vertretenen Konzeption einer auf die regionalen Anpassungsprobleme zugeschnittenen Wirtschaftsförderung auf lokaler Ebene präzisiert, und die Eckpfeiler dieser Konzeption können erläutert werden.

2.3 Elemente einer Konzeption lokal angepaßter Wirtschaftsförderung

Zielsetzung der Maßnahmen ist die Steigerung der Wettbewerbsfähigkeit des lokalen Verarbeitenden Gewerbes u.a. zur Stabilisierung bzw. Steigerung der industriellen Arbeitsnachfrage. Damit wird prinzipiell eine mit dem Zielsystem der regionalen Wirtschaftspolitik in der Bundesrepublik kompatible Zielsetzung (im Sinne von Wachstums- und Stabilisierungsziel) verfolgt.

Inhaltliche Ansatzpunkte für die jeweils lokal zu treffenden Maßnahmen lassen sich aus den unternehmerischen Anpassungserfordernissen im Hinblick auf den Wandel der technisch-ökonomischen Rahmenbedingungen und den diesbezüglichen Stärken und Schwächen der regional vertretenen Unternehmen ableiten. In Abbildung 1 wurden mögliche Anpassungsreaktionen der Unternehmen benannt. Es wurde ausgeführt, daß es weniger an Finanztransfers als an Realtransfers zur Bewältigung dieser Anpassungserfordernisse mangelt. Legt man Schumpeters weiten Innovationsbegriff[21] zugrunde, so kommt man zu folgenden Maßnahmenbereichen, die als Basis für die inhaltliche Gliederung eines Handlungskonzeptes dienen können:

- Beratung und Finanzierungshilfen im Bereich Produktentwicklung und Diversifizierung;
- Beratung und Finanzierungshilfen bei Neuerungen im Produktionsapparat;
- Maßnahmen zur Unterstützung von Marketingkapazitäten;
- Maßnahmen zur Unterstützung des betrieblichen Managements innovationsrelevanter Produktionsfaktoren:
  - Verringerung von Personal- und Qualifikationsengpässen,
  - Verringerung von Informationsdefiziten und Finanzierungsengpässen;
- Maßnahmen zur Förderung der zwischenbetrieblichen Zusammenarbeit;
- Maßnahmen zum Ausbau der materiellen Infrastruktur.

Dabei kann es nicht nur darum gehen, einzelne Maßnahmen isoliert anzubieten, Ziel muß die effiziente Ausgestaltung lokaler Förderstrukturen sein - effizient in dem Sinne, daß die zahlreichen Anpassungshilfen und Dienstleistungen, die vor Ort angeboten werden, lokal koordiniert und bei den einzelnen Unternehmen aktiv vermarktet werden.

Dazu ist zunächst einmal das lokale Förderangebot im Rahmen einer Bestandsanalyse daraufhin zu analysieren, ob es (z.B.) an bestimmten Transferangeboten zur Bewältigung spezifischer Anpassungsprobleme an die veränderten technisch-ökonomischen Rahmenbedingungen fehlt bzw. was angeboten wird. Hinweise auf besondere Stärken bzw. Schwächen des vor Ort vorhandenen Förderangebots ergeben sich insbesondere aus (mikroanalytisch angelegten) Stärken-Schwächen-Analysen des lokalen Verarbeitenden Gewerbes[22]. Vorhandene Mängel sind - u.U. durch staatliche Unterstützung - auszugleichen bzw. auf dem Wege der Beratungsvermittlung zu lösen.

Aufbauend auf eine solche Bestandsanalyse können die einzelnen Angebote über ein regionales Ressourcennetzwerk koordiniert werden. Dazu können sich die einzelnen beteiligten Institutionen zu regelmäßigen Erfahrungsaustauschen - etwa in Form von Arbeitskreisen zu einzelnen Beratungsbereichen - zusammensetzen und, wenn möglich, gemeinsame Strategien zur Verbesserung der regionalen Förderangebote bzw. zur Verbesserung der Beratungsvermittlung erarbeiten. Eine vertrauensvolle Kooperation der einzelnen Förderanbieter vor Ort kann wahrscheinlich auch schon die Zugangsprobleme zu den lokalen Unternehmen verringern. Auf jeden Fall bilden solche Netzwerke die Basis für eine aktivere Vermarktung der regionalen Angebote - z.B. mittels Leistungsverzeichnissen -, und sie bieten die Chance, im Rahmen der konkreten Beratungssituation von einer eindimensionalen Sichtweise des jeweiligen unternehmerischen Problems weg zu einer mehrdimensionalen Problemsicht zu kommen. So kann z.B. eine erfolgreiche Produktinnovationsberatung wirkungslos werden, weil die Vermarktungskapazitäten des Unternehmens unzureichend sind. In einem funktionierenden Beratungsnetzwerk könnte über den Innovationsberater die notwendige Absatz- oder Kooperationsberatung eingeleitet werden.

Nach der Instrumentierung stellt sich die Frage nach dem Träger der Maßnahmen bzw. nach dem konkreten regionalen Bezug. Ausgangspunkt für den Auf- bzw. Ausbau der lokalen Förderstrukturen kann eine entsprechende Initiative der kommunalen oder eventuell in der Region vertretenen Landes-Wirtschaftsförderung, der Industrie- und Handelskammer oder dergleichen sein. Wichtig ist sicherlich eine gewisse Integrationskraft und der Zugang zu den lokalen Unternehmen. Letztlich läßt sich diese Frage u.E. nur situativ und vor Ort sinnvoll klären. Sie hängt auch wesentlich von der konkreten Region ab, für die ein entsprechendes Förderangebot zusammengefaßt bzw. ergänzt werden soll. Von großer Bedeutung für die Abgrenzung der Region ist die Frage der regionalen

Identität und damit das Vorhandensein bzw. die Chance eines gewissen Maßes an Wir-Gefühl. Damit wird deutlich, daß sich auch die Frage der Regionsabgrenzung am besten in einer konkreten Situation beantworten läßt.

Die Antwort auf die Frage, welcher Typ von Regionen sich für diese Konzeption besonders eignet, wurde bereits angedeutet: der ländlich-periphere Problemtyp der Gemeinschaftsaufgabe "Verbesserung der regionalen Wirtschaftsstruktur". Dies ergibt sich vor allem daraus, daß in diesen Regionen die notwendige Überschaubarkeit der lokalen Industrie gewährleistet ist. "Man kennt sich" quasi, und das ist eine Erleichterung für vertrauensbildende Maßnahmen zugunsten des regionalen Förderangebots. Die größere soziale Kommunikationsdichte sollte auch die Koordination zwischen den Trägern der einzelnen Förderangebote erleichtern[23] und damit den Zugang zu den lokalen Unternehmen. Erfolgreiche Beratungsverläufe sprechen sich hier schneller herum als anderswo - allerdings: Mißerfolge auch, und das führt auf Probleme dieses Ansatzes aus regionalpolitischer Sicht.

Ähnlich wie beim weiter oben erwähnten Konzept einer umfassenden und dezentralisierten Regionalpolitik besteht die Gefahr regionaler Egoismen bzw. regionalen Partikularismus' und die Gefahr neuer regionaler Disparitäten, die durch regionale Unterschiede in der Fähigkeit zur Entwicklung der regionalen Förderangebote entstehen können. Das sind Gefahren, die bei Fehlen eines nationalen Wettbewerbsrahmens der Regionen nur partiell ausgeschaltet werden können. Sie könnten (und sollten) allerdings durch das bestehende System der regionalen Wirtschaftspolitik gemildert werden, wenn im Sinne des Ausgleichsziels Bestandsaufnahme und Koordination bzw. Vermarktung des regionalen Förderangebots im Sinne der hier vorgestellten Konzeption als Quasi-Infrastruktur in die Förderung einbezogen würden. Weitere Ansatzpunkte, die vor dem Hintergrund der Forderung nach einer umfassenden regionalen Wirtschaftspolitik jedoch nicht so sinnvoll sind, bieten sich in der entsprechenden Gestaltung des Systems kommunaler Einnahmen bzw. im Rahmen des (kommunalen) Finanzausgleichs.

3. Vorgehen zur Präzisierung der vorgestellten Konzeption am Beispiel der Region Lippe

Ausgangspunkt für die Ableitung von Handlungsempfehlungen im Sinne der vorgestellten Konzeption lokaler Industrieförderung ist eine einzelregionale Strukturanalyse, so wie sie im Beitrag für den ersten Band des Arbeitskreises "Regionale Arbeitsmarktprobleme" für eine Fallregion, den Landkreis Lippe in Nordrhein-Westfalen, vorgelegt worden ist[24].

Ergebnisse der Strukturanalyse sind:

- die Analyse und Beschreibung der wichtigsten Entwicklungslinien im Technologiebereich (als Produktbestandteil und im Verfahrensbereich) sowie des ökonomischen Strukturwandels;
- die Analyse und Beschreibung von Struktur, bisheriger Entwicklung sowie Stärken und Schwächen des Verarbeitenden Gewerbes in Lippe auf der Basis vorhandener Sekundärstatistiken und einer umfangreichen mündlichen Unternehmensbefragung vor dem Hintergrund der veränderten technisch-ökonomischen Rahmenbedingungen;
- die Analyse und Beschreibung von Stärken und Schwächen der vorhandenen infrastrukturellen Rahmenbedingungen und Förderangebote anhand vorhandener Sekundärstatistiken und aus der Sicht der befragten 50 Unternehmen des Verarbeitenden Gewerbes. Überdies wurden ca. 30 (zum Teil wiederholte) Fachgespräche mit Repräsentanten der einzelnen Transfer- und Beratungsinstitutionen sowie mit Unternehmen des industrieorientierten Dienstleistungsgewerbes (insbesondere Marketing und EDV-Beratung) geführt.

Auf dieser Basis läßt sich u.E. ein Maßnahmenkatalog im Sinne der vorgestellten Konzeption der effizienten Ausgestaltung lokaler Förderstrukturen für die Region Lippe ableiten. Anknüpfungspunkte liefert die Analyse von Stärken und Schwächen des (lippischen) Verarbeitenden Gewerbes und der in der Region vorhandenen Förderstrukturen im Sinne von Wettbewerbsvor- bzw. -nachteilen bei der Anpassung an Veränderungen der technisch-ökonomischen Rahmenbedingungen.

Ein Beispiel möge dies verdeutlichen: Die Analyse der Rahmenbedingungen weist u.a. darauf hin, daß für die Unternehmen des Verarbeitenden Gewerbes in der Bundesrepublik besondere Chancen auch künftig insbesondere auf Auslandsmärkten bestehen, wenn sie ihren Prozeß der Leistungserstellung stärker an den marktlichen Gegebenheiten ausrichten bzw. ihre Produkte und ihre Produktpolitik stärker an die Nachfragebedürfnisse anpassen. Amtliche Statistiken belegen, daß gerade das lippische Verarbeitende Gewerbe im Vergleich zu anderen Regionen beinahe durchgängig für alle Wirtschaftszweige einen sehr geringen Exportanteil ausweist. Die Schwäche, die sich hier andeutet, konnte über die Gespräche vor Ort verifiziert werden: Es besteht bei den Unternehmen einerseits ein Defizit an Marketingkapazitäten und -konzeptionen. Häufig werden überdies keine Überlegungen zur Erschließung von neuen Märkten angestellt. Andererseits äußerten Unternehmen aber mehrfach gravierende Vorbehalte gegen vor Ort ansässige externe Absatzberatungsangebote. Zudem wurde ein relativ gut eingeführter Marketinglehrstuhl zusammen mit dem Fachgebiet Betriebswirtschaftslehre an der örtlichen Fachhochschule abgebaut. Auf diese Schwäche bezogene Handlungsempfehlungen richten sich zunächst an die lippischen Unternehmen: Sie sollten Marketingkonzeptionen und -kapazitäten gegebenenfalls neu strukturieren bzw.

ausbauen. Aber auch die lokalen Förderstrukturen sollten im Bereich Absatzberatung ausgebaut werden (vgl. dazu Kapitel 4.2 in diesem Beitrag).

Das aus dem Zusammenspiel von theoretischer und sekundärstatistischer Analyse sowie von Primärerhebung bei Unternehmen und Transferinstitutionen ermittelte Stärken-Schwächen-Profil des lippischen Verarbeitenden Gewerbes wurde bereits in unserem ersten Beitrag im Hinblick auf Zusammenhänge mit der (regionalen) Arbeitsnachfrage des Verarbeitenden Gewerbes vorgestellt[25]. Darauf aufbauend wurden Handlungsempfehlungen zum Ausbau der Stärken und zum Abbau der Schwächen für die Unternehmen und die regional tätigen Transferinstitutionen erarbeitet.

Im folgenden werden nur die Empfehlungen an die Adresse der in der Region vertretenen Transferinstitutionen als Repräsentanten der lokalen Förderstruktur im Überblick vorgestellt. Es ist klar - und das zeigt auch das hier vorgestellte Beispiel, daß das jeweilige Unternehmen zunächst einmal selbst oder in Kooperation mit anderen Unternehmen die notwendigen Maßnahmen zur Anpassung an veränderte technisch-ökonomische Rahmenbedingungen vornehmen muß. In diesem Beitrag liegt jedoch das Schwergewicht auf der Verbesserung der lokalen Förderstruktur. Deshalb bleiben die Empfehlungen an die Unternehmen der Region außen vor.

4. "Maßgeschneiderte" Handlungsempfehlungen zur Ausgestaltung der Wirtschaftsförderung in Lippe

Im Zentrum der den Trägern der lokalen Wirtschaftsförderung (im weitesten Sinne) empfohlenen Maßnahmen steht - wie schon in Kapitel 2.3. ausgeführt - die Stärkung der Anpassungsfähigkeit der lippischen Industrie im Sinne einer gesteigerten Innovationsfähigkeit, wobei wie gesagt der weite Innovationsbegriff Schumpeters zugrunde gelegt wird.

4.1 Steigerung der Innovationstätigkeit bei neuen Produkten und im Verfahrensbereich durch Beratungsangebote und Finanzierungshilfen

Um diesen Bereich bemühen sich:

- die Fachhochschule Lippe (Technologietransferberater sowie die Professoren einschlägiger technischer Fachrichtungen wie Fertigungswirtschaft, Elektrotechnik),

- Innovations- und Technologieberater bei der Wirtschaftsförderungsgesellschaft Lippe, der Industrie- und Handelskammer Lippe, der Bezirksregierung (als Vertretung des Landes Nordrhein-Westfalen zur Implementation der einzelnen Länderprogramme[26]) sowie

- überregionale Beratungsanbieter - insbesondere die Zenit GmbH, eine vom Land eingerichtete Innovationsförderungseinrichtung, die u.a. das Landesprogramm "Innovationsbezogener Personaltransfer" (Verbilligung von Personalkosten bei Einstellung von Hochschulabsolventen für innovative Aufgaben) betreut.

Die Inanspruchnahme der aktuell vorhandenen Innovationsberatungsangebote ist jedoch eher gering. Nur einige wenige Unternehmen nehmen Beratungsleistungen in Anspruch, dies allerdings mit sehr guten Erfahrungen. Eine qualitative Verbesserung bzw. ein quantitativer Ausbau der Innovationsberatung in Lippe ist insofern nur dann sinnvoll, wenn die Nutzung (bzw. die Nutzungsbereitschaft) entsprechender Angebote steigt. Denn was nützt das optimale Angebot, wenn es nicht auch nachgefragt wird?

Die folgenden Handlungsempfehlungen sind vor diesem Hintergrund zu sehen. Sie beziehen sich zum Teil darauf, die bestehenden bzw. neu zu schaffenden Beratungsangebote offensiver an die Unternehmen heranzutragen, um dort ein stärkeres Bewußtsein für die Notwendigkeit und die Chancen von externer Innovationsberatung zu erzeugen. Im übrigen wurden entsprechende Empfehlungen an die Adresse der Unternehmen ausgesprochen.

Die zentrale Innovationsberatungsstelle im Kammerbezirk Lippe ist die Fachhochschule in Lemgo. Von daher beziehen sich die Vorschläge zur Innovationsberatung vor allem auf diese Institution. Zu beachten ist bei den folgenden Ausführungen darüber hinaus, daß das Innovationsberatungspotential der FH (fachlich kompetente Hochschullehrer und die einschlägigen Einrichtungen) relativ schnell an Kapazitätsgrenzen stoßen, wenn die Beratungsakzeptanz und die Beratungsnachfrage bei den lippischen Unternehmen tatsächlich beträchtlich ansteigt. Von daher ist nicht nur ein qualitativer, sondern auch ein quantitativer Ausbau des Beratungspotentials notwendig.

Zunächst einmal sind die vorhandenen Beratungsmöglichkeiten und -chancen der FH den Unternehmen intensiver vor Augen zu führen. Zwar ist dies auch bisher schon geschehen. Es sollte aber möglich sein, die Aktivitäten der Information bzw. Kontaktherstellung zu verstärken und insbesondere die Erfolge entsprechender Beratungen ins Feld zu führen, damit die Akzeptanz von Beratung bei den lippischen Unternehmen wächst. Sehr hilfreich sind in dieser Hinsicht publizierte Berichte von bereits realisierten erfolgreichen Kooperationen zwischen Industrie und FH (Diplomarbeiten, Praktika von Studenten der Ingenieurwissenschaften und dergleichen mit Übernahme nach dem Studium in den

Führungsnachwuchs der Unternehmen, Industriepreise für besonders qualifizierte praxisbezogene Studienarbeiten).

Der Ausbau der Beratungskapazitäten der FH ist zunächst eine Aufgabe des für die Wissenschaft zuständigen Landesministeriums. Denkbar ist es aber auch, daß in der FH selbst Umstrukturierungen vorgenommen werden, um die eigenen Beratungskapazitäten auszubauen.

Auf der Ministerialebene des Landes bestehen diesbezüglich jedoch deutlich weitreichendere Möglichkeiten. So ließe sich eine gezielte Regionalisierung der Wissenschaftspolitik derart betreiben, daß schwerpunktmäßig in den ausgewiesenen Fördergebieten der regionalen Wirtschaftsförderung das Potential der dort vorhandenen wissenschaftlichen Einrichtungen, Aktivitäten des (regionalen) Technologietransfers zu entfalten, erweitert wird (z.B. durch Ausstattung der betreffenden Hochschulen mit zusätzlichen, ausschließlich dem Technologietransfer gewidmeten Assistentenstellen - gerade den Fachhochschulen fehlt der zum Technologietransfer notwendige akademische Mittelbau).

Unter regionalpolitischen Gesichtspunkten wäre es äußerst problematisch, wenn in den Fördergebieten (potentielle) Technologietransferstellen abgebaut werden, indem etwa Hochschulen geschlossen oder zusammengelegt werden. Von daher muß die FH in Lemgo erhalten bleiben. Von einer Zusammenlegung mit der FH Bielefeld ist unbedingt abzusehen.

Unter regionalpolitischen Gesichtspunkten müßte der Ausbau einer Hochschule wie der FH Lippe stattdessen gerade forciert vorangetrieben werden. Dies gilt insbesondere für die Nachrüstung der technischen Ausstattung im Hinblick auf die neuen Verfahrenstechnologien. Eine stärker regionalpolitisch ausgerichtete Wissenschaftspolitik müßte gerade Hochschulen wie die FH Lippe bevorzugt berücksichtigen.

Von der Einrichtung eines speziellen Technologiezentrums Lippe z.B. an der FH muß in der derzeitigen Situation aber abgeraten werden. Dazu ist die aktuelle Nachfrage nach Innovationsberatungsleistungen bei den lippischen Unternehmen zu gering. Bei konsequenter Realisierung einer solchen Einrichtung übersteigt der Finanzierungsbedarf die Finanzierungsbereitschaft der potentiellen Nutzer in der Region sowie der potentiellen Interessenten an einer solchen Einrichtung (Anlagenanbieter, Kreditinstitute, Land). Zunächst einmal sollte das Hinwirken auf eine weitgehende Beratungsakzeptanz bei der Industrie und, damit verbunden, die Intensivierung und der Ausbau der Innovationsberatung an der FH Lippe Vorrang erhalten. Die vorhandenen technischen Einrichtungen zur Materialprüfung und Meßtechnik (FH) sowie das Nordwestdeutsche Institut für Möbel und Materialprüfung (NIMM) in Detmold sind in diesem Sinne zu nutzen.

Vor dem zuvor umrissenen Hintergrund sind die Empfehlungen an die übrigen Einrichtungen der Innovations- und Technologieberatung zu sehen: Für diese Einrichtungen gilt, daß - soweit dies nicht schon geschehen ist - eine intensive Zusammenarbeit anzustreben ist. Ihnen fällt nicht zuletzt die Aufgabe zu, die Beratungsakzeptanz in der Industrie zu fördern. Denn sie haben direkten und intensiven Kontakt zu den Unternehmen und damit Einblick in deren konkrete Situation.

Für die konkrete Beratungsvermittlung sollte das Prinzip gelten, daß erste Anlaufstelle - soweit wie möglich - die in der Region ansässige Fachhochschule in ihrer Funktion als Innovationsberatungsstelle sein sollte (Bekanntmachung, Imageförderung, finanzielle Stärkung). Sie sollte daher den Firmen gegenüber dementsprechend empfohlen werden.

Wenn dagegen an der FH Lippe keine entsprechenden Beratungen durchgeführt werden können bzw. wenn dort die vorhandenen Beratungskapazitäten erschöpft sind, sind überregionale Berater einzubeziehen.

Hintergrund für diesen Grundsatz ist der Gedanke, daß der Ausbau der Innovationsberatungskapazität an der FH Lippe vor allem dann forciert werden kann, wenn ein beträchtlicher Nachfrageüberhang der FH die Durchsetzung der notwendigen Kapazitäten gegenüber dem zuständigen Ministerium erleichtert.

In die gleiche Richtung - der Stärkung des endogenen Beratungspotentials - geht die Empfehlung, die Stelle des Technologietransferberaters der FH Lippe, die derzeit bis 1988 befristet ist, auch längerfristig zu erhalten. Die Akzeptanz für diese Funktion wächst offensichtlich bei den lippischen Unternehmen. Schwellenängste zum Innovationsberater werden langsam überwunden. Dieser Prozeß läßt sich forcieren, wenn die FH Lippe als "die" Innovationsberatungsinstitution innerhalb der Region den Unternehmen zusätzlich durch die anderen Beratungsvermittler nahegebracht wird.

In jedem Falle wäre es für die Region jedoch nachteilig, wenn diese Initiative der FH Lippe abgebrochen werden müßte.

Für die inhaltliche Arbeit der Beratungsvermittler kann schließlich empfohlen werden, nicht nur bloße Beratungsvermittlung zu betreiben, sondern auch - sofern dies nicht ohnehin schon geschieht - die Innovationsförderprogramme von Land und Bund den Unternehmen näherzubringen.

Vom Bund und vom Land Nordrhein-Westfalen sind nämlich einige Innovationsförderungsprogramme aufgelegt worden, die für die lippischen Unternehmen prinzipiell auch interessant und nutzbar sind, z.T. aber nur selten genutzt werden. Diese Diskrepanz ist von den Unternehmen teilweise selbst zu beheben, teilweise sollten aber auch seitens der fördernden Institutionen Maßnahmen ergriffen werden, um ihre Förderprogramme besser vor Ort zu implementieren.

Insbesondere die Aktivitäten der Zenit GmbH sowie das Programm "Innovationsbezogener Personaltransfer" sind zu wenig bekannt. Das liegt sicherlich zum Teil daran, daß die Aktivitäten dieser noch jungen Institution bisher vor allem auf die Ballungsgebiete des Landes und ihr größeres Nachfragepotential ausgerichtet waren.

Dies sollte im Sinne einer stärker regionalpolitisch ausgerichteten Innovationsförderung des Landes geändert werden. Gerade Ratgeber über Förderprogramme des Landes für kleine und mittlere Unternehmen - wie von Zenit zusammengestellt[27] - sind für die lippischen Unternehmen und natürlich insbesondere auch für die Innovationsberatungsstellen bei der IHK, der Wirtschaftsförderungsgesellschaft Lippe oder der FH sowie für die Kreditinstitute der Region sehr nützlich.

Speziell das Marketing für das Landesprogramm "Innovationsbezogener Personaltransfer" muß unbedingt verbessert werden. So war Zenit als Institution bei über der Hälfte der befragten Betriebe nicht einmal bekannt. Speziell das Programm "Innovationsbezogener Personaltransfer" war nicht einmal jedem fünften Betrieb bekannt.

Darüber hinaus sind offensichtlich auch noch bestehende Vorbehalte gegenüber dieser Art von Förderprogrammen bei den Unternehmen abzubauen. Zu empfehlen ist insbesondere die verstärkte Kooperation zwischen Zenit und den in der Region tätigen Institutionen der Innovationsberatung(svermittlung). Zum Teil ist Zenit hier bisher noch gar nicht in Erscheinung getreten.

Auch die zentralen Innovationsförderprogramme des Landes "Technologieprogramm Wirtschaft TPW" und "Zukunftstechnologie TPZ" werden bisher insgesamt sehr selten in Anspruch genommen. Soweit diese Programme genutzt werden, werden sie von den betreffenden Betrieben allerdings überwiegend positiv bewertet. Bedenkenswert ist jedoch, daß unter den Ursachen für die Nichtinanspruchnahme dieser Programme die Antwort 'bisher nichts von den Programmen gewußt' an zweiter Stelle rangiert.

Daneben sollte das Antragsverfahren für diese Programme überprüft werden. Einerseits ist es nicht einzusehen, warum Programme des Bundes - insbesondere die Zuschüsse des Bundes zur externen Forschung (sog. "AIF-Mittel") - auf eine größere Akzeptanz stoßen, obwohl deren maximale Zuschußsätze unter denen der Landesprogramme liegen. Andererseits ist die Verärgerung von antragstellenden Unternehmen verständlich, die erst nach aufwendiger Bewältigung der Antragsunterlagen und nach langen Diskussionen im Rahmen der Prüfung der Förderfähigkeit ihrer Innovationsprojekte eine Ablehnung erhalten haben, weil die Ertragssituation der Unternehmen anhand der Bilanzen als zu günstig ermittelt wurde. Es ist sicherlich sinnvoll, daß wirtschaftlich leistungsfähige Unternehmen nicht vom Staat subventioniert werden. Aber die Prüfung der prinzipiellen Förderfähigkeit der Unternehmen sollte bereits in einem frühen Stadium erfolgen, um damit den Antragsaufwand für den Fall einer Ablehnung auf das Notwendige zu begrenzen.

Angebote zur Bereitstellung von Risikokapital bestehen in Lippe derzeit nur über überregionale Beteiligungsgesellschaften. Es ist zu bezweifeln, ob in der Region das Potential für eine regionale Beteiligungsgesellschaft vorhanden ist. Sinnvoll ist aber, daß die in Lippe vertretenen Kreditinstitute die Vermittlungstätigkeit in dieser Hinsicht intensivieren. Die Betriebsbefragung hat immerhin gezeigt, daß diesbezüglich in Lippe ein gewisser Bedarf besteht.

4.2 Ausbau der Marketingberatungskapazitäten in Lippe

Für eine verstärkte Unterstützung der (notwendigen) besseren Wahrnehmung der Marketing-Funktion in den lippischen Betrieben des Verarbeitenden Gewerbes gilt zunächst wieder, daß ein qualitativ hochwertiges Angebot an Marketingberatung solange sinnlos ist, als es nicht nachgefragt wird. Andererseits beschränkt sich das heute in Lippe bestehende regionale Angebot an Absatzberatung im Endeffekt jedoch auf einige (freie) Unternehmensberater. Man kann unseres Erachtens deshalb diesbezüglich vom Bestehen einer Beratungslücke im regionalen Angebot sprechen (vgl. auch das Beispiel in Kapitel 3).

Die regional vertretenen Beratungsinstitutionen wie Wirtschaftsförderungsgesellschaft Lippe, IHK Lippe, FH Lippe sowie die Kreditinstitute können derzeit nur allgemeine Marketing-Informationen verdichten und verbreiten (z.B. IHK Importeur-Nachrichten oder Informationen für den Export) oder Beratungen empfehlen und vermitteln (besonders Kreditinstitute, Wirtschaftsförderungsgesellschaft). Vorhandenes Beratungspotential wurde durch den Abbau der Fachrichtung Wirtschaft an der FH sogar noch abgebaut.

Insgesamt gesehen ist daher das regionale Angebot der Absatzberatung in Lippe als durchaus ausbaubedürftig einzustufen. Sicherlich ist es in einer peripher gelegenen und schwach strukturierten Region grundsätzlich schwierig, wenn nicht sogar unmöglich, ein zugleich möglichst umfassendes und branchenspezifisches Beratungsangebot im Absatzbereich zu realisieren. Die Schwächung der FH in wirtschaftlichen Fragen macht sich hier noch zusätzlich negativ bemerkbar. Schließlich wurde im Rahmen der Auflösung des wirtschaftswissenschaftlichen Fachbereichs auch ein bei den lippischen Unternehmen relativ gut eingeführter

Absatzberater mit abgebaut. Diesbezüglich erscheint es - nicht nur für den Marketingbereich[28] - notwendig, Ersatz zu schaffen.

Dies könnte geschehen, indem an der FH Lippe eine entsprechende Professur eingerichtet wird, die zum einen die wirtschaftswissenschaftliche Ausbildung der FH-Ingenieure im Marketingbereich ergänzt und zum anderen Beraterfunktionen übernehmen kann.

Ansonsten bleiben den regionalen Transferinstitutionen nur die Verbesserung der Vermittlung von Absatzberatern sowie verstärkte Aktivitäten zur Hebung der Akzeptanz von Absatzberatung bei den lippischen Unternehmen. Sicherlich könnte ein vermehrter Erfahrungsaustausch und die intensivierte Koordination der Vermittleraktivitäten in diesem Bereich noch Fortschritte bringen.

4.3 Unterstützung des betrieblichen Managements innovationsrelevanter Produktionsfaktoren

Die Handlungsempfehlungen an die Träger der regionalen Wirtschaftsförderung zur Unterstützung der lippischen Unternehmen in ihrem Management innovationsrelevanter Ressourcen lassen sich prinzipiell in drei Gruppen differenzieren:

- Empfehlungen zur Verringerung von Personal- und Qualifikationsproblemen,
- Empfehlungen zur Verringerung von Informationsdefiziten,
- Empfehlungen zur Verringerung von Finanzierungsproblemen.

4.3.1 Abbau von Personal- und Qualifikationsengpässen

Die Maßnahmen zur Verringerung von Personal- und Qualifikationsengpässen konzentrieren sich einerseits auf die Reduzierung von Rekrutierungsproblemen der lippischen Unternehmen, andererseits auf die Weiterentwicklung und Anpassung vorhandener Qualifikationen im Hinblick auf die sich verändernden technisch-ökonomischen Rahmenbedingungen[29].

Zur Verringerung von Rekrutierungsproblemen kann zunächst die verstärkte Fortbildung und Reintegration von Arbeitslosen in den Wirtschaftsprozeß dienen. Andererseits erscheint das in Lippe vorhandene Potential an Arbeitslosen aufgrund des hohen Anteils an nur gering qualifizierten und Langzeit-Arbeitslosen in dieser Hinsicht insgesamt eher als gering, wie eine sekundärstatistische Analyse der Arbeitslosigkeit in Lippe zeigt.[30] So kann man nur versuchen, die vorhandenen Arbeitslosen zur Weiterbildung zu motivieren. Dazu sind die Beschäftigungschancen bei den ansässigen Betrieben zu eruieren und im Anschluß daran die jeweils angemessenen Fortbildungs-Maßnahmen zu realisieren.

Dies setzt die Intensivierung der Zusammenarbeit zwischen Unternehmen und Arbeitsverwaltung voraus.

Die bestehenden Rekrutierungsprobleme des lippischen Verarbeitenden Gewerbes könnten überdies durch erhöhte Vermittlungserfolge des Arbeitsamtes vermindert werden. Damit ist aber - wenn überhaupt - nur langfristig zu rechnen, denn in Lippe fehlen - wie anderswo auch - Fachkräfte. Und die Bereitschaft, sich in die Region Lippe vermitteln zu lassen, ist als eher niedrig einzustufen. Erfolge sind immerhin um so eher zu erwarten, je mehr Zeit dem Arbeitsamt von den Unternehmen für seine Vermittlungsbemühungen zugestanden wird.

Die Rekrutierungsprobleme bei Höherqualifizierten - Akademikern, Ingenieuren, F&E-Personal, zum Teil auch bei Technikern - sind jedenfalls mit dem Ausbau der sozialen und Freizeitinfrastruktur im Kammerbezirk Lippe allein nicht zu beheben. Entsprechend qualifizierte Mitarbeiter scheinen sich bisher nur in Ausnahmefällen in die Region vermitteln zu lassen. Dies hängt nicht zuletzt mit der fehlenden Urbanität des Standortes Lippe zusammen.

Vor diesem Hintergrund besteht die erfolgversprechendste Reaktion auf die Rekrutierungsprobleme sowie auf die daneben in vielen Betrieben existierenden Probleme der Anpassung der vorhandenen Qualifikationen an die gestiegenen Anforderungen in der konsequenten Realisierung einer lippischen Qualifizierungs- bzw. Weiterbildungsoffensive. Erste Ansätze hierzu bestehen. Institutionell sind die einzelnen regionalen Aktivitäten in diesem Bereich wie folgt verankert:

- das Lippische Institut für Weiterbildung und Innovation (LIWI) des Förderkreises der FH Lippe für die Qualifikationsebene der höher Qualifizierten (Akademiker, Ingenieure),

- das Lippische Fortbildungszentrum für neue Technologien (LIFT) für die berufliche Weiterbildung vor allem im gewerblichen Bereich (gemeinsam getragen von der IHK Lippe, der HWK Ostwestfalen-Lippe, dem Kreis Lippe, der IHK-Berufsbildungsstätte GmbH, der Kreishandwerkerschaft Lippe, dem Deutschen Gewerkschaftsbund, der FH Lippe und drei Industriebetrieben),
- die IHK - Berufsbildungsstätte GmbH für die berufliche Weiterbildung vor allem im kaufmännischen Bereich,

- die Volkshochschule für die Qualifikationsebene unterhalb der Facharbeiter-/Mitarbeiterebene mit Ausbildungsabschluß.

Daneben gibt es jedoch noch weitere Anbieter von Weiterbildungsmaßnahmen wie etwa das Berufsfortbildungswerk des DGB oder das Handwerksbildungszentrum in Lemgo sowie Angebote der Evangelischen Kirche.

Für die einzelnen Qualifikationsebenen muß die heutige Situation wie folgt beurteilt werden bzw. können folgende Empfehlungen abgegeben werden:

- Es muß als zweifelhaft erscheinen, ob das LIWI allein bzw. auch in Zusammenarbeit mit der IHK in der Lage ist, ein Managementfortbildungsangebot im kaufmännischen Bereich aufzubauen, das besonderen qualitativen Anforderungen standhält. Hieraus ergibt sich ein weiterer Grund für die Schaffung von wirtschaftswissenschaftlichen Professorenstellen an der FH Lippe, um die kaufmännische Ausbildung an der FH und daneben auch die Weiterbildung über das LIWI zu stärken.[31]

- Die Weiterbildungskapazitäten des LIWI im Bereich der Ingenieurweiterbildung müssen zumindest derzeit als unzureichend eingeschätzt werden, da die vorhandenen Lehrkapazitäten sehr stark durch andere Aufgaben wie Hochschulverwaltung, Lehre, Technologietransfer gebunden sind. Mittelfristig sind hier vielleicht freie Kapazitäten infolge sinkender Studentenzahlen zu erwarten. Aktuell müßten die Lehrkapazitäten deshalb über entsprechende Lehraufträge an auswärtige Dozenten bzw. an Führungskräfte lippischer Unternehmen vergeben werden. Beides ist nicht unproblematisch.

- Die Managementfortbildung in Lippe (z.B. durch IHK oder LIWI) sollte in jedem Fall so durchgeführt werden, daß die Teilnehmer möglichst wenig aus dem Betriebsablauf herausgerissen werden. Die Kurse sollten deshalb vornehmlich abends oder am Wochenende stattfinden.

- Im Bereich der Fortbildung von qualifizierten Mitarbeitern im kaufmännischen wie im gewerblichen Bereich ist die Gründung des LIFT und die Konzentration der IHK auf den kaufmännischen Bereich zu begrüßen. In diesem Bereich ist es insbesondere notwendig, die Vielzahl der Weiterbildungsangebote zu koordinieren und die Informationspolitik zu verbessern, damit die Adressaten auch hier auf ein "Angebot aus einer Hand" zurückgreifen können. Insbesondere im Bereich der Koordination gibt es derzeit noch Defizite. So gab es etwa noch parallele Kurse zu ähnlichen Themen beim LIFT und beim Berufsfortbildungswerk des DGB.

- Die Kooperation sollte in diesem Fortbildungsbereich auch so weit gehen, daß - sofern nicht bereits realisiert - vorhandene technische Einrichtungen kooperativ genutzt werden. Die beteiligten Institutionen sollten gerade in diesem Bereich die eigenen institutionellen Interessen hintanstellen und im Interesse der regionalen Wirtschaft zusammenarbeiten - zumal sich auch hier ein Engpaß im Lehrpersonalbereich offenbart.

Insgesamt gesehen deutet sich in diesen Ansätzen jedoch eine Gesamtkonzeption an, die prinzipiell richtig erscheint und entsprechend weiterzuentwickeln ist.

Die gravierendsten Probleme existieren diesbezüglich derzeit noch im Bereich der Höherqualifizierten und in der Managementfortbildung. Es gilt letztlich jedoch auch hier, daß das ganze Angebot mit der Nachfrage der Unternehmen bzw. ihrer Mitarbeiter steht und fällt. Insofern ergibt sich die strikte Notwendigkeit, die Kontakte zu intensivieren und die Weiterbildungsbereitschaft bei und in den Unternehmen zu stärken.

Insbesondere sollte der von Firmenseite im Rahmen der Unternehmensbefragung geäußerte Wunsch nach Fortbildungsberatung beachtet werden. Praktische Ansatzpunkte dazu ergeben sich voraussichtlich auf der Basis der von der FH Lippe betreuten laufenden Untersuchung zum regionalen Weiterbildungsbedarf. Ansprechpartner könnte der Leiter dieser Untersuchung und Weiterbildungsbeauftragte der FH oder der Geschäftsführer des LIFT sein.

4.3.2 Abbau von Informationsdefiziten und Finanzierungsengpässen

Wesentlicher Anbieter von Informationsangeboten für das Verarbeitende Gewerbe im Landkreis Lippe ist neben den anderen Transferinstitutionen die IHK. Neben den üblichen IHK-Angeboten wie z.B. Monatszeitschrift, regelmäßigen Informationsblättern für Ex- und Import bestehen on-line-Anschlüsse an Wirtschaftsdatenbanken. Über das Kammerinformationssystem und die direkte Verbindung mit der Technologieberatungsstelle Ruhr sind jederzeit Informationen zu folgenden Bereichen abrufbar: Fachinformationen aus allen Branchen; Analysen zur Marktentwicklung, Konkurrenzsituation, Stand der Technik; technische Trends bezüglich neuer Produkte, neuer Verfahren sowie spezieller Dienstleistungen; Patentrecherchen; Angebote und Nachfragen zu Lizenzen und Kooperationen sowie Einzelinformationen über Industriebetriebe (Produktionsprogramm, Lieferbeziehungen, Jahresumsätze, Beschäftigte). Dieses spezielle Angebot wird bisher von der lokalen Industrie nur sehr selten genutzt.

Aber die Anforderungen der Unternehmen an die IHK bezüglich der Verbesserung der Informationsvermittlung decken sich auffälligerweise großenteils mit dem bereits vorhandenen Angebot der IHK. Vor diesem Hintergrund kann an die IHK die Empfehlung gegeben werden, die bereits bestehenden Möglichkeiten der vorhandenen Datenbankanschlüsse möglichst branchenspezifisch und am praktischen Fallbeispiel zu demonstrieren. Mit dieser Intensivierung der Öffentlichkeitsarbeit ließen sich wahrscheinlich bereits einige der bestehenden (Informations-)Defizite bei den Unternehmen abbauen.

Bezüglich der staatlichen Investitionsförderung besteht in großen Teilen der Region Lippe ein Standortvorteil: Mit der Wiederaufnahme der Arbeitsmarktregion Detmold-Lemgo (dazu gehört nahezu der gesamte Landkreis Lippe) in das Fördergebiet der Gemeinschaftsaufgabe "Verbesserung der regionalen Wirtschaftsstruktur" zum 1.1.1987 hat sich die Gesamtsituation im Bereich der staatlichen Investitionsförderung noch gebessert. Die Förderhöchstsätze sind im Vergleich zu der bis dahin wirksamen ergänzenden Landesförderung um einiges höher (Spitzensatz 20 % im übergeordneten Schwerpunktort Detmold).

Vor diesem Hintergrund besteht keine Notwendigkeit für Empfehlungen im Bereich der staatlichen Investitionsförderung.

Auch die Finanzierungsberatung in Lippe wurde in der Mehrzahl der Fälle deutlich positiv bewertet, so daß sich in diesem Bereich nach unserer Auffassung letztlich ebenfalls kein aktueller Handlungsbedarf ergab.

4.4 Förderung der zwischenbetrieblichen Zusammenarbeit

Häufig ist es sinnvoll, den aus dem Strukturwandel resultierenden Anpassungserfordernissen durch Formen der zwischenbetrieblichen Zusammenarbeit zu begegnen, um dadurch kooperativ die Leistungsfähigkeit der beteiligten Partner zu steigern. Dies bietet sich besonders im Falle einzelbetrieblich unzureichender F&E-, Fertigungs- und Marketing- bzw. Markterschließungskapazitäten an. Arbeitsteilig können diese Probleme oft kostengünstiger, weil rationeller und effektiver, betrieben werden[32].

Die aktuelle Kooperationsbereitschaft und das Ausmaß tatsächlicher Kooperation ist in Lippe aktuell allerdings noch sehr gering.

Wesentliche Aufgabe von regionalen Transfereinrichtungen wie der IHK, der Wirtschaftsförderungsgesellschaft Lippe, den regional vertretenen Kreditinstituten und auch den Innovationsberatern muß es von daher sein, die Akzeptanz von Kooperationsstrategien bei den Unternehmen in Lippe zu erhöhen. Dies sollte insbesondere geschehen, wenn etwa Beratungen durchgeführt werden.

Die Einführung der IHK-Kooperationsbörse in den IHK-Informationen für die lippische Wirtschaft im Januar 1987 ist vor diesem Hintergrund zu begrüßen. Dabei beschränkt sich diese Aktivität bisher allerdings ausschließlich auf die reine Partnervermittlung. Ein Ausbau dieser Aktivität im Sinne der Kooperationsberatung bzw. -beratungsvermittlung erscheint sinnvoll und notwendig.

Überdies sollten die in der Region vorhandenen Kooperationsvermittler - wie die IHK und die Kreditinstitute in der Region - intensiver zusammenarbeiten und eventuell sogar gemeinsam Überlegungen anstellen, wie die Kooperationsbereitschaft der lippischen Unternehmer zu steigern ist.

4.5 Förderung von Existenzgründungen

Mögliche Maßnahmen zur Förderung von Existenzgründungen sind die Startkapitalförderung, die Einstiegsberatung, die beraterische Begleitung der ersten zwei oder drei Jahre nach der Existenzgründung (z.B. durch einen pensionierten Manager) sowie die Einrichtung von sogenannten "Gründerzentren".

Den Ausführungen zur staatlichen Investitionsförderung ist an dieser Stelle nichts hinzuzufügen. Die Bedingungen in Lippe sind in dieser Hinsicht ein Standortvorteil, der sich nicht zuletzt in der breiten Inanspruchnahme der Förderung durch die befragten Existenzgründer widerspiegelt.

Ein Ausbau der Beratung während der Gründungsphase erscheint dagegen hilfreich. Dies gilt weniger für die IHK-Einstiegsberatung. Diese wurde überwiegend sehr positiv bewertet, so daß diesbezüglich kein zusätzlicher Handlungsbedarf gesehen wird. Immerhin erscheint aber die Ergänzung dieser Einstiegsberatung durch die Vermittlung eines pensionierten Managers zur beraterischen Begleitung der Existenzgründerphase über einen längeren Zeitraum hinweg - auch aus der Sicht der Mehrzahl der befragten Existenzgründer - als sinnvoll.

Die Einrichtung eines regionalen Gründerzentrums kann speziell in und für Lippe nicht empfohlen werden. Zum einen ist das Gründerpotential in Lippe zu gering. Zum anderen kann davon ausgegangen werden, daß sich kaum Gründer von außerhalb Lippes in einem solchen Zentrum niederlassen dürften. Dies deuten nicht zuletzt entsprechend negative Erfahrungen aus entsprechenden Gründerzentren in anderen Regionen an[33].

Das Schwergewicht der Maßnahmen zur Verbesserung der Rahmenbedingungen für Existenzgründungen sollte von daher auf der Vermittlung von pensionierten Managern zur beraterischen Begleitung von neu gegründeten Unternehmen liegen.

4.6 Verbesserung der Erreichbarkeit

In den Unternehmens- und den Expertengesprächen wurde immer wieder auf die ungünstige Verkehrssituation bzw. Erreichbarkeit der lippischen Betriebsstandorte hingewiesen. Genauso zeigen Untersuchungen der Bundesforschungsanstalt für Landeskunde und Raumordnung bezüglich der regionalen Schienenerreichbarkeit[34], daß die Anschlußqualität der Region Bielefeld (einschließlich Lippe) zu den schlechtesten in ganz Nordrhein-Westfalen zählt (ähnlich schlecht sind nur die Regionen Paderborn und Siegen). Mit der Güterverkehrs-Anschlußqualität verhält es sich beinahe ähnlich ungünstig. Dabei ist zu berücksichtigen, daß der Landkreis Lippe in dieser Hinsicht noch weit schlechter angebunden ist als die gesamte Region Bielefeld - dies macht z.B. die direkte Zugverbindung von Bielefeld nach Detmold deutlich, die das Urteil "katastrophal" eigentlich kaum verdient[35].

Probleme bestehen ebenfalls bei der verkehrsmäßigen Erschließung für den Individualverkehr. Vor allem die Verbindung zwischen Ost- und Westteil der Region ist unzureichend. Schließlich besteht über den Regionalflughafen Paderborn zwar ein gewisser Anschluß an das internationale Luftverkehrsnetz, aber dieser Flughafen müßte vom lippischen Kreisgebiet aus problemlos erreichbar sein, was mit dem öffentlichen Verkehr derzeit überhaupt nicht der Fall ist.

Diese ungünstige Verkehrssituation wirkt sich für die Wirtschaftsentwicklung in verschiedener Hinsicht hinderlich aus. So wird beispielsweise der Zugang zu überregionalen Messen erschwert. Exporte verteuern sich. Die Rekrutierung von hochqualifizierten Mitarbeitern wird zu einem größeren Problem, als sie ohnehin schon ist (Zentren mit bedeutenderer Urbanität rücken in größere Ferne). Der allgemeine Informationszugang wird schwieriger - insbesondere im Hinblick auf Face-to-Face-Kontakte.

Vor diesem Hintergrund ist der Ausbau der Verkehrsverbindungen erstrebenswert. Dies gilt insbesondere für den Ausbau der Straßenverbindungen in Ost-West-Richtung, die Einrichtung eines wirklich qualifizierten IC-Zubringerzuges von Detmold nach Bielefeld und Paderborn und für den weiteren Ausbau des Flughafen Paderborn bzw. seine Erreichbarkeit mittels öffentlicher Verkehrsmittel.

4.7 Realisierung eines übergreifenden Beratungsnetzwerkes

Im Rahmen der hier vertretenen Konzeption einer lokal angepaßten Industrieförderung wurde besonders der Sinn und die Notwendigkeit der Koordination der einzelnen, vor Ort wirksamen Aktivitäten sowie deren aktive Implementation bzw. Vermarktung bei den Adressaten betont. Die bisher angebotenen Beratungsangebote stießen in Lippe auf eine relativ geringe Akzeptanz. Von daher ist nach unserer Auffassung eine verbesserte Koordination der Beratungsvermittlung sowie vor allem die Verbesserung der Beratungsakzeptanz bei den lippischen Unternehmen wünschenswert. Dazu empfiehlt sich die Realisierung eines regionalen Beratungsnetzwerkes, das die in Lippe ansässigen Transferinstitutionen bilden und das sie auch nach außen hin geschlossen darstellen.

Dazu wäre es zunächst sinnvoll, daß sich die einzelnen Institutionen (IHK, Kreditinstitute, FH, Wirtschaftsförderungsgesellschaft sowie die Vertreter der relevanten staatlichen Einrichtungen in Lippe) zu regelmäßigen Erfahrungsaustauschen - etwa in Form von Arbeitskreisen zu den einzelnen Beratungsbereichen - zusammensetzen und, wenn möglich, gemeinsame Strategien zur Verbesserung des regionalen Beratungspotentials bzw. zur Verbesserung der Beratungsvermittlung erarbeiten.

Am Beginn der Aktivitäten dieses "Regionalen Beratungsnetzwerks Lippe" sollte ein gemeinsames Verzeichnis stehen, das der Industrie in der Region das "Leistungspotential" aller vorhandenen Einrichtungen vor Augen führt. Arbeitsschwerpunkte und abrufbare Serviceleistungen wären so erstmalig in übersichtlicher Form verfügbar. Damit wäre ein erstes Instrument geschaffen, das eventuell schon zu einer Steigerung der Akzeptanz von Beratung in den lippischen Unternehmen führt, auf jeden Fall aber systematisch die Möglichkeiten von Ansprechpartnern in der Region (und gegebenenfalls dem Land Nordrhein-Westfalen sowie angrenzenden Regionen) aufzeigt. Ein regionaler Leistungskatalog hätte Bündelungs- und Leitstellenfunktion. Ratsuchende geraten leichter an die richtige Stelle.

Organisatorisch könnte das "Regionale Beratungsnetzwerk" für die Industrie bei der IHK angesiedelt sein. Die Ergebnisse der Unternehmensbefragung belegen, daß sich die Unternehmen insbesondere von der Kammer eine stärkere Betreuung (z.B. bei der Informationsvermittlung) erhoffen. Damit käme der IHK gleichzeitig die Rolle der (ersten) Anlaufstelle und des (gegebenenfalls notwendigen) Paten zu.

5. Zusammenfassung und Fazit

Der vorliegende Beitrag hat versucht deutlich zu machen, wie aus einer mikroanalytisch angelegten einzelregionalen Strukturanalyse Handlungsempfehlungen zur Verbesserung lokaler Förderstrukturen im Sinne der Steigerung der Anpassungsfähigkeit des regionalen Verarbeitenden Gewerbes an Veränderungen der technisch-ökonomischen Rahmenbedingungen entwickelt werden können und wie diese am Beispiel einer regionalen Fallstudie - dem Landkreis Lippe in Nordrhein-Westfalen - aussehen. Dabei sind hier nur die Empfehlungen an die Adresse der in der Region vertretenen Transferinstitutionen als Repräsentanten der lokalen Förderstruktur vorgestellt worden. Es wurde betont, daß das jeweilige Unternehmen zunächst einmal selbst oder in Kooperation mit anderen Unternehmen die jeweils notwendigen Maßnahmen zur Anpassung an veränderte technisch-ökonomische Rahmenbedingungen vornehmen muß. U.E. ist die unternehmerische Anpassungsfähigkeit in den einzelnen Regionen jedoch nicht zuletzt auch auf standörtliche Einflüsse zurückzuführen. In dieser Situation kommt der lokalen Förderstruktur - genauso wie den entsprechenden staatlichen Maßnahmen der Industriestrukturpolitik - die Rolle einer "Hilfe zur Selbsthilfe" der Unternehmen[36] zu. Von daher werden in entsprechend angelegten Untersuchungen grundsätzlich zunächst Empfehlungen an die regionalen Unternehmen abgeleitet.

Dies geschah auch im Falle der Region Lippe. In diesem Beitrag liegt jedoch das Schwergewicht auf der Verbesserung der lokalen Förderstruktur. Dies geschah vor dem Hintergrund, daß man auf lokaler Ebene versuchen kann und insbesondere in den regionalpolitischen Fördergebieten des ländlich peripheren Typs versuchen sollte, Defizite der regionalen Industriestrukturpolitik auszugleichen. Daß dieser Ansatz politisch nicht unproblematisch ist, wurde diskutiert, wir sind aber der Auffassung, daß ein solcher Ansatz auf dem Weg zu einer stärker dezentral und umfassend ausgerichteten regionalen Strukturförderung hilfreich ist.

Anmerkungen

1) Vgl. Müller, K./Holst, M./Schultz, B.: Die mikroanalytische Diagnose der regionalen Arbeitsnachfrage des Verarbeitenden Gewerbes, in: Analyse regionaler Arbeitsmarktprobleme, Forschungs- und Sitzungsberichte der Akademie für Raumforschung und Landesplanung, Bd. 168, Hannover 1988, S. 85-120.

2) Vgl. Gräber, H./Holst, M./Schackmann-Fallis, K.-P./Spehl, H.: Externe Kontrolle und regionale Wirtschaftspolitik, Berlin 1987, S. 65ff. und Spehl, H.: Zur Bedeutung der Wirtschaftsstruktur für die Regionalpolitik, in: Gesellschaft für Regionalforschung (Hrsg.): Jahrbuch für Regionalwissenschaft, Band 5, Göttingen 1984, S. 75ff.

3) Vgl. auch Hull, C.J.: Lokale Förderpraxis und die Beschäftigungsentwicklung mittelständischer Industrieunternehmen - Eine Implementationsuntersuchung in vier Regionen der Bundesrepublik Deutschland, in: Fritsch, M./Hull, C.J. (Hrsg.): Arbeitsplatzdynamik und Regionalentwicklung - Beiträge zur beschäftigungspolitischen Bedeutung von Klein- und Großunternehmen, Berlin 1987, S. 291; Hull, C.J./Hjern, B.: Bisherige Praxis lokaler Wirtschaftsförderung als regionalisierte Beschäftigungspolitik, in: Garlichs, D./Maier, F./Semlinger, K. (Hrsg.): Regionalisierte Arbeitsmarkt- und Beschäftigungspolitik, Frankfurt/ New York 1983, S. 292ff.; Maier, H.E.: Das Modell Baden-Württemberg. Über institutionelle Voraussetzungen differenzierter Qualitätsproduktion - Eine Skizze -, Discussion Papers am WZB, IIM/LMP87-10a, Berlin 1987 und Sabel, C.F./Herrigel, G.B./Deeg, R./Kazis, R.: Regional Prosperities Compared: Massachusetts and Baden-Württemberg in the 1980`s, Discussion Papers am WZB, IIM/LMP 87-10b, Berlin 1987.

4) Vgl. auch: Dick, R.: Die Arbeitsteilung zwischen Industrie- und Entwicklungsländern im Maschinenbau, Kieler Studien 168, Tübingen 1981; Kampmann, R./Köppel, M.: Das wirtschaftliche Süd-Nord-Gefälle. Ein gesamtwirtschaftlicher Erklärungsansatz, in: Wirtschaftsdienst, 64 (1984), S. 568-572; Lamberts, W.: Nord versus Süd: Ist die Produktionsstruktur Nordrhein-Westfalens veraltet?, in: Mitteilungen des Rheinisch-Westfälischen Instituts für Wirtschaftsforschung, 35 (1984), S. 175-193 sowie Streeck, W.: Kollektive Arbeitsbeziehungen und industrieller Wandel: Das Beispiel der Automobilindustrie, Discussion Paper am WZB, IIM/LMP 86-2, Berlin 1986.

5) Vgl. Gräber, H./Holst, M./Schackmann-Fallis, K.-P./Spehl, H., a.a.O., S. 85ff.

6) Spehl, H.: Zusammenfassung der Ergebnisse, in: Regionalpolitik 2000 - Probleme, Ziele, Instrumente, Ergebnisse eines Symposiums, Schriftenreihe der Wirtschafts- und Sozialwissenschaftlichen Gesellschaft Trier, Bd. 4, Trier 1984, S. 6.

7) Vgl. die Beiträge von Peschel, K./Bröcker, J.: Die Arbeitsmarktentwicklung in den Raumordnungsregionen der Bundesrepublik Deutschland zwischen 1970 und 1984 sowie Klaus, J./Maußner, M.: Vergleichende Arbeitsmarktbilanzen - Bayerische Regionen 1975 bis 1982 im ersten Band des Arbeitskreises: Analyse regionaler Arbeitsmarktprobleme, Forschungs- und Sitzungsberichte der Akademie für Raumforschung und Landesplanung, Bd. 168, Hannover 1988, S. 7-48 und S. 49-84.

8) Darauf basiert insbesondere der Beitrag von Müller, K./Holst, M./Schultz, B., a.a.O.; vgl. aber auch Bonny, H.W.: Strukturwandel, Standortwahl und regionale Entwicklung. Ein Beitrag zur Wirkungskette "betriebliche Entwicklung - regionale Entwicklung", Dissertation Dortmund 1986.

9) Vgl. z.B. den Beitrag von Eckey, H.F. in diesem Band, desgleichen Brugger, E.A.(Hrsg): Regionale Innovationsprozesse und Innovationspolitik, Diessenhofen 1984; Ellwein, T./Bruder, W.: Innovationsorientierte Regionalpolitik, Beiträge zur sozialwissenschaftlichen Forschung, Opladen 1982; Ewers, H.J./Wettmann, R.W.: Innovationsorientierte Regionalpolitik, Bonn 1980.

10) Vgl. z.B. Spehl, H.: Thesenpapier, in: Regionalpolitik 2000 ..., a.a.O., S.18.

11) Vgl. 10. Rahmenplan der Gemeinschaftsaufgabe "Verbesserung der regionalen Wirtschaftsstruktur", BT-DS 9/697 vom 28.7.1981, 13. Rahmenplan, BT-DS 10/1279 vom 11.4.1984 und 14. Rahmenplan, BT-DS 10/3562 vom 25.6.1985.

12) Vgl. Ewers, H.-J.: Zur Dezentralisierung der Industriestrukturpolitik, in: Fritsch, M./Hull, C.J. (Hrsg.), a.a.O., S. 342f.

13) Spehl, H.: Thesenpapier, in: Regionalpolitik 2000..., a.a.O., S. 22.

14) Ebenda, S. 19.

15) Vgl. ebenda, S. 20.

16) Vgl. Schumpeter, J.: Theorie der wirtschaftlichen Entwicklung - Eine Untersuchung über Unternehmergewinn, Kapital, Kredit, Zins und den Konjunkturzyklus, 6. Aufl., Berlin 1964, S. 100f.

17) Vgl. z.B. Brugger, E.A.: "Endogene Entwicklung" - Ein Konzept zwischen Utopie und Realität, in: Informationen zur Raumentwicklung, Heft 1/2 (1984), S. 1ff.; Fleckenstein, K.: Aufgabenteilung in der regionalen Wirtschaftsförderung. Überlegungen zur Reform der Regionalpolitik, in: Raumforschung und Raumordnung, 43 (1985), S. 173ff.; Frey, R.L.: Regionalpolitik: Eine Evaluation, Bern 1985; Hahne, U.: Regionalentwicklung durch Aktivierung intraregionaler Potentiale, München 1985, S.30; Stöhr, W.: Regionalpolitik in Österreich unter sich verändernden Rahmenbedingungen, in: DISP, Nr. 74, 1984, S. 14ff.; Spehl, H.: Raumordnungspolitik zwischen regionalen und fachpolitischen Kompetenzen, Schriftenreihe der Wirtschafts- und Sozialwissenschaftlichen Gesellschaft Trier, Bd. 1, Trier 1982; van Suntum, U.: Regionalpolitik in der Markt-

wirtschaft: Kritische Bestandsaufnahme und Entwurf eines alternativen Ansatzes am Beispiel der Bundesrepublik Deutschland, Baden-Baden 1981, S. 133ff.

18) Vgl. dazu etwa die Stellungnahmen bzw. die Zusammenfassung der Ergebnisse, in: Regionalpolitik 2000..., a.a.O., S. 10ff.

19) Vgl. Hull, C.J. 1987, a.a.O., S. 293.

20) Vgl. z.B. Green, A.: Industrialists Information Levels of Regional Incentives, in: Regional Studies, 11 (1977), S. 7-18 oder Pütz, K.: Hemmnisse und Hilfen für Unternehmensgründungen, Köln 1984.

21) Vgl. Schumpeter, J., a.a.O.
22) Vgl. dazu unsere Ausführungen im 1. Band des Arbeitskreises - Müller, K./Holst, M./Schultz, B., a.a.O.

23) Vgl. auch die Ausführungen von Hull, C.J. (1987, a.a.O., S. 311ff.) zur Bedeutung von lokalen Förderstrukturen und Intermediation für die Unternehmensentwicklung am Beispiel des Landkreises Borken im Münsterland.

24) Vgl. Müller, K./Holst, M./Schultz, B., a.a.O.

25) Vgl. hierzu ebenda und ausführlicher Müller, K./Holst, M.: Neue Technologien im Verarbeitenden Gewerbe Lippes - Stand, Hemmnisse und Möglichkeiten ihrer Förderung unter Berücksichtigung der speziellen Strukturprobleme, PROGNOS-Projektbericht, Basel 1987, S. 81-138.

26) Vgl. etwa Landesregierung Nordrhein-Westfalen: Zukunftstechnologien in Nordrhein-Westfalen, Düsseldorf 1984 oder Zenit GmbH: Arbeitsmappe zur Innovationsfinanzierung für kleine und mittlere Unternehmen in Nordrhein-Westfalen, 2. Aufl., Mühlheim 1987.

27) Vgl. Zenit GmbH, a.a.O.

28) Vgl. dazu auch Sandner, K.: Wirtschaftswissenschaftliche Fakultäten als Anbieter von Weiterbildungsveranstaltungen für Führungskräfte, in: Journal für Betriebswirtschaft, 37 (1987), S. 227ff.

29) Vgl. zu den Anpassungserfordernissen im Personalbereich u.a. Knetsch, W./Kliche, M.: Die industrielle Mikroelektronik - Anwendung im Verarbeitenden Gewerbe der Bundesrepublik Deutschland - Nationaler Teil, Haar bei München 1986, S. 89ff.

30) Vgl. Müller, K./Holst, M., a.a.O. - Materialband, S. 201ff.

31) Vgl. auch Sandner, K., a.a.O.

32) Vgl. dazu auch Maier, H.E., a.a.O. sowie Müller, K./Goldberger, E.: Unternehmenskooperation bringt Wettbewerbsvorteile - Notwendigkeit und Praxis zwischenbetrieblicher Zusammenarbeit in der Schweiz, Nationales Forschungsprogramm Nr.9 - Mechanismen und Entwicklung der Schweizerischen Wirtschaft, Zürich 1986.

33) Vgl. Eisbach, J.: Gründer- und Technologiezentren: Ein Aufbruch in kommunalpolitische Sackgassen?, in: Wirtschaftsdienst, Heft 2/1985, S.88ff.

oder Krist, H.: Der Beitrag von Technologiezentren zur Entwicklung technologieorientierter junger Unternehmen, ISI-Paper 17-85, Karlsruhe 1985.

34) Vgl. Schliebe, K.: Qualitätsstrukturen der regionalen Schienenerreichbarkeit, in: Informationen zur Raumentwicklung, Heft 4/5, 1986, S. 249 und derselbe: Regionalstatistische Informationen über Qualitätsstrukturen der regionalen Schienenerreichbarkeit, in: Informationen zur Raumentwicklung, Heft 4/5, 1986, S. 377ff.

35) Vgl. auch Initiative für einen besseren Nahverkehr Bielefeld (Hrsg): Konzeption für eine Regionalbahn Ostwestfalen-Lippe, Bielefeld 1987.

36) Vgl. dazu auch die ähnlich gelagerte (erfolgreiche) Ausrichtung im Falle des Landkreises Borken, in: Hull, C.J., a.a.O., S. 312f.

Regional differenzierte beschäftigungspolitische Strategien

Anhaltspunkte aufgrund vergleichender Arbeitsmarktbilanzen

von
Joachim Klaus und Klaus Georg Binder, Nürnberg

Gliederung

I. Differenzierte Beschäftigungspolitik und Typisierung regionaler Arbeitsmärkte

II. Die Frage nach regional unterschiedlichen Schwerpunkten von Beschäftigungspolitik

III. Regionale Belastungssituation und beschäftigungspolitische Anhaltspunkte

   1. Analytischer Rahmen

   2. Empirische Untersuchungsergebnisse für ausgewählte bayerische Planungsregionen

      a) Heterogene Entwicklungsbedingungen und Politikerfordernisse in den Agglomerationsräumen: München, Augsburg, Ingolstadt, Nürnberg
      b) Aufwärtsentwicklung versus strukturelle Gefährdungszunahme im ländlichen Raum: Landshut, Main-Rhön, Oberpfalz-Nord, Regensburg, Oberfranken-West

IV. Belastungsprofil, Strategieprofil und arbeitsmarkt- bzw. regionalpolitische Instrumentierung

Anmerkungen

I. Differenzierte Beschäftigungspolitik und Typisierung regionaler Arbeitsmärkte

Zu den ordnungspolitischen Grundentscheidungen für die Wahl und die Ausgestaltung einer beschäftigungspolitischen Konzeption gehört auch die Frage der Zulässigkeit einer regionalen Differenzierung der Beschäftigungspolitik. Für den Fall, daß die Entscheidung dahingehend getroffen ist, im Interesse einer größeren Wirksamkeit der Beschäftigungspolitik eine stärkere regionale Differenzierung der Maßnahmen[1] vorzunehmen, muß den unterschiedlichen Bedingungen auf den regionalen Arbeitsmärkten erhöhte Aufmerksamkeit gewidmet werden. Dies impliziert die Frage nach der Existenz und Charakteristik unterschiedlicher Typen regionaler Arbeitsmärkte. Im Vordergrund steht dann die Analyse regionsspezifischer Konstellationen und Entwicklungen der Nachfrage- und Angebotsseite sowie deren wichtigster Komponenten[2]. Diese Analyse ist bereits mit neueren Methoden durchgeführt worden[3]. Als theoretisches Hilfsmittel wurde hierfür auch das Instrument der vergleichenden Arbeitsmarktbilanzen entwickelt und empirisch auf die regionale Arbeitsmarktsituation in Bayern angewendet[4].

Das Konzept der vergleichenden Arbeitsmarktbilanz beruht darauf, das Arbeitsmarktergebnis einer Region tautologisch in Einzelkomponenten zu zerlegen. Vergleicht man diese Komponenten mit den entsprechenden Größen des Gesamtraumes, erhält man Auskunft darüber, welche Komponenten maßgeblich zu einem vom Gesamtraum abweichenden Ergebnis beigetragen haben. Ein solcher Vergleich setzt voraus, daß Unterschiede in der Größe der Arbeitsmärkte eliminiert werden. Es wäre daher naheliegend, die Arbeitslosenquote der offiziellen Statistik zum Ausgangspunkt eines Vergleichsansatzes zu wählen. Dies hätte aber den gravierenden Nachteil, daß bei einer additiven Komponentenbildung die Arbeitsangebotsseite nicht berücksichtigt werden könnte. Um die Arbeitsangebotsseite nicht auszuschließen, findet daher als Ausgangspunkt des Vergleichs die Differenz der Arbeitslosen je 1000 Einwohner zwischen einer Region und dem Gesamtraum Verwendung. Dieses "Gefälle" der normierten bevölkerungsbezogenen Arbeitslosigkeit ist nun in additive Einzelkomponenten aufzuspalten[5]. Dies geschieht auf der Grundlage des Potentialkonzepts. Allerdings waren regionsspezifische Potentialerwerbsquoten nicht zugänglich. Daher konnten nur die folgenden Komponenten gewonnen werden:

a) Bevölkerungsstruktureffekt BS (Niederschlag der regionalen Altersstruktur ohne Berücksichtigung regionaler Erwerbsbeteiligungswünsche),
b) Wanderungssaldeneffekt WS und
c) Pendlersaldeneffekt PS.

Bei der Aufschlüsselung der Arbeitsnachfrage mußte für die vorliegende regionale Analyse auf die sozialversicherungspflichtig Beschäftigten zurückgegriffen werden. Sie werden in der Gliederung Land- und Forstwirtschaft (Sektor 1), produzierendes Gewerbe (Sektor 2), Handel und Verkehr (Sektor 3) sowie sonstige Dienstleistungen (Sektor 4) ausgewiesen. In gleicher sektoraler Gliederung stehen auf regionaler Ebene Zahlen über die Bruttowertschöpfung zur Verfügung. Mittels der genannten Werte konnten für die Nachfrageseite folgende Komponenten ermittelt werden:

a) Produktionsstruktureffekt Pro (Niederschlag der regionsspezifischen sektoralen Produktionsstruktur auf die Arbeitsnachfrage)
b) Produktivitätsstruktureffekt Prod (Niederschlag der regionsspezifischen sektoralen Produktivitätsstruktur auf die Arbeitsnachfrage).

Die Restkomponente ergibt sich, indem vom jeweiligen (rechnerischen) Erwerbspersonenpotential die Zahl der sozialversicherungspflichtig Beschäftigten, die der registrierten Arbeitslosen sowie die Pendlersalden abgezogen wurden. Sie enthält demnach noch die Selbständigen und Mithelfenden, die Beamten, die stille Reserve sowie den Effekt aus den Abweichungen der regionalen tatsächlichen von den verwendeten bundesdurchschnittlichen Potentialerwerbsquoten. Stellt man die belastenden Effekte den entlastenden gegenüber, lassen sich auf dieser empirischen Basis vergleichende Arbeitsmarktbilanzen erstellen, indem die Abweichungen der regionalen Arbeitslosigkeit von derjenigen des Gesamtraums in die Abweichungen der jeweiligen regionalen Komponenten von den entsprechenden Komponenten des Gesamtraums aufgespalten werden. Die vergleichende Arbeitsmarktbilanz deckt somit Besonderheiten regionaler Arbeitsmärkte auf. Gleichstrukturierte Bilanzen weisen auf homogene Regionen hin. Konjunkturelle Einflüsse sind daran zu erkennen, daß das Bilanzmuster mit dem gesamtwirtschaftlichen Konjunkturzyklus variiert. Über Jahre hinweg unveränderte Bilanzmuster weisen auf eine im raumstrukturellen Gefüge unveränderte Position hin. Demgegenüber zeugen grundlegende Veränderungen der Bilanzmuster vom Einfluß des gesamtwirtschaftlichen Strukturwandels.

II. Die Frage nach regional unterschiedlichen Schwerpunkten von Beschäftigungspolitik

Mit Blick auf beschäftigungspolitische Strategien[6] stellt sich nunmehr die Frage, inwieweit aus den Mustern von Bestimmungskomponenten, die mit der verwendeten Methode identifiziert werden können, auch Anhaltspunkte für regional differenzierte Schwerpunkte der Beschäftigungspolitik gewonnen werden können[7].

Nimmt man eine Abstufung möglicher regionalspezifischer beschäftigungspolitischer Strategien nach dem Grad ihrer Selektivität[8] und Intensität vor, so ergibt sich in grober Vereinfachung eine systematische Reihung, die sich auf verschieden zusammengesetzte Maßnahmenbündel bezieht, die ihrerseits auch jeweils unterschiedliche ordnungspolitische Beurteilung bzw. Rechtfertigung erfahren müssen (Schaubild 1).

Schaubild 1: Abstufung möglicher regionalspezifischer Schwerpunkte der Beschäftigungspolitik nach Selektivität und Intensität der Maßnahmen

Subventionierte Wiedereinstellung Arbeitsloser
───

Zunehmende Selektivität und Intensität ↑

Betriebliche Soforthilfen und Stützungsmaßnahmen

Forcierte Unterstützung innerbetrieblicher Umstellungen

Impulse und Förderungsmaßnahmen zum mittel- und langfristigen Umbau der Sektor- und Branchenstruktur

Unterstützung des autonomen, bereits in Gang befindlichen Strukturwandels

Verstärkte konjunkturelle Stützung

───
Regional undifferenzierte Beschäftigungspolitik

Im folgenden sollen die Bilanzergebnisse exemplarisch in drei Schritten daraufhin analysiert werden, inwieweit die Besonderheiten in einzelnen Regionen jeweils schwerpunkthaft verschiedene Strategien im Sinne der hier zugrunde gelegten Systematik erfordern, sofern eine Verbesserung der regionalen Arbeitsmarktsituation tatsächlich angestrebt wird und entsprechende Maßnahmen ordnungspolitisch akzeptiert werden:

Im ersten Schritt sind die zeitlichen Entwicklungsverläufe der vergleichenden Arbeitsmarktbilanzen wichtiger Regionen zu untersuchen und die aus Produktions- (d.h. Güternachfrage-) sowie Produktivitätsentwicklung stammenden Wirkungen auf die Arbeitsnachfrage einander typenhaft gegenüberzustellen[9].

Danach sind in einem zweiten Schritt diese beiden Komponenten der Arbeitsnachfrage zu disaggregieren und jeweils die Einflüsse der Produktions- und Produktivitätsentwicklung in vier Sektoren getrennt über den Untersuchungszeitraum hinweg zu verfolgen[10].

Schließlich ist in einem dritten Schritt der Arbeitsangebotseffekt in seiner zeitlichen Entwicklung in die Analyse einzubeziehen, der sich jeweils aus der regionalspezifischen Altersgruppenbesetzung der Bevölkerung ergibt.

Es ist zu prüfen, inwieweit sich aus dem empirischen Bild, das in den drei Schritten gezeichnet wird, tatsächlich exemplarisch Anhaltspunkte für eine differenzierte Beschäftigungspolitik gewinnen lassen, die den besonderen Entwicklungsbedingungen der unterschiedlichen Regionen Rechnung trägt.

III. Regionale Belastungssituation und beschäftigungspolitische Anhaltspunkte

1. Analytischer Rahmen

Um die besonderen Bedingungen der verschiedenen Regionen systematisch vergleichen zu können, müssen als erstes die zeitlichen Verläufe[11] der Belastungs- und Entlastungseffekte, die von der Produktions- und Produktivitätsentwicklung ausgehen, in ihren unterschiedlichen Konstellationen herangezogen werden. Dabei ist auch von Bedeutung, durch welche spezifischen personalpolitischen Entscheidungen bestimmte Entwicklungen der Produktivitätskomponente (mit-)determiniert werden (Halten von im Betrieb unterbeschäftigten Arbeitskräften einerseits, Abbau von Personal oder Betriebsstillegungen anderseits). In einer solchen Kombinatorik lassen sich stark unterschiedliche Entwicklungsmuster aufdecken.

So ist ein wichtiger Fall etwa dadurch charakterisiert, daß eine längerfristige überdurchschnittliche Arbeitsmarktbelastung infolge ungünstiger Güternachfrageentwicklung gleichzeitig mit einer stetigen relativen Produktivitätsverschlechterung einhergeht. (Die negativen Auswirkungen einer wachsenden Benachteiligung auf seiten der Güternachfrage werden somit durch die schlechte Produktivitätsentwicklung jeweils kurzfristig gemildert.)

Liegt eine solche Konstellation von Güternachfrage- und Produktivitätsentwicklung in einer Region vor, so handelt es sich eindeutig um eine vom Strukturwandel benachteiligte Region. Der Produktivitätsverfall ist mit großer Wahrscheinlichkeit auf eine Unterauslastung des vorhandenen Kapitalstocks sowie des in den Betrieben noch gehaltenen Personals zurückzuführen. In der mittel- bis langfristigen Perspektive ist wohl damit zu rechnen, daß es in der Region zu Betriebsstillegungen größeren Ausmaßes kommen wird. Dies hätte fatale Folgen für den regionalen Arbeitsmarkt, wenn es beschäftigungspolitisch nicht gelingt, adäquate Gegenmaßnahmen zu ergreifen. Zu solchen Maßnahmen gehören hier vor allem Hilfen und Impulse für gezielte und konsequente betriebliche Umstellungen.

Ein noch problematischerer Fall liegt vor, wenn die zunehmende Güternachfrageschwäche von einer (fallweise sprunghaft auftretenden) Verbesserung der Produktivität begleitet wird. Die negativen Auswirkungen des Güternachfrageverfalls auf den Arbeitsmarkt werden also noch zusätzlich durch den Produktivitätsanstieg verstärkt. Hier liegt die Vermutung nahe, daß eine Stillegung unrentabel gewordener Betriebe für diese Entwicklung verantwortlich ist. Erweist sie sich als richtig, sind rasche Maßnahmen erforderlich. Regionen, die ein derartiges Entwicklungsmuster aufweisen, haben gegenüber allen anderen Regionen im Hinblick auf die Beschäftigungspolitik Vorrang. "Feuerwehrmaßnahmen" haben hier Priorität.

Selbst in nicht so dramatischen Situationen ist bei Produktivitätsverschlechterungen die Sektorstruktur des Teilraumes zu überdenken im Hinblick auf eine Verbesserung der Anteile von sekundärem und tertiärem Sektor und die Förderung eines industriellen Branchenbesatzes, der im Gesamtraum vorhandene positive Entwicklungstendenzen auf den Teilraum zu übertragen oder/und lokale Standortgunst auszunutzen vermag.

Eine charakteristisch günstige Situation gegenüber den beiden erstgenannten Fällen ist gegeben, wenn in der Region eine stark aufwärts gerichtete Entwicklung der Güternachfrage mit einer gleichzeitigen relativen Produktivitätsverbesserung einhergeht. Hier handelt es sich offensichtlich um einen vom Strukturwandel begünstigten Raum. Wachstumsbetriebe mit günstiger Produktivitätsentwicklung kennzeichnen die Region. Damit ist allerdings noch nicht gesagt, ob es sich dabei auch um vorwiegend "arbeitsmarktfreundliche" Betriebe handelt, ob also ihr Produktionswachstum größer ist als ihr Produktivitätswachstum und damit zusätzliche Arbeitsplätze tatsächlich entstehen. In derartigen, vom Strukturwandel begünstigten Regionen brauchen gezielte beschäftigungspolitische Maßnahmen also nur in Sonderfällen überlegt zu werden. Allgemeine Maßnahmen zur Verbesserung der Funktionsfähigkeit des Arbeitsmarktes erübrigen sich damit freilich keineswegs.

Im Hinblick auf den Zusammenhang zwischen Konjunkturverlauf und den Bestimmungskomponenten regionaler Arbeitslosigkeit müssen die Beobachtungsergebnisse ergänzt werden, um entsprechende beschäftigungspolitische Hinweise zu gewinnen:

Ist ein Raum sehr konjunkturreagibel, kommt es im Konjunkturabschwung zu einer zunehmenden Belastung von seiten der Güternachfrage bei gleichzeitig zunehmender "Entlastung" von seiten der Produktivität; nach Überwindung der Talsohle kehrt sich die Entwicklung um. Soll der konjunkturelle Einbruch nicht allzu stark auf den regionalen Arbeitsmarkt durchschlagen, muß die Beschäftigungspolitik regional gezielte konjunkturelle Fördermaßnahmen ergreifen.

Konjunkturell weniger anfällige Regionen sind daran erkennbar, daß sich im Konjunkturabschwung die relative Belastung seitens der Güternachfrage sogar verringert und sich die Produktivität vergleichsweise günstig entwickelt. Ein derartiges Entwicklungsmuster ist aufgrund der gewählten methodischen Vorgehensweise durchaus plausibel. Die dominanten Wirtschaftsräume beeinflussen den bayerischen Landesdurchschnitt maßgeblich; sobald sich diese dominanten Wirtschaftsräume als stark konjunkturreagibel erweisen, führt dies zwangsläufig in den weniger konjunkturanfälligen, aber auch weniger dominanten Wirtschaftsräumen zu einer relativen Verbesserung von Produktion und Produktivität.

Mittels einer Matrix, die derartige unterschiedliche Konstellationen ordnet, läßt sich

Schaubild 2:
Matrixschema für regionales Belastungsprofil

Güternachfrage Produktivität	trendhafte Verschlechterung	Schwankungen bzw. ambivalente Charakteristik	trendhafte Verbesserung	lediglich konjunkturbedingte Verschlechterung
Schockartige Verbesserung infolge von Personalabbau bzw. Betriebsstillegungen				
trendhafte Verschlechterung				
Schwankungen bzw. ambivalente Charakteristik				
trendhafte Verbesserung				
lediglich konjunkturbedingte Verschlechterung				

eine Darstellung des regionalen Belastungsprofils vorbereiten, das aufgrund der nachfolgenden empirischen Analyse die Charakteristik der Entwicklungsbedingungen der Teilarbeitsmärkte vereinfachend wiedergibt (Schaubild 2). Aussagen über die angebotsseitigen Einflüsse der Altersstruktur der Bevölkerung, zugleich auch als Hinweis auf mögliche Behinderungen des Strukturwandels, müssen unter diesem Gesichtspunkt ergänzend herangezogen werden.

2. Empirische Untersuchungsergebnisse für ausgewählte bayerische Planungsregionen

Von dieser, im weiteren zu schildernden Charakteristik sollen Anhaltspunkte dafür hergeleitet werden, welcher Typus von regionaler Beschäftigungspolitik (siehe Schaubild 1) im Prinzip am ehesten für einzelne konkrete Regionen in Erwägung zu ziehen ist. Voraussetzung für eine derartige Aussage ist jedoch die zusätzliche Kenntnis der jeweiligen Produktions- und Produktivitätsbedingungen in den Einzelsektoren, da sich hieraus gegebenenfalls besondere strukturelle Entwicklungsschwächen der Teilräume lokalisieren lassen[12]. Besondere strukturelle Entwicklungsprobleme spiegeln sich auch auf seiten des Arbeitsangebots, dessen Alterszusammensetzung und deren zeitlicher Verlauf eng in Beziehung stehen zu den bestehenden wirtschaftlichen Anreizen und Umstrukturierungsmöglichkeiten in den Regionen[13].

a) Heterogene Entwicklungsbedingungen und Politikerfordernisse in den
   Agglomerationsräumen: München, Augsburg, Ingolstadt, Nürnberg

Die Planungsregion 14 (München) ist in Relation zum bayerischen Landesdurchschnitt im gesamten Untersuchungszeitraum überproduktiv (Schaubild 3a). Von seiten der Güternachfrage (wenn von Güternachfrage die Rede ist, ohne daß ein Sektor näher spezifiziert wird, sind immer sowohl Güter als auch Dienstleistungen gemeint) wird die Region stark begünstigt, was für die relativ gute Arbeitsmarktsituation der Region ursächlich ist. Im Zeitablauf zeigt sich sowohl bei der Güternachfrage als auch bei der Arbeitsproduktivität eine trendhafte Verbesserung. In den beiden letzten Jahren des Untersuchungszeitraums verbessert sich darüber hinaus auch die ohnehin relativ günstige Arbeitsmarktsituation der Region. Einbrüche bei der Güternachfrage und der Arbeitsproduktivität zeigen sich während der Rezession, was München als konjunkturreagible Region kennzeichnet. Auf die relativ günstige Arbeitsmarktsituation Münchens insgesamt bleibt jedoch diese Konjunkturreagibilität ohne Einfluß.

Die besonders günstige sektorale Basis des langfristigen Prozesses der Aufwärtsentwicklung zeigt sich darin, daß nicht in erster Linie das Produzierende Gewerbe, sondern Handel und Verkehr sowie die sonstigen Dienstleistungen die Entwicklung tragen. Zu welchem Grad diese Entwicklung als "gesund" bewertet werden muß, ergibt sich auch daraus, daß der Sektor der sonstigen Dienstleistungen in diesem Raum überdurchschnittlich produktiv ist, mit permanent steigender Tendenz.

München stellt somit einen gesunden Ballungsraum dar. Ein besonderer beschäftigungspolitischer Handlungsbedarf ist im Vergleich zu anderen Planungsregionen nicht erkennbar. Lediglich in der Rezession erscheinen konjunkturpolitische Fördermaßnahmen erforderlich.

Diese Aussage wird auch im ganzen gestützt durch die Betrachtung spezifischer, von der Bevölkerungsstruktur ausgehender Arbeitsmarkteinflüsse. Dazu wird im folgenden auf den Altersgruppeneffekt zurückgegriffen. Dieser gibt den Einfluß an, der von der Besetzung der einzelnen Altersgruppen nach Maßgabe der bundesdurchschnittlichen Potentialerwerbsquoten auf das Arbeitsangebot ausgeht. In München ist der Altersgruppeneffekt der 15- bis 25jährigen in Relation zum bayerischen Landesdurchschnitt schwach. Während des gesamten Untersuchungszeitraums zeigen sich in dieser Altersklasse keine signifikanten Veränderungen. Die Gruppe der 25- bis 45jährigen ist nach dieser Rechnung stark überrepräsentiert, allerdings mit abnehmender Tendenz. Hinsichtlich der 45- bis 65jährigen zeigt sich eine relative Entlastung, die jedoch im Zeitablauf abnimmt. München läßt somit eine leichte Tendenz zum Abbau der bisher aus der relativ jugendlichen Altersstruktur resultierenden Vorteile erkennen. Daher

Schaubild 3a:
Komponenten der vergleichenden
Arbeitsmarktbilanz in zeit-
licher Entwicklung
Planungsregion 14 (München)

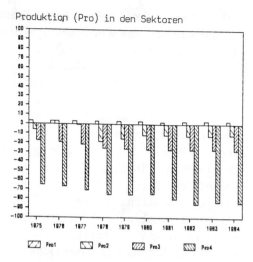

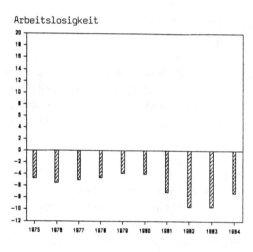

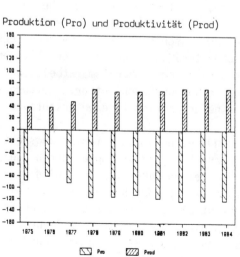

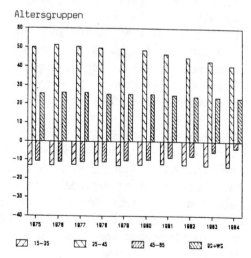

droht die Gefahr, daß in einer Rezession in Zukunft mehr 45- bis 65jährige freigesetzt werden als bisher. Da Arbeitslose dieser Altersklasse nur schwer wieder in den Arbeitsprozeß eingegliedert werden können, besteht im Raum München die Gefahr, daß sich im Falle einer Rezession ein Sockel an Arbeitslosen herausbildet, der sich zumindest mittelfristig verfestigt.

Bei der Planungsregion 9 (Augsburg) zeigt sich ein ganz spezifischer Entwicklungsverlauf (Schaubild 3b). Zu Beginn des Untersuchungszeitraums ergibt sich eine zunehmende Belastung infolge eines Güternachfrageverfalls. Gleichzeitig ist ein Produktivitätsverfall erkennbar, was den regionalen Arbeitsmarkt tendenziell entlastet. Von 1978 bis 1982 schlägt die Entwicklung genau ins Gegenteil um. Güternachfrage und Produktivität entwickeln sich positiv. Die Arbeitsmarktsituation in der Region gestaltet sich in Relation zum bayerischen Landesdurchschnitt immer besser. Ab 1982 zeigt sich jedoch wieder das gleiche Bild wie zu Beginn des Untersuchungszeitraums. Bei der Planungsregion 9 handelt es sich um einen zunächst vom Strukturwandel benachteiligten, dann begünstigten und schließlich wieder benachteiligten Raum.

Bei sektoraler Differenzierung erkennt man, daß die Entwicklung stark schwerpunktartig vom Produzierenden Gewerbe bestimmt wird, daneben aber auch von Handel und Verkehr. Dagegen ergibt sich bei der Nachfrage nach sonstigen Dienstleistungen während des gesamten Untersuchungszeitraums eine stetige Verschlechterung.

Sektorale Umstrukturierungsmaßnahmen erscheinen angebracht, um die nach wie vor relativ günstige Arbeitsmarktsituation zu stabilisieren. Dabei sollte dem Sektor der sonstigen Dienstleistungen besondere Beachtung geschenkt werden.

Im Raum Augsburg ist der Altersgruppeneffekt der 15- bis 25jährigen zu Beginn des Untersuchungszeitraums geringfügig unter-, später geringfügig überdurchschnittlich. Die Altersklasse der 25- bis 45jährigen ist vergleichsweise schwach besetzt. Signifikante Veränderungen lassen sich hier während des gesamten Untersuchungszeitraums nicht beobachten. Hinsichtlich der älteren Arbeitnehmer zeigt sich eine schrittweise Abnahme der Arbeitsmarktbelastung. In der Region Augsburg ist eine Tendenz zur Verjüngung beobachtbar. Sektorale Umstrukturierungsmaßnahmen erfahren somit eine angebotsseitige Unterstützung.

Die Planungsregion 10 (Ingolstadt) ist während des gesamten Untersuchungszeitraums durch weit überdurchschnittliche Güternachfragegunst sowie durch weit überdurchschnittliche Arbeitsproduktivität gekennzeichnet (Schaubild 3c). Insgesamt zeigt sich jedoch eine relative Belastung durch Arbeitslosigkeit, welche im Zeitablauf mehr oder weniger konstant bleibt. Ingolstadt ist ebenso wie München eine konjunkturkrisenanfällige Region, was in starken Einbrüchen bei Güternachfrage und Arbeitsproduktivität während der Rezession zum Ausdruck

Schaubild 3b:
Komponenten der vergleichenden
Arbeitsmarktbilanz in zeit-
licher Entwicklung
Planungsregion 9 (Augsburg)

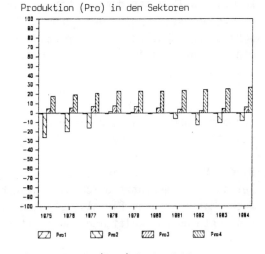

Arbeitslosigkeit

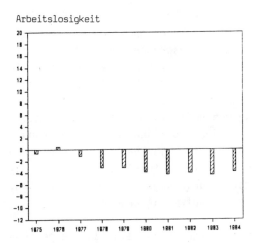

Produktivität (Prod) in den Sektoren

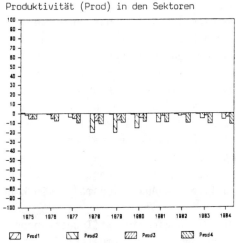

Produktion (Pro) und Produktivität (Prod)

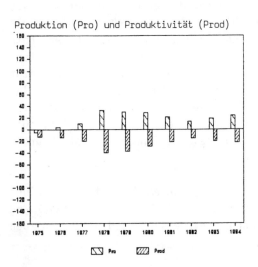

Altersgruppen

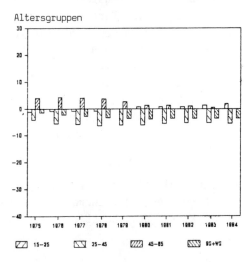

kommt. Ab 1978 ist darüber hinaus eine trendhafte Verschlechterung der Güternachfragegunst sowie der Arbeitsproduktivität feststellbar, was darauf schließen läßt, daß es sich bei der Region Ingolstadt um einen vom Strukturwandel benachteiligten Raum handelt.

Soll eine effiziente Arbeitsmarktpolitik in dieser Region betrieben werden, so ist es erforderlich, während der Rezession schwerpunktmäßig konjunkturelle Fördermaßnahmen zu ergreifen und in der langfristigen Perspektive auf eine schrittweise Umstrukturierung der Produktion hinzuarbeiten.

Diese Forderung an die Regional- und Beschäftigungspolitik wird in sektoraler Betrachtung gestützt durch die Tatsache, daß sowohl Handel und Verkehr als auch die sonstigen Dienstleistungen für einen zu entwickelnden Ballungsraum eine unterdurchschnittliche Ausstattung aufweisen.

Die in der langfristigen Perspektive erforderliche Umstrukturierung der Produktion ist jedoch nur dann möglich, wenn das Erwerbspersonenpotential ausreichend flexibel ist. Im Raum Ingolstadt ist der Altersgruppeneffekt der 15- bis 25jährigen überdurchschnittlich stark, allerdings mit abnehmender Tendenz. Die Altersklasse der 25- bis 45jährigen ist im Vergleich zum bayerischen Landesdurchschnitt etwas stärker besetzt. Das Gegenteil ist bei der Altersklasse der 45- bis 65jährigen der Fall. Der Altersgruppeneffekt weist bei den beiden letztgenannten Altersklassen im Zeitablauf keine signifikanten Veränderungen auf. Die Tatsache, daß er jedoch gerade für die 15- bis 25jährigen, von denen man annimmt, daß sie am flexibelsten sind, im Verhältnis zum Landesdurchschnitt abnimmt, kann den Erfolg von Umstrukturierungsmaßnahmen gefährden. Qualitative Ausgleichsmaßnahmen können sich als notwendig erweisen.

Die Planungsregion 7 (Industrieregion Mittelfranken) zeigt ein ganz eigentümliches Entwicklungsmuster (Schaubild 3d). Phasen, die gekennzeichnet sind von einer sukzessiven Verschlechterung sowohl hinsichtlich der Güternachfrage als auch hinsichtlich der Produktivität, werden von Phasen mit umgekehrter Entwicklung in stetem Wechsel abgelöst. In den letzten beiden Jahren des Untersuchungszeitraums ist eine Verbesserung bei Güternachfrage und Produktivität beobachtbar. Die Situation auf dem regionalen Arbeitsmarkt hat sich in Relation zum bayerischen Landesdurchschnitt ständig verschlechtert. Erst das letzte Jahr des Untersuchungszeitraums bringt eine Verbesserung mit sich. Die Industrieregion Mittelfranken zeigt somit eine leichte Tendenz zur strukturellen Gesundung.

Die sektoral differenzierte Analyse zeigt, in welch hohem Maße die Entwicklung des Produzierenden Gewerbes das Gesamtbild prägt. Eine positive Entwicklung des Sektors der sonstigen Dienstleistungen zeigte sich lediglich in den

Schaubild 3c:
Komponenten der vergleichenden
Arbeitsmarktbilanz in zeit-
licher Entwicklung
Planungsregion 10 (Ingolstadt)

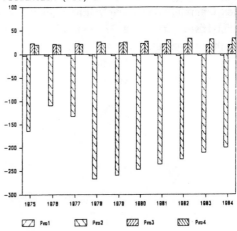

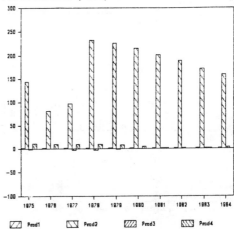

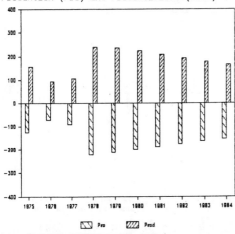
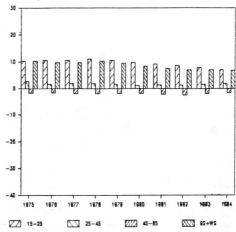

Schaubild 3d:
Komponenten der vergleichenden Arbeitsmarktbilanz in zeitlicher Entwicklung
Planungsregion 7 (Industrieregion Mittelfranken)

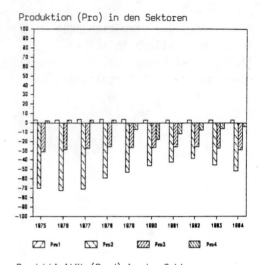
Produktion (Pro) in den Sektoren

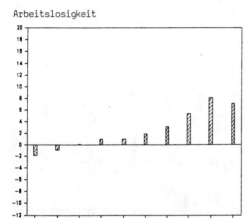
Arbeitslosigkeit

Produktivität (Prod) in den Sektoren

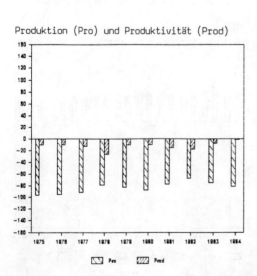
Produktion (Pro) und Produktivität (Prod)

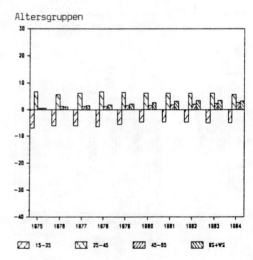
Altersgruppen

Jahren 1978 bis 1980. Ab diesem Zeitpunkt schlug die Entwicklung wieder ins Gegenteil um.

In der Planungsregion 7 müssen sektorale Umstrukturierungsmaßnahmen durchgeführt werden, soll das relativ ungünstige Arbeitsmarktergebnis nachhaltig verbessert werden. Die Entwicklung in den beiden letzten Jahren stimmt hoffnungsvoll, es wäre aber wohl noch zu früh, von einem sich selbst tragenden langfristigen Strukturwandel zu sprechen. Die Tatsache, daß sich der Sektor der sonstigen Dienstleistungen in den letzten Jahren des Untersuchungszeitraums ungünstig entwickelt, deutet auch nicht gerade darauf hin, daß es sich hier um einen gesunden Ballungsraum handelt.

In der Industrieregion Mittelfranken ist die Altersklasse der 15- bis 25-jährigen relativ schwach besetzt. Dagegen ist die Klasse der 25- bis 45-jährigen überrepräsentiert. Während des gesamten Untersuchungszeitraums ist in beiden Altersklassen keine signifikante Veränderung erkennbar. Die Arbeitsmarktbelastung seitens der 45- bis 65jährigen nimmt sukzessive zu. Das Erfordernis der Umstrukturierung der Produktion und der sich ungünstig auswirkende Altersgruppeneffekt passen nicht zueinander. Insofern können Umstrukturierungsmaßnahmen eine Restriktion durch ein relativ wenig flexibles Erwerbspersonenpotential erfahren.

b) Aufwärtsentwicklung versus strukturelle Gefährdungszunahme im ländlichen Raum: Landshut, Main-Rhön, Oberpfalz-Nord, Regensburg, Oberfranken-West

Die Planungsregion 13 (Landshut) ist unter den ländlich geprägten Regionen eine vom Strukturwandel begünstigte Region, was in einer sinkenden Belastung des regionalen Arbeitsmarkts infolge steigender Güternachfrage und in einer entsprechend sinkenden Entlastung infolge steigender Arbeitsproduktivität zum Ausdruck kommt (Schaubild 3e). Gleichzeitig entwickelt sich die relative Stellung Landshuts im Hinblick auf das Arbeitsmarktergebnis positiv.

Deutlicher Träger der Entwicklung ist das Produzierende Gewerbe, jedoch zeigt sich ab 1978 ein Nachzieheffekt bei Handel und Verkehr, der ebenfalls die günstige Güternachfrageentwicklung mit beeinflußt. Daß es sich um eine "gesunde" regionale Entwicklung handelt, läßt sich auch an der positiven Produktivitätsentwicklung der beiden Sektoren ablesen.

Zwar ist angesichts der befriedigenden Situation zunächst nur zu fordern, daß die günstigen Bedingungen für den sekundären Sektor sowie für Handel und Verkehr erhalten bleiben; da der quartäre Sektor jedoch kaum eine Verbesserung erkennen läßt, sind längerfristig gezielte, sektorspezifische Fördermaßnahmen angebracht, um die Entwicklung auf der ganzen Linie zu stärken.

Schaubild 3e:
Komponenten der vergleichenden
Arbeitsmarktbilanz in zeit-
licher Entwicklung
Planungsregion 13 (Landshut)

Produktion (Pro) in den Sektoren

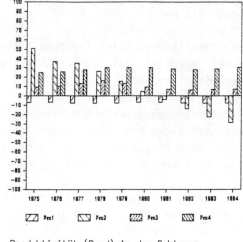

Arbeitslosigkeit

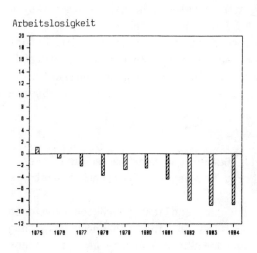

Produktivität (Prod) in den Sektoren

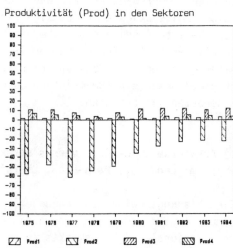

Produktion (Pro) und Produktivität (Prod)

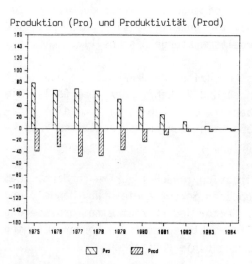

Altersgruppen

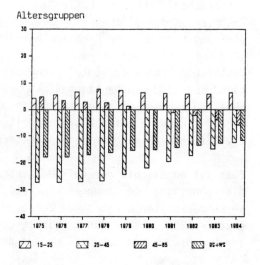

234

Die besondere Dynamik und Flexibilität der Region Landshut findet Unterstützung von seiten der Altersstruktur. Die Altersklasse der 15- bis 25jährigen ist überrepräsentiert; während des Untersuchungszeitraums erweist sich die Besetzung dieser Altersklasse als relativ konstant. Die Altersklasse der 25- bis 45jährigen ist zwar in Relation zum Landesdurchschnitt nur sehr schwach besetzt, jedoch zeigt sich hier im Zeitablauf eine deutliche Zunahme. Dagegen wird das Gewicht der 45- bis 65jährigen sukzessive geringer. Während zu Beginn des Untersuchungszeitraums diese Altersklasse überrepräsentiert ist, ist sie gegen Ende sogar unterrepräsentiert. In Landshut ist somit eine Tendenz zur Verjüngung offensichtlich, was eine bedeutsame Komplementärentwicklung für die Region darstellt.

Die Planungsregion 3 (Main-Rhön) zeigt sich in der vorliegenden, auf den Landesdurchschnitt bezogenen Vergleichsrechnung relativ wenig konjunkturkrisenanfällig (Schaubild 3f). Ein derartiges Entwicklungsmuster ist aus bereits angedeuteten Gründen plausibel. Die dominanten Wirtschaftsräume beeinflussen den bayerischen Landesdurchschnitt maßgeblich. Erweisen sich diese Räume als stark konjunkturreagibel, so führt dies rechnerisch zwangsläufig in den weniger dominanten Wirtschaftsräumen zu einer relativen Verbesserung von Produktion und Produktivität.

Die Region befand sich in den Jahren 1978 bis 1982 in einer Phase des Strukturwandels. Das läßt sich daraus schließen, daß während dieses Zeitraums eine stetige Verbesserung bei Güternachfrage und Produktivität zu beobachten ist. Daß der herausgebildete Sockel an Arbeitslosigkeit in diesen Jahren nicht abgebaut werden konnte, kann darauf zurückzuführen sein, daß sich die schon lange in der Region ansässigen oder/und neu hinzugekommenen Betriebe "arbeitsmarktunfreundlich" verhalten haben, d.h. ihr Produktivitätswachstum überstieg ihr Produktionswachstum. Es ergaben sich somit keine positiven Effekte auf dem Arbeitsmarkt. Selbst Wachstumsvorgänge, die eine günstige Entwicklung der Wertschöpfung bewirkten, führten somit wegen der wenig arbeitsintensiven Produktionsweise zu keiner Verbesserung auf dem Arbeitsmarkt. An dieser Stelle wird ein Konflikt zwischen regionaler Entwicklungspolitik und Beschäftigungspolitik erkennbar. In den letzten beiden Jahren des Untersuchungszeitraums verschlechtern sich Güternachfrage und Produktivität. Der skizzierte Strukturwandel kommt also zu einem - zumindest - vorläufigen Ende.

Die Nachfrage- und Produktivitätsentwicklung in der Region ist in erheblichem Maße auf den sekundären Sektor zurückzuführen. Bei den sonstigen Dienstleistungen ist sowohl hinsichtlich der Güternachfrage als auch hinsichtlich der Produktivität eine sukzessive Verschlechterung beobachtbar. Demgegenüber sind bei Handel und Verkehr vergleichsweise wenig relative Veränderungen festzustellen.

Schaubild 3f:
Komponenten der vergleichenden
Arbeitsmarktbilanz in zeitlicher Entwicklung
Planungsregion 3 (Main-Rhön)

Produktion (Pro) in den Sektoren

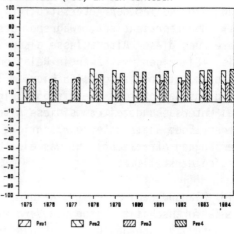

Arbeitslosigkeit

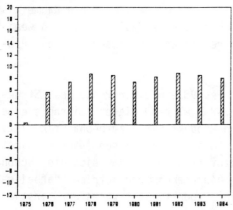

Produktivität (Prod) in den Sektoren

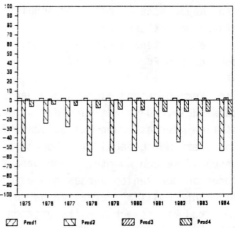

Produktion (Pro) und Produktivität (Prod)

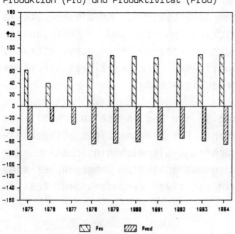

Altersgruppen

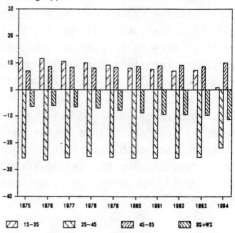

236

Will man die Arbeitslosigkeit in dieser Region erfolgreich bekämpfen, so ist ein Strukturumbau erforderlich. Dieser sollte sich in erster Linie auf den sekundären Sektor, jedoch auch auf die sonstigen Dienstleistungen konzentrieren.

Die demographischen Probleme, auf die eine derartige Umstrukturierung stößt, werden bei der Betrachtung der Altersgruppeneffekte deutlich. In dieser Region ist die Altersklasse der 15- bis 25jährigen überrepräsentiert, allerdings mit abnehmender Tendenz. Demgegenüber sind die 25- bis 45jährigen in Relation zum bayerischen Landesdurchschnitt stark unterrepräsentiert. Das Gegenteil ist bei der Bevölkerung im Alter von 45 bis 65 Jahren der Fall. Somit ist im Raum Main-Rhön sowohl eine ungünstige Altersstruktur als auch die Gefahr ihrer weiteren Verschlechterung erkennbar. Die Erfolgsaussichten eines Strukturwandels in der geforderten Richtung sind von daher nicht allzu günstig.

Bei der Planungsregion 6 (Oberpfalz Nord) ist über den gesamten Untersuchungszeitraum hinweg sowohl bei der Güternachfrage als auch bei der Arbeitsproduktivität eine trendhafte Verschlechterung feststellbar (Schaubild 3g). Es handelt sich somit um eine vom Strukturwandel stark benachteiligte Region.
Schaubild 3g

Die zunehmende Belastung von seiten der Güternachfrage geht vor allem auf den sekundären Sektor sowie die sonstigen Dienstleistungen zurück. Für die stetig zunehmende Produktivitätsverschlechterung zeichnen alle Sektoren gemeinsam verantwortlich, wobei dem sekundären Sektor die dominierende Rolle zufällt.

Ein ähnliches Entwicklungsmuster läßt sich bei der Planungsregion 11 (Regensburg) beobachten (Schaubild 3h). Auch hier liegt über den gesamten Untersuchungszeitraum hinweg eine trendhafte Verschlechterung der Güternachfrage in Relation zum bayerischen Landesdurchschnitt vor. Gleiches gilt für die Entwicklung der Arbeitsproduktivität. Die Planungsregion 11 ist somit ebenso wie die Planungsregion 6 eine vom Strukturwandel stark benachteiligte Region.

Die Benachteiligung ist auch hier sowohl dem sekundären Sektor als auch den sonstigen Dienstleistungen anzulasten. Zwar können Handel und Verkehr in den letzten Jahren auf eine relative Zunahme von Nachfrage und Produktivität verweisen; diese positive Entwicklung reicht jedoch nicht aus, um die räumliche Gesamtentwicklung ins Gegenteil zu verkehren.

In beiden betrachteten Regionen sind somit sektorale Umstrukturierungsmaßnahmen einzuleiten, wobei auch besonders intrasektorale Maßnahmen (z.B. Produktivitätsförderung) zugunsten des Produzierenden Gewerbes ergriffen werden sollten.

Schaubild 3g:
Komponenten der vergleichenden
Arbeitsmarktbilanz in zeit-
licher Entwicklung
Planungsregion 6 (Oberpfalz-Nord)

Produktion (Pro) in den Sektoren

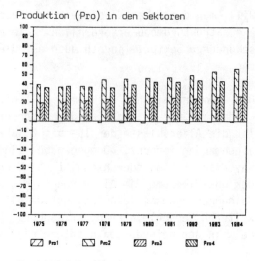

Arbeitslosigkeit

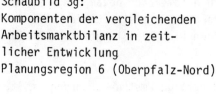

Produktivität (Prod) in den Sektoren

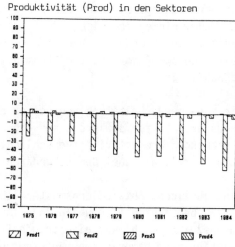

Produktion (Pro) und Produktivität (Prod)

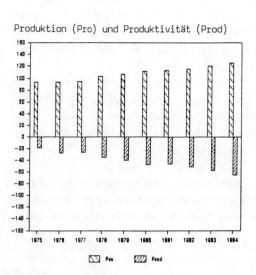

Altersgruppen

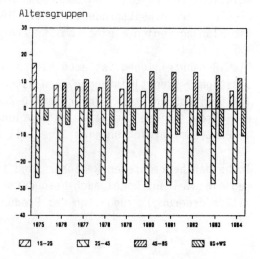

Schaubild 3h:
Komponenten der vergleichenden
Arbeitsmarktbilanz in zeitlicher Entwicklung
Planungsregion 11 (Regensburg)

Produktion (Pro) in den Sektoren

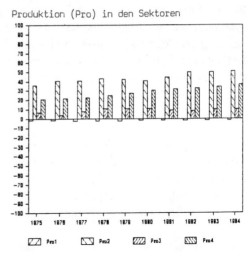

Arbeitslosigkeit

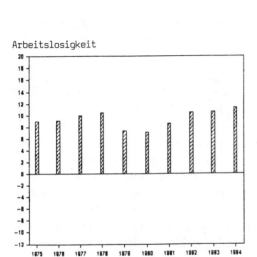

Produktivität (Prod) in den Sektoren

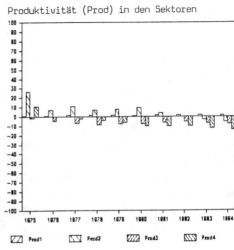

Produktion (Pro) und Produktivität (Prod)

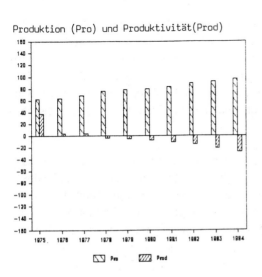

Altersgruppen

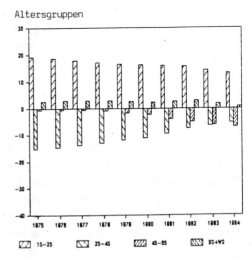

Diese vergleichsweise ähnlichen Erfordernisse finden jedoch von seiten der demographischen Gegebenheiten in sehr unterschiedlichem Maße Unterstützung. In der Region Oberpfalz-Nord sind die 25- bis 45jährigen stark unterrepräsentiert und zusätzlich die 45- bis 65jährigen überrepräsentiert. Darüber hinaus nahm die Gruppe der 15- bis 25jährigen über viele Jahre hinweg relativ ab. Die Region Oberpfalz-Nord neigt somit zur Überalterung, was sich auf den dringend benötigten Strukturwandel stark negativ auswirken muß.

Im Unterschied hierzu sind in der Region 11 vergleichsweise stark gegenläufige Tendenzen zu beobachten. Zwar sind auch hier die 25- bis 45jährigen unterrepräsentiert und die 15- bis 25jährigen im Vergleich zum Landesdurchschnitt leicht abnehmend. Jedoch zeigt der Trend bei den 25- bis 45jährigen deutlich nach oben und für die älteren Arbeitnehmer deutlich nach unten.

Diese demographische Situation läßt sektorale Umstrukturierungsmaßnahmen im Raum Regensburg wesentlich erfolgversprechender erscheinen als in der Nachbarregion Oberpfalz-Nord.

Die Planungsregion 4 (Oberfranken West) fällt im Vergleich zu den anderen Planungsregionen aus dem Rahmen (Schaubild 3i). Sie hat während des gesamten Untersuchungszeitraums hinsichtlich der Güternachfrage eine stetige Verschlechterung in Relation zum bayerischen Landesdurchschnitt zu verzeichnen. Mit Ausnahme der Jahre 1980 bis 1982 gilt dies auch für die Entwicklung der Arbeitsproduktivität. Im Zeitraum von 1980 bis 1982 hat sich die Arbeitsproduktivität bei gleichzeitiger Verschlechterung der Güternachfrage verbessert. Da zur gleichen Zeit die Arbeitslosigkeit in Relation zum bayerischen Landesdurchschnitt sprunghaft in die Höhe schnellt, deutet eine derartige Entwicklung auf einen Selektionsprozeß bei den ansässigen Betrieben hin, der zu Betriebsstillegungen geführt hat.

Die relativ ungünstige Güternachfrageentwicklung schlägt sich, abgesehen vom primären Sektor, bei allen Sektoren nieder, wobei das Ausstattungsniveau der sonstigen Dienstleistungen wie auch bereits in den vorher betrachteten Regionen 6 und 11 besonders niedrig ist. Dagegen wird die regionale Produktivitätsentwicklung maßgeblich vom sekundären Sektor bestimmt: Dies deutet darauf hin, daß sich der Selektionsprozeß primär innerhalb des Produzierenden Gewerbes abgespielt hat.

In einer Situation, wie sie sich in dieser Region in den Jahren 1980 bis 1982 gezeigt hat, ist eine gezielte Beschäftigungspolitik besonders gefordert. "Feuerwehrmaßnahmen" sind angebracht, um die explosionsartige Entwicklung der Arbeitslosigkeit einzudämmen. Neben mittel- bis langfristig wirksamen Umstrukturierungsmaßnahmen müssen regionalpolitische sowie arbeitsmarktpolitische Soforthilfemaßnahmen ergriffen werden.

Schaubild 3i:
Komponenten der vergleichenden
Arbeitsmarktbilanz in zeit-
licher Entwicklung
Planungsregion 4
(Oberfranken-West)

Produktion (Pro) in den Sektoren

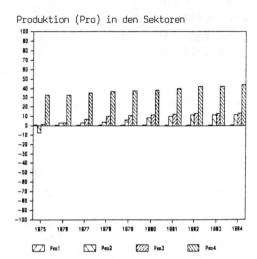

Arbeitslosigkeit

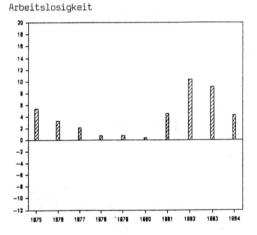

Produktivität (Prod) in den Sektoren

Produktion (Pro) und Produktivität (Prod)

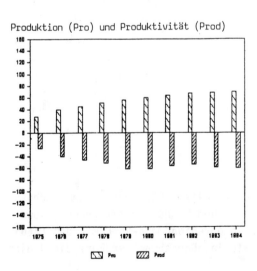

Altersgruppen

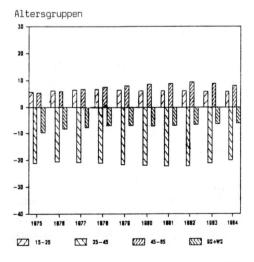

241

Die Maßnahmen müssen im Hinblick auf die demographische Situation besondere Aufmerksamkeit erfahren. Infolge der relativ starken Unterrepräsentation der 25- bis 45jährigen sowie der Überrepräsentation der älteren Arbeitnehmer drohen sektorale Umstrukturierungsmaßnahmen nicht die wünschenswerte Unterstützung zu erhalten. Ihrer Ausgestaltung ist daher besonderes Augenmerk zu widmen. Die arbeitsmarktpolitischen Soforthilfemaßnahmen schließlich sind bei den Altersgegebenheiten in dieser Region von großer Bedeutung.

IV. Belastungsprofil, Strategieprofil und arbeitsmarkt- bzw. regionalpolitische Instrumentierung

Nach der exemplarischen Analyse der regionalen Arbeitsmärkte unter den eingangs herausgestellten Gesichtspunkten läßt sich nunmehr die Einordnung der untersuchten Regionen in ein regionales Belastungsprofil vornehmen. Damit wird zunächst das oben skizzierte Schema ausgefüllt (Schaubild 4).

In der hier gewählten Systematik ergibt sich eine Rangordnung von fünf Regionstypen[14] wie folgt:

Regionstyp I wird als lediglich konjunkturanfällige, ansonsten jedoch bevorzugte Region von München verkörpert; Ingolstadt ist gleichfalls konjunkturanfällig, gehört jedoch nicht in reiner Form allein diesem Typ an.

Den Regionstyp II, der bei günstiger Arbeitsmarktlage eine trendhafte Verbesserung sowohl bei der Güternachfrage als auch bei der Produktivität aufweist, stellt in der untersuchten Auswahl die Region Landshut dar.

Schaubild 4:
Regionales Belastungsprofil: Untersuchte Planungsregionen

Güternachfrage / Produktivität	trendhafte Verschlechterung	Schwankungen bzw. ambivalente Charakteristik	trendhafte Verbesserung	lediglich konjunkturbedingte Verschlechterung
Schockartige Verbesserung infolge von Personalabbau bzw. Betriebsstillegungen	4 Regionstyp V			
trendhafte Verschlechterung		6, 11 Regionstyp IV		
Schwankungen bzw. ambivalente Charakteristik		7, 9, 10 3 Regionstyp III		
trendhafte Verbesserung			13 Regionstyp II	
lediglich konjunkturbedingte Verschlechterung				14, 10 Regionstyp I

Zu Regionstyp III mit zum Teil erheblichen Arbeitsmarktproblemen und Schwankungen in der Entwicklung von Güternachfrage und Produktivität gehören sowohl die Industrieregion Mittelfranken als auch die Region Main-Rhön mit dem traditionellen Industriezentrum Schweinfurt sowie in abgeschwächter Form die Region

Augsburg. Ingolstadt kann mit seiner ambivalenten Charakteristik eines günstigen Ausgangsniveaus, jedoch einer deutlichen Verschlechterungstendenz, auch zu diesem Typ gezählt werden.

Den Regionstyp IV, der von einer deutlichen, trendhaften Nachfrage- und Produktivitätsverschlechterung geprägt ist und bei dem die Gefahr einer sprunghaften Erhöhung der Arbeitslosigkeit besteht, repräsentieren die Regionen Oberpfalz-Nord und Regensburg.

Regionstyp V steht insofern am Ende der Skala, als die trendhafte Gefährdungslage bereits einmal in eine schockartige Verschlechterung der Arbeitsmarktsituation gemündet ist. Dieser Typ, bei dem Befürchtungen einer Wiederholung dieser Entwicklung gehegt werden müssen, wird durch die Region Oberfranken-West verkörpert.

Aufgrund der in dem Schema skizzierten Entwicklungsbesonderheiten ergeben sich nunmehr die Schwerpunkte, die eine regional differenzierte Beschäftigungspolitik zu setzen hätte. Den in dem regionalen Belastungsprofil charakterisierten Regionstypen werden die eingangs (Schaubild 1) unterschiedenen beschäftigungspolitischen Schwerpunkte als Strategieprofil zugeordnet. Sie müssen mit Hilfe zur Verfügung stehender Instrumente der Arbeitsmarktpolitik einerseits, der regionalen Wirtschafts- und Kommunalpolitik andererseits, konkretisiert werden.

Die Arbeitsmarktpolitik für sich genommen ist zwar nicht in der Lage, neue Dauerarbeitsplätze zu schaffen, sie ist aber notwendiger Bestandteil einer beschäftigungspolitischen Strategie, um das Ziel eines hohen Beschäftigungsstandes wieder zu erreichen. Das Problem der Unterbeschäftigung ist nachhaltig nur durch eine expansive Entwicklung bei den arbeitsplatzschaffenden Investitionen zu bewältigen. Die Arbeitsmarktpolitik muß dazu einen flankierenden Beitrag leisten. Die hier in Frage kommenden Instrumente der Arbeitsmarktpolitik[15] sind u.a. Arbeitsbeschaffungsmaßnahmen, Vorruhestandsgeldleistungen, die Gewährung von Kurzarbeitergeld, Lohnsubventionen, Sozialplanhilfen, Berufsberatung, Maßnahmen zur Förderung der beruflichen Ausbildung, Fortbildung und Umschulung sowie der Berufsberatung.

Die Instrumente der regionalen Wirtschafts- bzw. Kommunalpolitik[16] sind u.a. Steuervergünstigungen, Investitionszulagen und -zuschüsse, gezielte Kostenverbilligungen, Infrastrukturhilfen, gezielte öffentliche Auftragsvergabe, auch in regional orientierten Nachfrageprogrammen, sowie Information, Beratung und Förderung des Technologietransfers.

Fügt man diese Instrumente in die Systematik der beschäftigungspolitischen Schwerpunkte ein, so ergibt sich in der Zuordnung zu dem festgestellten Belastungsprofil das in der folgenden Übersicht skizzierte Bild (Schaubild 5).

Schaubild 5: Zuordnung und Ausgestaltung abgestufter regionalspezifischer beschäftigungspolitischer Strategien

Regionstypen (S. Schaubild 4)	Regionalspezifische beschäftigungspolitische Schwerpunkte (S. Schaubild 1)	Schwerpunkte aus dem Maßnahmenkatalog der Arbeitsmarktpolitik	Schwerpunkte von Maßnahmen der regionalen Wirtschafts- und der Kommunalpolitik
Typ V	Subventionierte Wiedereinstellung Arbeitsloser Betriebliche Soforthilfen und Stützungsmaßnahmen	Arbeitsbeschaffungsmaßnahmen Lohnkostenzuschüsse für ältere Arbeitnehmer, Verlängerung des Kurzarbeitergeldes, Sozialplanhilfen	Förderung lokaler Beschäftigungsinitiativen Gezielte Kostenverbilligungen, öffentliche Auftragsvergabe, Steuerstundung
Typ IV	Forcierte Unterstützung sektor- und branchenbezogener, insbesondere auch innerbetrieblicher Umstellungen	Einarbeitungszuschüsse, Umschulung	Investitionszulagen und -zuschüsse, Sonderabschreibungen
Typ III	Impulse und Förderungsmaßnahmen zum mittel- und langfristigen Umbau der Sektor- und Branchenstruktur	Fortbildung und Umschulung, Mobilitätsförderung	Investitionszulagen und -zuschüsse, Sonderabschreibungen, Infrastrukturhilfen, Technologietransfer
Typ II	Unterstützung des autonomen, bereits in Gang befindlichen Strukturwandels	Berufliche (Erst-)Ausbildung, Berufsberatung	Infrastrukturhilfen, Informations- und Beratungspolitik
Typ I	Verstärkte konjunkturelle Stützung	Arbeitsbeschaffungsmaßnahmen, Kurzarbeitergeld	Regional orientierte Nachfrageprogramme (einschl. Schwerpunktbildung öffentlicher Ausgaben)

Der Regionstyp I bedarf (in Relation zu den ohnehin gesamträumlich erforderlichen beschäftigungspolitischen Maßnahmen) verstärkter konjunktureller Stützung. Im Rahmen der Arbeitsmarktpolitik stehen wohl im wesentlichen nur Arbeitsbeschaffungsmaßnahmen sowie die Gewährung von Kurzarbeitergeld zur Verfügung. Seitens der regionalen Wirtschafts- bzw. der Kommunalpolitik sind regional orientierte Nachfrageprogramme in Erwägung zu ziehen.

Bei Regionstyp II sollte der autonome, bereits in Gang befindliche Strukturwandel eine besondere Unterstützung erfahren. Dafür stehen im Rahmen der Arbeitsmarktpolitik berufliche Bildungsmaßnahmen sowie Berufsberatung zur Verfügung. Im Rahmen der regionalen Wirtschafts- bzw. der Kommunalpolitik ist besonderes Augenmerk auf Beratung und Information sowie auf entsprechende Infrastrukturvorsorge zu legen.

Bei Regionstyp III sind gezielte Impulse zum Umbau der Sektor- und Branchenstruktur erforderlich. Mobilitätsförderung sowie berufliche Bildungsmaßnahmen (Fortbildung und Umschulung) stellen hier am ehesten adäquate arbeitsmarktpolitische Maßnahmen dar. Mögliche Beiträge vermag die regionale Wirtschafts- bzw. die Kommunalpolitik mittels Steuervergünstigungen, Investitionszulagen und -zuschüssen, Infrastrukturhilfen sowie besonderer Förderung des Technologietransfers zu leisten.

Für Regionstyp IV erweisen sich Maßnahmen zur forcierten Unterstützung spezifischer, insbesondere auch innerbetrieblicher Umstellungen als dringend notwendig. Von seiten der Arbeitsmarktpolitik müssen Umschulungsmaßnahmen verstärkt und Einarbeitungzuschüsse zur Verfügung gestellt werden. Im Rahmen der regionalen Wirtschafts- und der Kommunalpolitik ist hier verstärkter Akzent auf Investitionshilfen und Steuervergünstigungen zu legen.

Für Regionstyp V sind betriebliche Soforthilfen und Stützungsmaßnahmen zwingend erforderlich. Lohnsubventionen, Sozialplanhilfen und die Verlängerung des Kurzarbeitergeldes sind als arbeitsmarktpolitische Maßnahmen verfügbar. Gezielte Kostenverbilligungen und öffentliche Auftragsvergabe sowie eventuelle Steuerstundung stellen im Rahmen der regionalen Wirtschafts- bzw. der Kommunalpolitik wünschbare und im Prinzip verfügbare Instrumente dar, sind jedoch leider nicht immer hinreichend rasch genug einsetzbar.

Werden derartige Maßnahmen tatsächlich nicht zügig oder nicht genügend wirksam getroffen, droht eine drastische Steigerung der Arbeitslosigkeit. Will man sie auf jeden Fall und in kurzer Frist zurückdämmen, hilft nur noch die subventionierte Wiedereinstellung von Arbeitslosen. Für die Arbeitsmarktpolitik macht dies eine Forcierung der Arbeitsbeschaffungsmaßnahmen erforderlich, während der regionalen Wirtschafts- bzw. der Kommunalpolitik im wesentlichen nur noch eine kräftige finanzielle Förderung lokaler Beschäftigungsinitiativen als Mittel zur Linderung der Situation verbleibt.

Anmerkungen

1) Semlinger, Klaus / Knigge, Rainer: Regionalpolitik und Arbeitsmarktpolitik - Notwendigkeit und Ansatzpunkte einer wirkungsvollen Verknüpfung, in: Dietrich Garlichs / Friederike Maier / Klaus Semlinger (Hrsg.), Regionalisierte Arbeitsmarkt- und Beschäftigungspolitik, WZB-Arbeitsberichte, Frankfurt/New York 1983, S. 141 ff.

2) Vgl. Adams, Karl-Heinz / Eckey, Hans-Friedrich: Regionale Beschäftigungskrisen in der Bundesrepublik Deutschland, Ursachen und Erscheinungsformen, in: WSI-Mitteilungen 8/1984, S. 474 ff.; Ortmeyer, August: Bestimmungsgründe regionaler Arbeitslosigkeit, in: Paul Klemmer (Hrsg.), Beiträge zur Struktur- und Konjunkturforschung, Band XXIII, Bochum 1984 sowie Hurler, Peter: Regionale Arbeitslosigkeit in der Bundesrepublik Deutschland, Eine empirische Analyse ihrer Entwicklung, ihrer Erscheinungsformen und ihrer Ursachen, BeitrAB 84, Nürnberg 1984.

3) Vgl. Peschel, Karin / Bröcker, Johannes: Die Arbeitsmarktentwicklung in den Raumordnungsregionen der Bundesrepublik Deutschland zwischen 1970 und 1984, in: Akademie für Raumforschung und Landesplanung (Hrsg.), Analyse regionaler Arbeitsmarktprobleme, Forschungs- und Sitzungsberichte Band 168, Hannover 1988, S. 7 ff.

4) Vgl. Klaus, Joachim / Maußner, Alfred: Regionale Arbeitsmarktanalysen mittels vergleichender Arbeitsmarktbilanzen, in: MittAB 1/88, S. 74 ff. sowie Klaus, Joachim / Maußner, Alfred: Vergleichende Arbeitsmarktbilanzen - Bayerische Regionen 1975 bis 1982, in: Akademie für Raumforschung und Landesplanung (Hrsg.), Analyse regionaler Arbeitsmarktprobleme, Forschungs- und Sitzungsberichte Band 168, Hannover 1988, S. 49 ff.

5) Zum Rechengang siehe Klaus, Joachim / Maußner, Alfred, a.a.O., S. 54.

6) Zu den Bestimmungsgründen, auf die sich beschäftigungspolitische Strategien richten können, vgl. Klaus, Joachim: Beschäftigung III: Beschäftigungspolitik, in: Staatslexikon Band 1/1985, 7. Aufl., S. 710 ff.

7) Veränderte Strategien sind auch unter dem Gesichtspunkt einer Neuorientierung der Regionalpolitik zu sehen. Vgl. in diesem Zusammenhang die Überlegungen von Klaus, Joachim: Zur Reformbedürftigkeit der Regionalpolitik, in: List Forum, Band 13, 1985/86, Heft 3, S. 146 ff.

8) Vgl. Schmid, Günther: Strukturierte Arbeitslosigkeit und Arbeitsmarktpolitik, Königstein/Ts. 1980, S. 253 ff.

9) Vgl. Koller, Martin / Kridde, Herbert / Masopust, Günter: Zur Struktur und Entwicklung regionaler Arbeitsmärkte, in: MittAB 1/85, S. 63 ff. sowie Koller, Martin / Kridde, Herbert: Beschäftigung und Arbeitslosigkeit in den Regionen, Strukturen und Entwicklungslinien, in: MittAB 3/86, S. 390 ff.

10) Vgl. Hampe, Johannes: Langfristiger Strukturwandel und regionale Arbeitsmärkte, in: Akademie für Raumforschung und Landesplanung (Hrsg.), Analyse regionaler Arbeitsmarktprobleme, Forschungs- und Sitzungsberichte Band 168, Hannover 1988, S. 181 ff. sowie die sektorspezifischen Arbeiten von Jung, Hans-Ulrich: Branchenstrukturen als Erklärungsfaktor für regionalwirtschaftliche Entwicklungsdisparitäten, in: Informationen zur Raumentwicklung, Heft